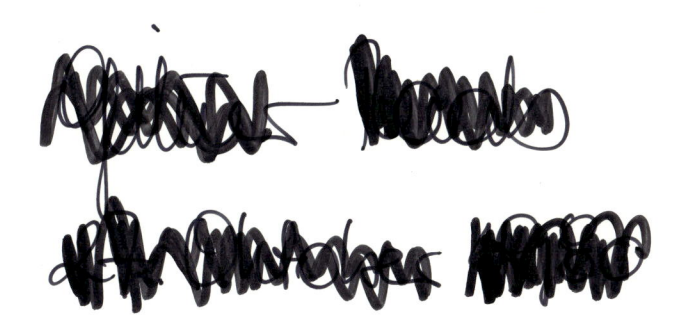

Das grosse Buch der Polizei

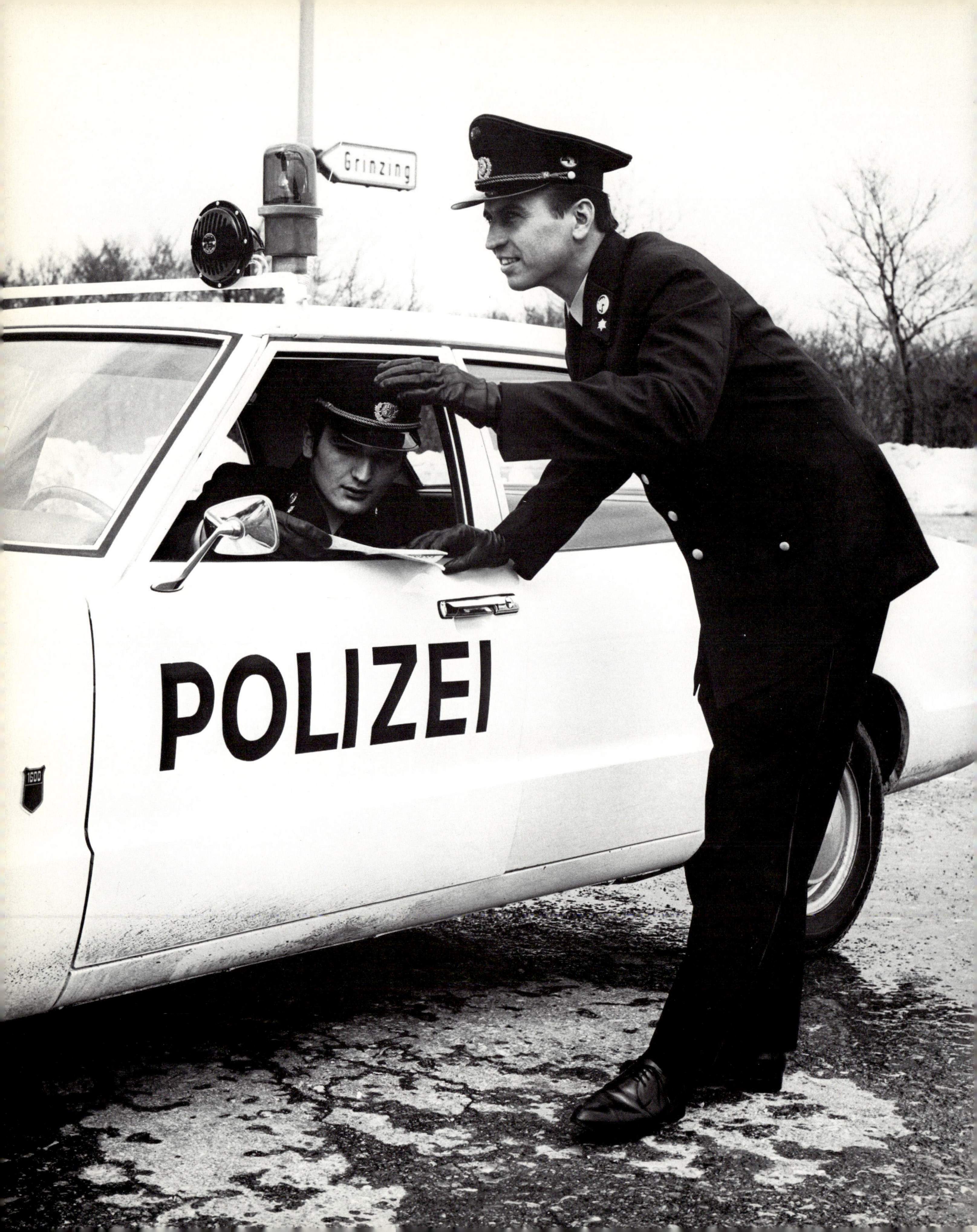
Grinzing
POLIZEI
1600

# Das grosse Buch der Polizei

| | |
|---|---|
| Herausgegeben von: | Hans Erpf |
| Texte: | Peter Sommer |
| | Peter Müller |
| | Jo Wiedmer |
| | Frank Kaschowski |
| Fotos: | Eduard Rieben |
| | Peter Müller u.a. |

Verlag Stämpfli & Cie AG
Bern

Motorbuch-Verlag Stuttgart

Umschlagfotos:
Photopress Zürich, New Scotland Yard London, Eduard Rieben
Bern, Friedrich Mikula Wien und Archiv Peter Müller Wien

Vorsatz- und Rücksatzblatt: Eduard Rieben, Bern
Umbruch: Peter Sennhauser, Bern

©
Verlag Stämpfli & Cie AG Bern 1976
Elektronisch gesteuerter Filmsatz,
Offsetdruck und Buchbinderarbeit
Stämpfli & Cie AG Bern
Printed in Switzerland
ISBN 3-7272-9173-7

# Inhalt

Hans Erpf

9　*Vorwort*

Peter Sommer

*Kleine Polizeigeschichte*

14　Pro und contra
15　Politeia – Polizei
18　Aus dem Pflichtenheft der Ortspolizei
24　Polizeistaat – Staatspolizei
28　Sittenpolizei
31　Gesundheitspolizei und Fremdenpass
33　Kriminalpolizei
36　Steckbriefe
39　Das Verbrecheralbum – ein Anfang
41　Alphonse Bertillon und die Anthropometrie
44　Daktyloskopie
46　Literatur

Peter Müller

48　*Historischer Wiener Bilderbogen*

Peter Müller

*Polizei heute – Wissenschaft im Dienst der Polizei*

56　Schuhe verraten den Täter!
59　Die Botanik klärt einen Mordfall
61　Die Phantomzeichnung als Fahndungsphoto
63　Die Funkstreife
71　Kollege Diensthund
74　Betrug mit dem Computer
79　Die gefälschte Unterschrift
82　Die Perücke
85　Mord ohne Leiche
89　Der Fingerabdruck
94　Der «elektrische Stuhl»
96　Alcotest aus dem Computer
98　Die Pistole in der Handtasche
102　Der Polizei-Hubschrauber
107　Die Zivilstreife
109　Die harte Droge im Vormarsch
112　Die Schusswaffe als stummer Zeuge
115　Die Verkehrspolizei
122　Der Knochen als Indiz
124　Das Verkehrsunfallkommando
129　Die Demonstration
131　Wo gemordet werden darf!
136　Staatsbesuch – und was dahintersteckt!
142　Maigret und die Maschine
149　Literatur

Jo Wiedmer

*Organisation der Polizei und deren Abarten*

153　Einleitung
154　Die staatliche Polizei
154　　Bundesrepublik Deutschland
157　　Frankreich
159　　Grossbritannien
164　　Österreich
167　　Ostblock
168　　Schweiz
177　　Vereinigte Staaten von Amerika
180　Interpol
182　Parapolizeiliche Organisationen
182　　Geheimpolizei, Geheimdienste
184　　Randorganisationen, Splittergruppen
184　　Ku-Klux-Klan
185　　Mafia («Cosa Nostra»)
187　Literatur

Frank Kaschowski

*Polizei und Gesellschaft*

190　Einleitung
191　Respekt – Ängstlichkeit – Angst
198　Bürger als Polizist
202　Polizei und Berichterstattung
204　Polizei in Showgeschäft und Literatur
206　Literatur

207　*Bildnachweis*

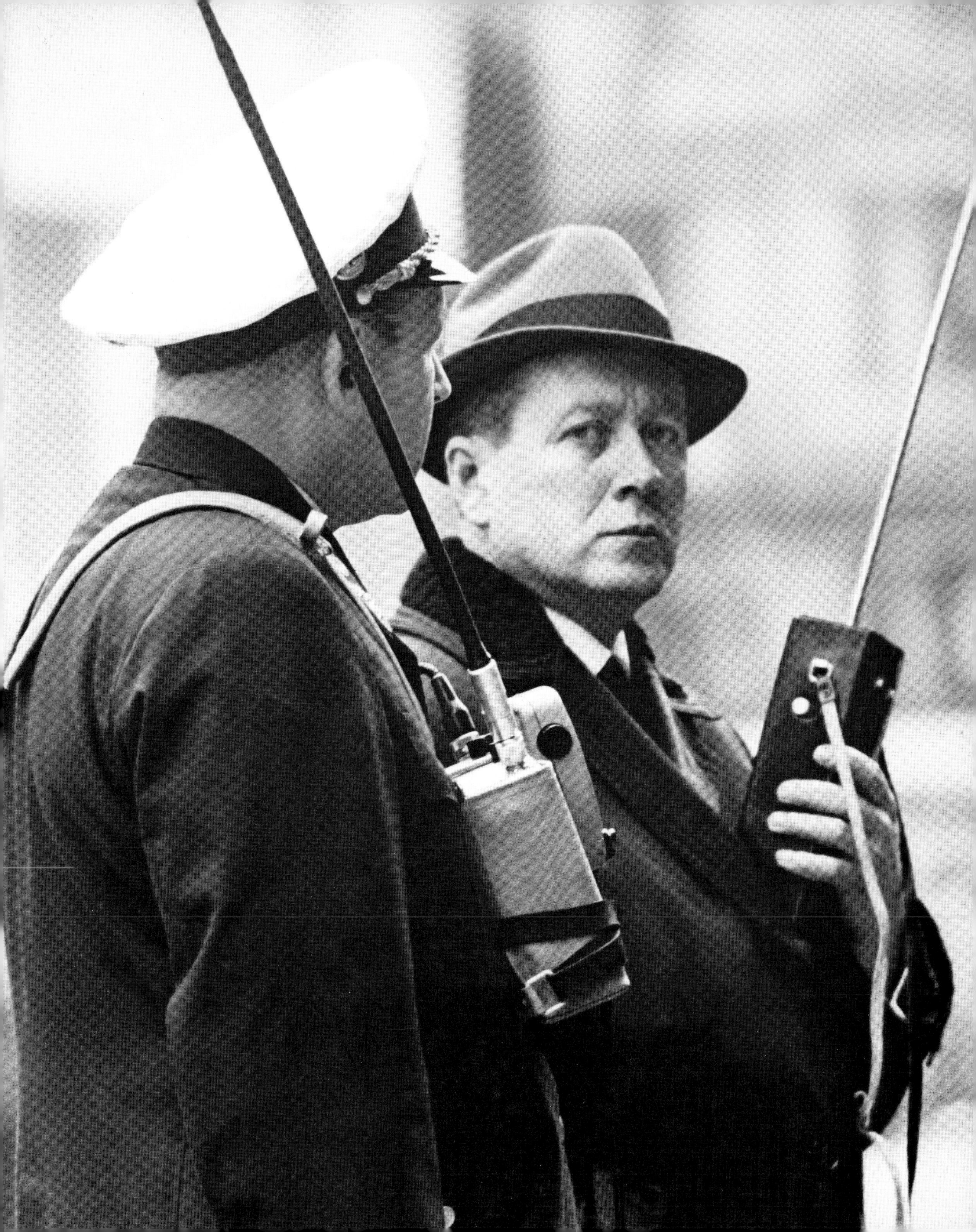

# Vorwort

Die Polizei hat in ihrer Geschichte und Gegenwart so viele Gegensätze und Widersprüche hervorgebracht wie kaum ein anderer Berufsstand. Sie reichen von der still oder offen geäusserten Sympathie bis zu Hass und totaler Ablehnung. Immer wieder steht sie im Kreuzfeuer der Kritik, denn sie kann es niemals allen recht machen. Die Notwendigkeit ihrer Existenz ist aber unbestritten.

Bücher zu Teilaspekten der Polizei und Polizeiarbeit sind sehr zahlreich. Mit dem vorliegenden Titel und in dieser reich bebilderten Form wird aber erstmals versucht, das Phänomen Polizei in all seinen Erscheinungsformen und vielseitigen Aufgaben sachlich, informativ, emotionsfrei und dennoch unterhaltend darzustellen. Entstanden ist ein packendes Sachbuch. Nicht zuletzt ist es geschrieben worden, um Missverständnisse abzubauen, die ihre Wurzel in ungenügender Kenntnis der Materie und mangelhafter Information haben. *Das grosse Buch der Polizei* richtet sich nicht nur an den interessierten Laien oder Krimi-Freund. Auch der aktive Polizeimann wird daraus viel Nutzen ziehen können. Das Buch wird daher von den Behörden begrüsst.

Die Aufgabe der Polizei ist die Aufrechterhaltung von Sicherheit und Ordnung. Darin enthalten sind, nebst vielen anderen Hilfeleistungen, der Schutz der Gesellschaft vor Rechtsbrechern, also die Verbrechensbekämpfung, aber auch die Verbrechensvorbeugung und Verbrechensverhütung. Daran hat sich bis heute grundsätzlich nicht viel geändert. Die Polizei ist kennzeichnend für die Physiognomie der Staaten und Völker, für ihre Gemeinsamkeiten und das, was sie trennt. Einzig die Arbeitsweise zeigt ein verändertes Bild. Der schnauzbärtige, Autorität heischende, manchmal drohende, aber auch gemütliche Dorf- oder Revierpolizist und der scharfsinnig geniale Detektiv im Gepräge eines Sherlock Holmes sind heute nur noch Bestandteil von nostalgischen Filmen und wirklichkeitsfremden Krimis. Die Kriminalpolizei und all die andern zahlreichen Dienstzweige der heutigen Polizei arbeiten mit modernsten Methoden, bedienen sich sämtlicher Zweige und Erkenntnisse der Wissenschaft, und der Computer ist aus der Verbrechensbekämpfung nicht mehr wegzudenken. Trotzdem: Ohne die ermüdende und hartnäckige Kleinarbeit des einzelnen Beamten geht es auch heute nicht. Und *Das grosse Buch der Polizei* zeigt, dass die Wirklichkeit eben anders ist, als es uns Film und Unterhaltungsliteratur vormachen: weniger romantisch, nüchterner und ohne strahlende Helden, aber deswegen nicht weniger voll atemraubender Spannung.

*Peter Sommer* erzählt von den ersten Anfängen der Polizei, die sich bis weit zurück ins Altertum verfolgen lassen. In seinem farbigen Bericht lesen wir einen Steckbrief aus dem ägyptischen Alexandria des Jahres 145 v.Chr., erleben die Gründung der Kriminalpolizei, sind bei der Einführung des Verbrecheralbums dabei und erleben den Alltag eines Dorfpolizisten von Anno dazumal.

Peters Sommers *Kleine Polizeigeschichte* will nicht erschöpfend sein. Sie bringt uns aber eine breite Übersicht mit vielen typischen Beispielen und reizvoll-kuriosen Details.

*Peter Müller* macht den grossen Sprung in die Gegenwart: *Polizei heute*. Sein Report liest sich spannender als ein Krimi: Schuhe verraten den Täter – Die Botanik klärt einen Mordfall – Betrug mit dem Computer – Mord ohne Leiche – Die Pistole in der Handtasche – Die harte Droge im Vormarsch – Der Knochen als Indiz – Wo gemordet werden darf – um nur einige seiner Kapitelüberschriften zu nennen. Unter diesen Schlagzeilen bringt er uns die Polizeiarbeit in all ihren Arbeitsbereichen nahe, erklärt die wissenschaftlichen Arbeitsmethoden und den heute unerlässlichen Einsatz von Computern.

*Jo Wiedmer* behandelt verschiedene *Institutionen der Polizei*, die durch ihre Tätigkeit weit über ihre eigentlichen Grenzen hinaus bekannt geworden sind, wie Scotland Yard, FBI und die internationale Polizei INTERPOL. Weiter geht er kurz auf spezielle polizeiliche Organisationen, zum Beispiel CIA, KGB und BND, ein, die

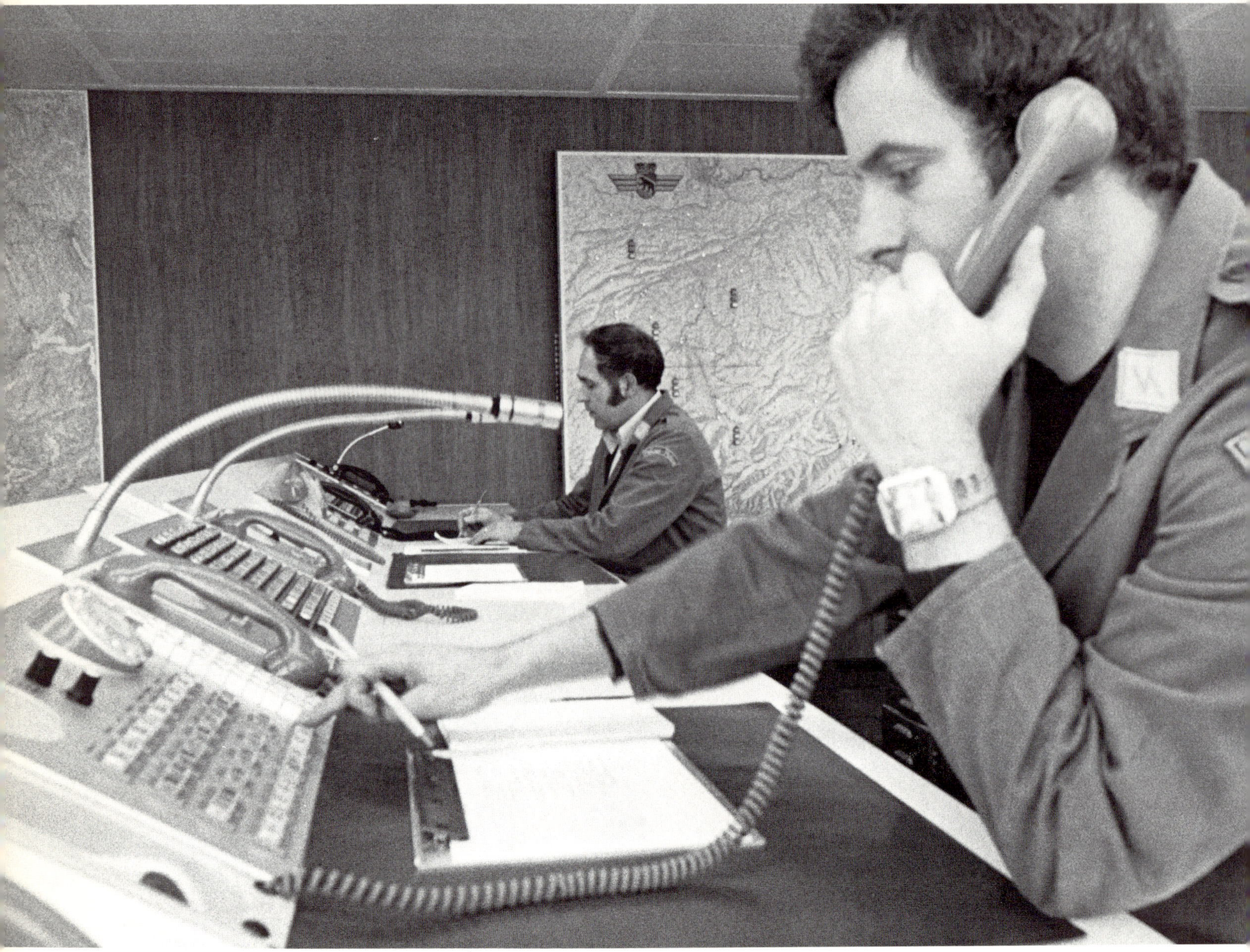

bereits Geheimdienst- und Abwehraufgaben erfüllen. Sein Bericht lässt auch parapolizeiliche Phänomene und ihre Entstehungsgeschichte nicht aus: Ku-Klux-Klan, Mafia usw.
*Frank Kaschowski* schliesslich berührt mit seinem Beitrag *Polizei und Gesellschaft* ein in jeder Hinsicht heisses Eisen, über dem sich kluge Köpfe immer wieder in die Haare geraten – seit es die Polizei gibt. Dieses Thema allein füllt ganze Bibliotheken, und es würde den Rahmen unseres Buches sprengen, im Detail darauf einzugehen. So kann es nur berührt werden. Der Beitrag soll aber zu eigenem Denken und einer qualifizierteren und überlegteren Meinungsäusserung anregen und auffordern, wenn es in einer Diskussion um die Polizei und ihre Aufgaben und Einsätze geht. Wir alle wissen, dass in totalitären Staaten der Polizeiapparat als Machtmittel missbraucht wird und bis in die privateste Sphäre des Menschen eindringt. Wir wissen aber auch, dass dies nicht die ursprüngliche Aufgabe einer Polizei ist. Billige Verallgemeinerungen sind also in einer sachlich geführten Auseinandersetzung fehl am Platz.

*Das grosse Buch der Polizei* hätte nie geschrieben werden können ohne das Verständnis und Entgegenkommen zahlreicher Polizeiorganisationen auf der ganzen Welt. Zu Dank ist vor allem Peter Müller angenehm verpflichtet den Herren Hofrat Otto Kornek, Chef der Wiener Mordkommission, Hofrat Dr. Julius Essinger, Leiter des Informationsdienstes und Oberstleutnant Franz Jank, Leiter der Kriminalbeamten beim Büro für Erkennungsdienst, Kriminaltechnik und Fahndung, für ihre wertvollen Anregungen und die Durchsicht des Manuskripts. Frank Kaschowski durfte sich bei der Polizei Münchens umsehen. Unser Photograph Eduard Rieben dankt der Stadt- und Kantonspolizei Bern und ihren Direktoren Gemeinderat Fritz Augstburger und Regierungsrat Dr. Robert Bauder, den hilfreichen Offizieren, Unteroffizieren und Polizisten, dem Eidgenössischen Justiz- und Polizeidepartement sowie Mr. Arengo-Jones von der British Embassy in Bern und dem Britischen Home Office für die Gastfreundschaft. Das herzliche «Dankeschön» des Herausgebers gilt dem bewährten Team, das dieses Buch gemacht hat.
*Das grosse Buch der Polizei* ist den zivilen und uniformierten Beamten gewidmet, die allen Widerwärtigkeiten zum Trotz und rund um die Uhr im Einsatz stehen, um uns ein geregeltes und möglichst friedliches Zusammenleben zu ermöglichen. Es soll dazu beitragen, das Verständnis zwischen Polizei einerseits und Individuum und Gesellschaft andererseits zu fördern und die Kluft zu überbrücken, die so oft auf Unkenntnis der eigentlichen Sachlage und Umstände zurückzuführen ist.

Bern und München, im Juli 1976     Hans Erpf

Kriminalbeamte, als Gepäckträger verkleidet (um 1890)

Peter Sommer
# Kleine Polizeigeschichte

# Pro und contra

Mit der Polizei hat man Erfahrung: Jeder kennt sie. Also lobt oder verflucht man sie, wünscht sie zum Teufel.

Goethe zu Eckermann, am 12. März 1828: «Als neulich der Schnee lag und meine Nachbarskinder ihre kleinen Schlitten auf der Strasse probiren wollten, sogleich war ein Polizeidiener nahe, und ich sah die armen Dingerchen fliehen so schnell sie konnten. Jetzt wo die Frühlingssonne sie aus den Häusern lockt und sie mit ihres Gleichen vor ihren Thüren gerne ein Spielchen machten, sehe ich sie immer geniert als wären sie nicht sicher und als fürchteten sie das Herannahen irgend eines polizeilichen Machthabers. – Es darf kein Bube mit der Peitsche knallen, oder singen, oder rufen, sogleich ist die Polizei da, es ihm zu verbieten. Es geht bei uns alles dahin die liebe Jugend frühzeitig zahm zu machen und alle Natur, alle Originalität und alle Wildheit auszutreiben, so dass am Ende nichts übrig bleibt als der Philister.»

Der Dichter spricht die Meinung vieler Zeitgenossen aus: Die Polizei verbietet zuviel, engt die Freiheit ein, ist überhaupt ein Ärgernis.

Völlig anders, aber auch mit Nachdruck, tönt es aus dem andern Lager. Eine mutige Obrigkeit, heisst es da, sei das «grösste Bedürfnis des Staates», und mit aller Deutlichkeit wird von der Polizei gesagt: «Ihr Grundsatz wird kräftig ausgesprochen: niemand soll dem andern unbequem sein; wer sich unbequem erweist, wird beseitigt, bis er begreift, wie man sich anstellt, um geduldet zu werden.»

So ist dieselbe Institution, die Polizei, stets im Kreuzfeuer der Kritik, und offenbar kann sie es niemals allen recht machen. Ihre Notwendigkeit aber scheint unbestritten: «... Wie unsicher und zerrüttet muss es ... in einem Lande bleiben, wo keine Polizei ist noch sein wird...»

Nachtrag für solche, die es wissen wollen: Das erste Urteil über die Polizei spricht also Goethe zu seinem Sekretär Eckermann, das zweite sodann ... Goethe in «Wilhelm Meisters Wanderjahren» (III/11) und das dritte schliesslich ... Goethe in einem Brief an seinen Freund Johann Heinrich Meyer, den Maler und Kunsthistoriker aus Stäfa am Zürichsee.

Goethe darf in einer kurzen Polizeigeschichte wohl das erste, nicht aber das letzte Wort haben. Obwohl Jurist, kann er doch nicht als Fachmann gelten. Hingegen füllt eine vielsprachige Literatur über die Institution der Polizei und ihre Geschichte ganze Bibliotheken.

Daraus einen chronologischen Leitfaden oder einen nach Ländern geordneten Abriss zu destillieren ist weder nützlich noch erbaulich.

Hier wird die Geschichte der Polizei anhand ausgewählter Sachgebiete skizziert.

Originaltexte, alte Reiseberichte oder Reportagen aus den Zeitschriften des 19. Jahrhunderts, erhalten gegenüber einschlägiger Polizeiliteratur den Vorzug. Augenzeugen und Beteiligte kommen ausgiebig zu Wort.

Im Vordergrund stehen zeitbedingte Zustände und Aufgaben der Polizei, die sich von denen der Gegenwart abheben.

Polizeisoldaten, die einen Dieb gefasst haben. Reichsstadt Frankfurt a.M., 1615.

# Politeia – Polizei

Adam und Eva kamen noch ohne sie aus. Aber schon bei der Schlange zeigte sich, dass es ohne Gesetze nicht ging. Ob sinnvoll oder willkürlich – ohne Kontrolle blieben sie wirkungslos. Kontrolle, Aufsicht war stets die Aufgabe der Polizei. Mit den Worten eines alten Lexikographen: «Da die wenigsten Menschen fähig sind, die innerliche Güte der Polizeygesetze einzusehen, und sich durch dieselben zu deren Befolgung bewegen lassen, sondern die meisten sich weder von der Ehre treiben lassen, noch sich vor der Schande fürchten; so können letztere allein durch Strafen dahin gebracht werden, dass sie sich den Gesetzen und Anordnungen der Polizey gemäss betragen.»

Ansätze zu einer Polizei lassen sich bis weit ins Altertum verfolgen. Das Wort selbst ist jünger: es geht zurück auf das griechische «politeia» und bedeutet ursprünglich «Bürgerrecht, Staatsverwaltung, Staatsverfassung». Diesen Begriffsinhalt behält das Wort auch im Lateinischen und in modernen Sprachen vorerst bei. Noch im 18. Jahrhundert meinte man mit Polizei ganz allgemein «Regierung, Staatsverwaltung», und für eine Stadt galt es als hohes Lob, als «wohl policirt» beurteilt zu werden. Nach einer Definition von 1741 ist «Policey oder Polizey ... entweder so viel, als das gemeine Wesen, Republick, Regiments-Forme, oder auch die Gesetze, Anstalten und Verordnungen, so eine Stadt oder Lande gegeben und vorgeschrieben, da jedermann im Handel und Wandel sich darnach achten, mithin alles ordentlich und friedlich zu gehen und die menschliche Gesellschaft erhalten werden möge». Das französische Wort «policer» wird 1790 übersetzt «eine gute Polizei einführen, gute Anordnungen machen, gut einrichten»: policer une ville, un état, des peuples.

Ein «wohlpoliziertes» städtisches Gemeinwesen zeigte sich Einwohnern und Besuchern in günstigem Licht: Die Strassen waren sauber, die Brunnen lieferten genug Trinkwasser, man besass ein Spital, ein Kornhaus; die täglichen oder wöchentlichen Märkte wurden überwacht, der Bürger bekam für sein Geld sein Brot zum richtigen Gewicht, sein Fleisch in frischem Zustand; Kamine und Öfen, Brandmauern und Dächer wurden kontrolliert – kurz, die städtischen Vorschriften blieben nicht toter Buchstabe.

Der Reichtum dieser Ordnungen macht sie zu den bedeutendsten Quellen für die Kulturgeschichte. Fast jedes Dorf besass seit dem Mittelalter seine Offnungen, seine Weistümer, jede Stadt entwickelte stets differenziertere Verfügungen. Die Überschriften solcher Ordnungen zeigen, dass keine einzige «zum voraus» und für alle kommenden Fälle dekretiert wurde – alle gründen sie auf Erfahrungen und konkreten Vorkommnissen. Blättert man in den heute gedruckt vorliegenden Polizeiverordnungen, so liest man etwa: Verordnungen gegen Aufruhr und Zerwürfnisse unter den Bürgern – Unfug, raufen schlagen und lähmen, Meineide – Verbot des Wehr- und Waffentragens in der Stadt – Verbot, Schiesspulver und Firnis in der Stadt zu machen – Verordnung gegen die übermässige Kleiderpracht bei Männern und Frauen – gegen das Schwören und Fluchen – Hochzeitordnung für die Stadt und die Vorstädte – Schändliche Tänze: das waren die «unzymlichen und newen tenntze», die «nit alleyn sünde und dem allmechtigen got on zwyfel myssfellig» sind, sondern auch «manigerlay unerlicher leychtfertigkait und darzu nachrede bey frowen und mannen geperen [gebären] mögen»; also wurde geboten, dass Mann und Frau diese Tänze meiden und «ainander nit halsen oder umbfahen sollen». Weitere Bestimmungen: Verbot des Zutrinkens – Von den Kirchenstühlen – Verbot des Feilhaltens an Feiertagen – Safran und dessen Schau und Kauf – Zinn- und Bleiverkauf – Vom Getreidemessen – Köhler und Schmiede – Kannegiesser – Vom grauen Gewande, Tuch und Loden – Vom Fleisch/Wein/Bier/Schmalz/Öl ... von Obst und von Nüssen ... von Honig und dessen Verkauf – Badstuben und Bader – Vom toten Vieh – Vom Mist – Bauwerksarbeiter und ihr Arbeitslohn – Förstereide – Von der Jagd auf das Geflügel – Bettelordnung – Von den Juden, ihrem Handel und ihren Leihgeschäften – Vom

Anno xc xxx Starb d’ puchfelder der putel am
Sampstag vor dem Palmtag der C iiij prueder

Versperren der Hunde bei Nacht... (Nürnberg). Kaum ein Gebiet privaten oder öffentlichen Lebens, das nicht durch Vorschriften geordnet, kanalisiert, in Bahnen gelenkt worden wäre: Ihren Anteil haben Sicherheits- und Sittenpolizei, Bau und Feuerpolizei, Gewerbe und Handelspolizei, Forst- und Jagdpolizei, Gesundheitspolizei mit Verordnungen über heilkundige Personen, Spitäler, Apotheken; in gleicher Art nahm man sich der Lebensmittel- und Holzversorgung, der Armenpflege, der Auswanderung an.

Es war nun aber nicht einfach «die Polizei», die als Vollzugsorgan über die Einhaltung der zahllosen Ordnungen wachte. Glieder von Behörden, Kommissionen oder einzelne Fachleute, die amtlich zur Kontrolle bestellt waren, bezeichnet man wohl am treffendsten als Leute «mit polizeilichen Befugnissen», wie es Franz Züsli vorschlägt (vgl. Literatur). Zu diesen wichtigen Beamten gehörten – nur andeutungsweise und als Beispiele – die Stadtwache, Torwächter und Zöllner, Hochwächter und Stadttrompeter, Gassenwächter und Stundenrufer; ferner alle Arten von Weibeln oder Büttln, etwa Rats-, Gerichts- und ... Hurenweibel, dann auch Rathaus- und Stadtknechte, Henker und Abdecker; im Bereich der Armenpolizei die Almosner, Bettelvögte und Profossen, Patrouillenwächter und Harschiere. Fecker (Eichmeister, Sinner) und Waagmeister prüften Mass und Gewicht, Bannwarte überwachten Forsten und Fluren, vertrieben das Vieh aus bebauten Äckern; Brunnen- und Bachmeister hielten die Gewässer sauber; Wundarzt und Stadtphysikus dienten als heilkundige Gewährspersonen, und ohne Schallenprofoss (Gefangenenwärter), Feuerschauer und Bauschätzer, Zeugwart, Fleisch-, Fisch-, Korn- und Brotschauer wären die alten Städte kaum denkbar gewesen.

Von Syrakus bis Hammerfest unterschieden sich diese Beamten und Diener der Obrigkeit tausendfach in Zahl und Zusammensetzung, Aufgabe und sprachlicher Bezeichnung. Gemeinsam war ihnen die amtliche, polizeiliche Funktion, ihre Tätigkeit im Auftrag der Stadt- oder Staatsgewalt – der Behörde, die ihren Bereich gut verwaltet, «wohl policirt» wissen wollte.

Im modernen Begriff der Polizei blieben von den einst umfassenden verwaltungstechnischen Aufgaben nur wenige Sondergebiete zurück. Dazu der Polizeihistoriker Melcher 1926: «Mit zunehmender Differenziertheit des Staatsbetriebes hat man dann aus der allgemeinen Staatstätigkeit zunächst einzelne Zweige von besonders markanter Eigenart, wie auswärtige und militärische Angelegenheiten, herausgestellt, denen mit der Zeit weitere folgten. Dabei behielt man die Bezeichnung Polizei für den jeweils verbleibenden Rest allgemeiner Staatstätigkeit bei. Der moderne Begriff der Polizei hat sich also restriktiv gebildet; er ist entstanden in dauernder Verengung des Begriffs der Staatstätigkeit im allgemeinen durch fortlaufendes Ausscheiden immer weiterer Spezialgebiete aus ihr, bis er sich schliesslich auf die unmittelbare Wahrung der öffentlichen Ordnung beschränkte.»

Das wohl «älteste Porträt eines deutschen Polizisten» (Feldhaus): der Büttel Puchfelder aus dem Hausbuch der Mendelschen Zwölfbrüderstiftung (1429).

# Aus dem Pflichtenheft der Ortspolizei

Der dörfliche Polizeidiener von einst hatte es schwer. Verdienst und Ansehen waren gering, die Pflichten recht gross. Am 6. April 1827 gab man dem «Landjäger» oder «Polizeier» von Oberburg im Kanton Bern folgende Instruktion: «Der Polizeier soll auf alles unerlaubte Husiren und Betteln genaue Aufsicht haben und solches zu verhindern suchen und fremde Bettler ihrer Burgergemeinde zuführen, wofür er nach Vorschrift des Gesetzes von den betreffenden Gemeinden bezahlt werden soll. – Soll er in zwey Wochen in der ganzen Gemeinde dreymal die Runde machen und jedesmal an mehreren Orten bey glaubwürdigen Leuten die Zeit und den Ort in das mit sich tragende Rundebüchlein einschreiben lassen, damit der Gemeinderat und der Statthalter nachsehen können, ob er in seinem Berufe fleissig seye. – Soll er sich alle Wochen wenigstens zweymal beym Herrn Pfarrer und beym Statthalter einfinden und wenn diese Briefe zu versenden oder andere Verrichtungen zu machen haben, Ihre Befehle abnehmen und gewissenhaft befolgen und auch die Verrichtungen, die ihm vom Gemeinderat aus aufgetragen werden jeder Zeit, seye es wann es wolle, getreulich verrichten ohne ferneres Entgeld. Zu einem fixen Gehalt wird ihm alljährlich 26 Kronen zu bezahlen und alle zwey Jahre einen neuen Rock und einen Hut anzuschaffen versprochen.»

«So ein Polizeier, wenn er sein Handwerk versteht, ist ein wichtiger Mann und namentlich auf abgelegenen Höfen ein wahrer Weibertrost. Er weiss zu brichten, was man begehrt, verrichtet alles, was man will, gibt allen recht und besonders den Weibern, wenn der Mann nicht daheim ist und sie über die Männer klagen, er macht für die Mutter den Spion, für die Tochter den Botschafter, rühmt seine Heldentaten gegen die Bettler, versichert, sie vollständig bettelfrei machen zu wollen. Er hütet sich aber wohl, einen Bettler anzurühren, ja, er ist imstande, wenn er einen von weitem sieht, einen andern Weg einzuschlagen oder wenigstens hinter einen Baum oder Hag zu stehen, um ihn nicht sehn zu müssen; er weiss aber wohl, warum. Es geht den Gemeinden zuweilen wie den Bettlern. Wenn diesen nämlich die Läuse gar zu lästig und üppig werden, so setzen sie sich an einem schönen Nachmittag an die Sonne und beginnen einen Läusleset und verschaffen sich für einige Zeit eine Erleichterung. So machen es zuweilen auch die Gemeinden, wenn sie vor Bettlern und Vagabunden fast nicht mehr Platz haben vor ihren Häusern. Sie geben scharfe Befehle an ihre Polizeier, bei Verlust ihrer Stellen sich hinter die Bettler hinzumachen, Bettlerleset zu halten und bettelfrei die Gemeinde zu machen. Nun müssen die Polizeier doch ein Zeichen tun, wenn sie bei ihrem wichtigen Amte bleiben wollen, müssen einige Personen mit grossem Lärm aufgreifen und mit vielem Bombast aus der Gemeinde führen, alles im Troste, dass nach vierzehn Tagen das Gebot veraltet, kurz alles im alten sein werde...»

Ein Stück emmentalisch-bernischen Armenwesens ist es, das Jeremias Gotthelf hier schildert, ein kleiner Ausschnitt aus dem Schicksal der Bettler im 19. Jahrhundert: Beispiel und Beweis zugleich, dass es durch viele Jahrhunderte nicht gelungen war, dieses vielschichtigen sozialen Problems Herr zu werden. Seit dem Ende des 15. Jahrhunderts schickte nämlich die bernische Obrigkeit Profossen, Harschiere oder eben «Polizeier» aus, das Bettelvolk zu jagen, zu fassen und ausser Landes zu weisen.

Man macht sich im allgemeinen keine Vorstellung von den ungeheuren Scharen von Bettlern, die zuzeiten Deutschland, Frankreich, die Schweiz, England und Italien – kurz, Europa überschwemmten. Die Hintergründe solcher Armut – sie müssten in einer Sozialgeschichte einen breiten Platz einnehmen – können hier nicht ausgeleuchtet werden; Kriege, Hungersnöte, Teuerungen, mangelnde soziale Für- und Vorsorge waren es, die zu den erschreckenden

Gendarmerie auf einer bairischen Alp (1848)

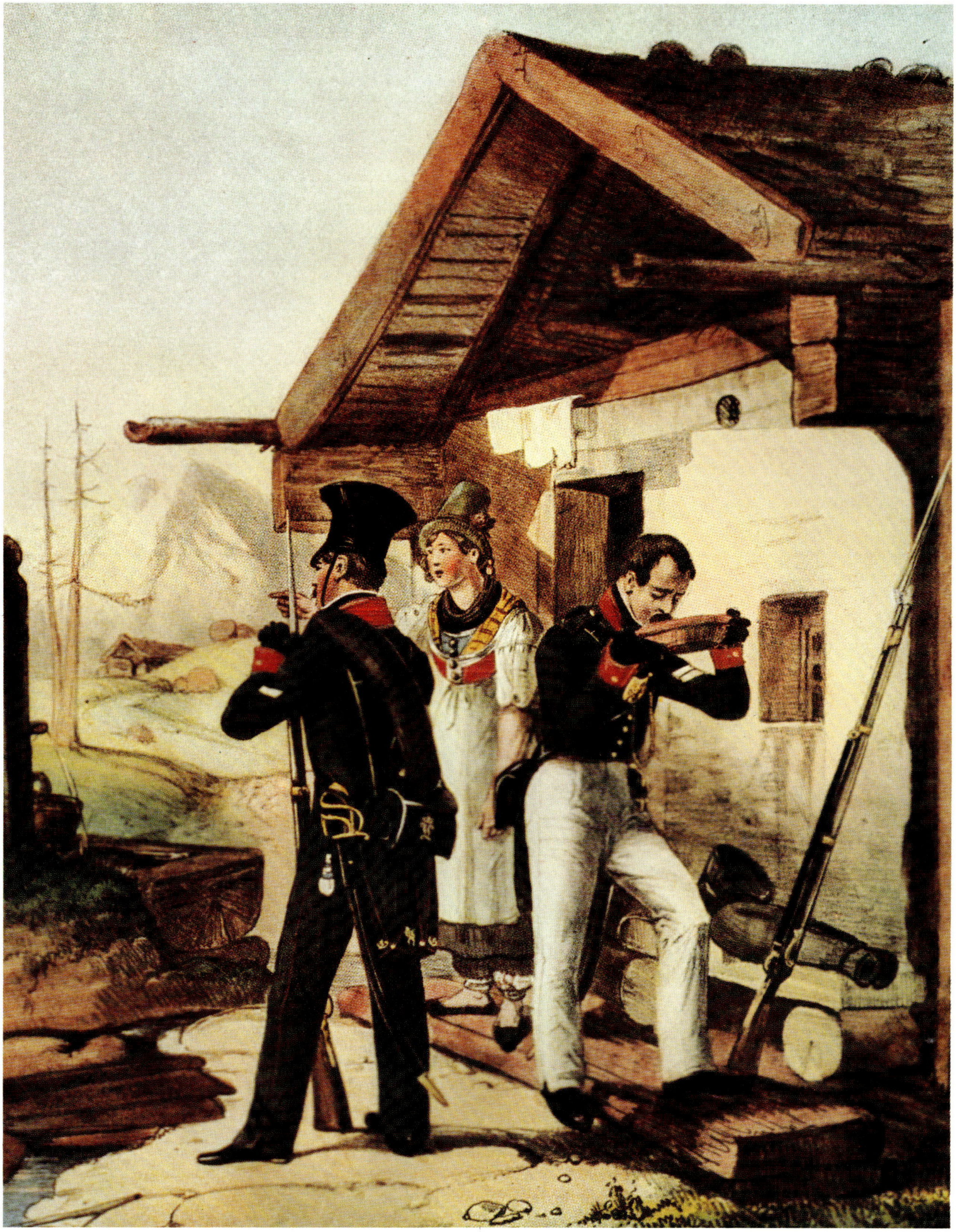

„Bande, miserable, jetzt hörts endlich amal mit der Rauferei auf, damit ich die Verhaftung vornehmen kann!"

Karikatur 1904

Zahlen von Bettlern führten; Arbeitslosigkeit, die es lange vor der industriellen Revolution eben auch gab, ferner «unzeitige Hochzeiten», soziale Ausgestossenheit etwa der Zigeuner, schliesslich, wie immer und überall, persönliche Veranlagung: Hang zum Vagieren, zum Müssiggang, zur Arbeitsscheu. Dass jede Obrigkeit sich der Plage solcher Bettlerscharen zu erwehren suchte, ist selbstverständlich; Erlasse, Mandate und stets «ernüwerte» Ordnungen brachten keinen der «heiden, zygginer und starcken bettler» von seinem Wege ab – dem «Arm der Obrigkeit», der Polizei in irgendeiner Form war es allein möglich, den oft scharfen und wenig humanen Gesetzen Nachdruck zu verleihen. Im Neuenburgischen war es die «chasse aux gueux» unter dem «Pettelfogt», von der man wenn nicht Wunder, so doch ein Nachlassen des Bettels erwartete. Anderswo, in Zürich zum Beispiel, schickten Bettelkommissionen und Patrouillenkammern ihre Patrouillenwächter und Harschiere in den Kampf gegen das «Bettel- und Strolchenvolck».

Aufgabe der Polizeiorgane war es, die ergriffenen «Pättler wider hindersich in ir vatterland» zu weisen, sie nicht passieren zu lassen – in

**Kosmopolitische Betrachtungen eines Dresdener Polizeidieners.**

Ich weeß gar nicht, wie soll's denn nur die Polizei den Leuten recht machen? Kommt man in Uniform uf eenen öffentlichen Platz, so heeßt's gleich: „Na was will denn die Polizei hier?" — Geht man in Zivil in ein Conzert, so heeßt's wieder: „Siehste dort, des is een heemlicher Polizeidiener!"

Karikatur 1850

Streikende Arbeiter begannen, die Fenster des Rathauses einzuwerfen...

... doch der Polizei gelang es leicht, die Tumultuanten zu zerstreuen.

Karikatur von Ad. Oberländer, 1895

früheren Jahrhunderten konnte es nie darum gehen, das Übel an der Wurzel zu packen; man gab sich damit zufrieden, die unerwünschten Gäste zum Nachbarn über die Grenze zu schieben. Mochte dieser dann zusehen, wie er sich ihrer wieder entledigte... Blieb es für die Bettlerbanden beim Herumgeschobenwerden, so konnten sie noch von relativem Glück reden. Je nach Stadt, Land und jeweiliger Obrigkeit steckte man die Aufgegriffenen in Zuchthäuser, verordnete ihnen Zwangsarbeit, brandmarkte sie mit glühenden Eisen, führte sie gefangen nach Genua zum lebenslänglichen Ruderdienst auf den Galeeren oder verkaufte sie in Venedig «zum ehrlichen Kriegsdienst» gegen die Türken.

Harte, unmenschliche Massnahmen – anderseits muss man sich fragen, was eine Obrigkeit, ungeachtet ihrer Regierungsform, gegen die Plage des Bettelunwesens hätte unternehmen können. Beispiel: Die Stadt Köln zählte um 1800 rund 5000 Bettler. Johann Kaspar Riesbeck, ein Reisender, berichtet davon: «Ein Dritteil der Einwohner machen privilegierte Bettler aus. Diese bilden hier eine förmliche Zunft. Vor jeder Kirche sitzen sie reihenweise auf Stühlen und folgen einander nach der Ancienität. Stirbt der vorderste ab, so rückt sein nächster Nachbar nach der strengsten Ordnung in der Reihe vor. Die Eltern, welche zu dieser Zunft gehören, geben einen bestimmten Platz vor einer Kirchtüre ihren Söhnen oder Töchtern zur Aussteuer mit, wenn sie heiraten...»

Ob man solche Bettlermassen gewähren oder wieder einmal die strenge Hand fühlen liess – stets waren es die Polizeidiener der untersten Charge, welche entweder ein Auge zuzudrücken oder scharf einzugreifen hatten.

Es kam allerdings auch vor, dass die Obrigkeit gegenüber einem Polizeimann eingriff – dann nämlich, wenn sich herausstellte, dass man den Bock zum Gärtner gemacht hatte. Was die Vossische Zeitung 1737 zu melden weiss, ist nichts anderes als ein Beispiel von polizeilicher Korruption. «Ein gewisser Befehlshaber über diejenigen Gerichts-Diener, so zu Verjagung der Land-Streicher bestimmt sind, ist überführt worden, daß er denselben gegen Erlegung der Gebühr, welche ihm jährlich in die 6000 Pfund eingebracht, durch die Finger gesehen, ist durch einen Parlaments Arrest verdammet worden, drei Markt-Tage an den Pranger gestellet, mit Ruten gestrichen und mit den Buchstaben G A L gebrandmarket, nachher aber drei Jahre auf die Galeeren geschmiedet zu werden...»

Als Gegenstück zur ländlichen Polizei: Berlin um 1890. Die Polizei der «vielbewunderten deutschen Kaiserstadt» zählte damals sechs Abteilungen, von denen die zweite ortspolizeiliche Geschäfte erledigte, «so u.a. die Aufsicht über die Gast- und Schankwirthschaften, die öffentlichen Lustbarkeiten und Schaustellungen, die Musikanten, Drehorgelspieler, Kunstreiter etc., die Beaufsichtigung der Trödler und Pfandleiher, die Kontrolle der Gesinde- und Ammenvermiether, die Ertheilung der erforderlichen Berechtigungsscheine zum Gewerbebetriebe an Handlungsreisende, Hausirer etc., die Untersuchung und Abhilfe bei Beschwerden über gesundheitsschädliche Wohnungen, den Handel mit Giften, die Abladestellen für Schnee und Eis,

Pariser Stadtpolizisten um 1840

Berliner Polizei-Leutnant und Schutzmann von 1848

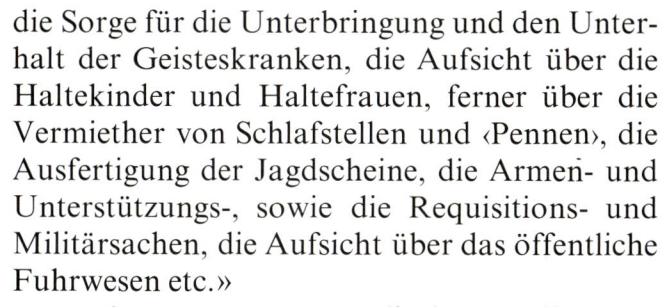

«Berliner Schutzmann von heute» (= 1896)

die Sorge für die Unterbringung und den Unterhalt der Geisteskranken, die Aufsicht über die Haltekinder und Haltefrauen, ferner über die Vermiether von Schlafstellen und ‹Pennen›, die Ausfertigung der Jagdscheine, die Armen- und Unterstützungs-, sowie die Requisitions- und Militärsachen, die Aufsicht über das öffentliche Fuhrwesen etc.»

Der Wirt, vom Gast um die letzte, allerletzte Mass Bier angelallt, zuckt bedauernd die Schultern: Polizeistunde. Das Wort ist jung, alt die Sache. Strassburg hat wohl die erste Ordnung dieser Art; 1249 musste jeder, der nach neun Uhr abends noch am Zechen oder Spielen angetroffen wurde, ein Pfund Groschen als Strafe bezahlen. Auch in Zürich war der Aufbruch von der Schenke bereits im 13. Jahrhundert vorgeschrieben, wahrscheinlich ebenfalls um neun Uhr. Man machte es den Gästen leicht: Zuerst läutete die Glocke zu St. Peter zur «Stäubi», zum Aufscheuchen und als Vorwarnung, und drei Viertelstunden später ertönte die Nachtglocke. Wer dann noch immer beim Weine sass (und erwischt wurde), zahlte zehn Schilling; hatte der Wirt zum Aufbruch gemahnt, das Doppelte.

Die städtischen und dörflichen Verordnungen glichen sich wie ein Ei dem andern – was einzig sie unterschied, das waren die Zeitangaben: Durfte man hier nicht vor zwölf Uhr mittags zu zechen beginnen, so war es anderswo nicht geraten, nach sieben Uhr ... neun Uhr ... noch die Kehlen zu feuchten. Und ein weiteres Unterscheidungszeichen: Hier bimmelte die Bier-, dort die Weinglocke oder ganz einfach das Rathausgeläut. Im tiefen Keller, in der hintern Stube tat der Ruf nicht immer seine Wirkung. Nachtwächter oder Polizeidiener hatten auf hochobrigkeitlichen Befehl die Pflicht, zum Rechten zu sehen. Das blosse Erscheinen genügte nicht allemal; grimmige Miene und gezückter Stift mussten nachhelfen, und wo auch dies nicht ausreichte, einigte man sich da und dort auf eine gemeinsame letzte Runde, womit ja allen geholfen war – ausser dem Buchstaben des Gesetzes.

# Polizeistaat – Staatspolizei

«... Weil aber das Polizeiliche das Ursprüngliche und Wesentliche des Staates überhaupt ist, deshalb ist es auch das Charakteristische, das Typische jedes einzelnen Staates. An seiner Polizei erkennt man den Staat» (Melcher).

Man braucht keine ferne Vergangenheit zu bemühen, um die enge Verflechtung, ja Einheit von Staat, Staatsideologie und Polizei anhand von Beispielen darzustellen. Totalitäre Staaten der Gegenwart und der jüngsten Geschichte zeigen deutlich genug, wie ein Polizeiapparat als Machtmittel bis in die feinsten Verästelungen politischen, wirtschaftlichen und kulturellen Lebens missbraucht werden, sich in die privateste Sphäre des Menschen einmischen kann. Wo der Mensch für den Staat da ist, wo er sich den Herrschafts- oder Staatsinteressen unterzuordnen hat, wird der Polizei – unter welcher Bezeichnung und Funktion auch immer – die konkrete Durchsetzung der Ideologie, die praktische Ausführung der Staatsinteressen übertragen. Die Staatspolizei vertritt einseitig den Willen der Regierung, niemals den des Bürgers.

Glied einer solchen Polizeiorganisation zu sein bedeutet oft, sich zu den Zielen der Regierung zu bekennen – nicht immer jedoch: Mancher «Polizist» – ob Zensurbeamter, politisch-ideologisch-rassistischer Spürhund oder auch nur Dorfgewaltiger – ist durch besondere Umstände, durch falschverstandenes Pflichtgefühl, Naivität, Dummheit oder Feigheit, wohl auch durch Brotsorge zu dem geworden, was er aus freien Stücken nicht hätte werden wollen. Das enger und totalitärer werdende Staatsgefüge hat ihn, den Gefängniswärter, selbst zum Gefangenen werden lassen. Die haarsträubenden Methoden, die kriminellen Handlungen der Polizei in Staaten totalitären Zuschnitts sind damit in keiner Weise zu entschuldigen. Zu bedenken ist höchstens, dass die «Bestie im Menschen» jederzeit und überall ausbrechen kann – warum sollten ausgerechnet Polizeiangehörige dagegen gefeit sein? Und – grundsätzliche Frage –: Wie kann eine Polizei besser sein als die Rechtsauffassung ihrer Zeit und das Gesetz ihres Landes?

Genug der Gedanken, die ins Uferlose, in die weiten Gefilde der Geschichtsphilosophie, der Kriminalpsychologie oder Politologie führen – zu Fragen des Standorts, der Generation, der persönlichen Meinung, von der ohnehin jeder glaubt, sie sei die richtige...

Zurück zu historischen Fakten:

Ludwig XIV., der Sonnenkönig, stützte sich als absoluter Herrscher auf eine wohlorganisierte Polizei; ihr Haupt, Gabriel-Nicolas de la Reynie, war der erste grosse Polizeichef Frankreichs. Noch zu Beginn des 17. Jahrhunderts gab es im Lande Räuberbanden bis zur Stärke von 400 Mann, gegen die man ganze Heere aufbieten musste. Erst die Maréchaussée oder Gendarmerie unter Ludwig dem Sonnengleichen, die 3576 Beamte zählte, stellte die Sicherheit wieder her. Bettler und Vagabunden wurden im 17. Jahrhundert auf die Galeeren, im 18. Jahrhundert nach den amerikanischen Kolonien verbracht. Doch war die Polizei nicht minder dazu bestimmt, in jedem einzelnen Franzosen das Gefühl der Abhängigkeit und Unselbständigkeit, der steten Furcht vor der Obrigkeit zu erzeugen. Unter Ludwig XV. soll es nicht weniger als 30 000 Polizeispione in Paris gegeben haben. So konnte der damalige Generalleutnant der Polizei nicht ohne Grund warnen: «Sie müssen wissen, dass, wenn Sie zu dreien beisammen sind, ich immer unter Ihnen weile...»

Dieses System der polizeilichen Überwachung überdauerte Absolutismus und Revolutionszeit. Um 1800 bat das Wiener Ministerium die Pariser Polizei um Hilfe; der Wiener Polizei war daran gelegen, einen Menschen zu verhaften, von dem es hiess, er sei in Paris untergetaucht. Antwort aus Paris: Der Gesuchte sei bereits wieder in Wien, und zwar wohnhaft «in der Leopolds-Vorstadt im Hause Nro 2004, drey Treppen hoch» – wo man ihn wirklich auffand und «arretirte». Ein früher Ansatz zur Organisation der INTERPOL!

Verhaftung eines verdächtigen Nihilisten in Petersburg (1880)

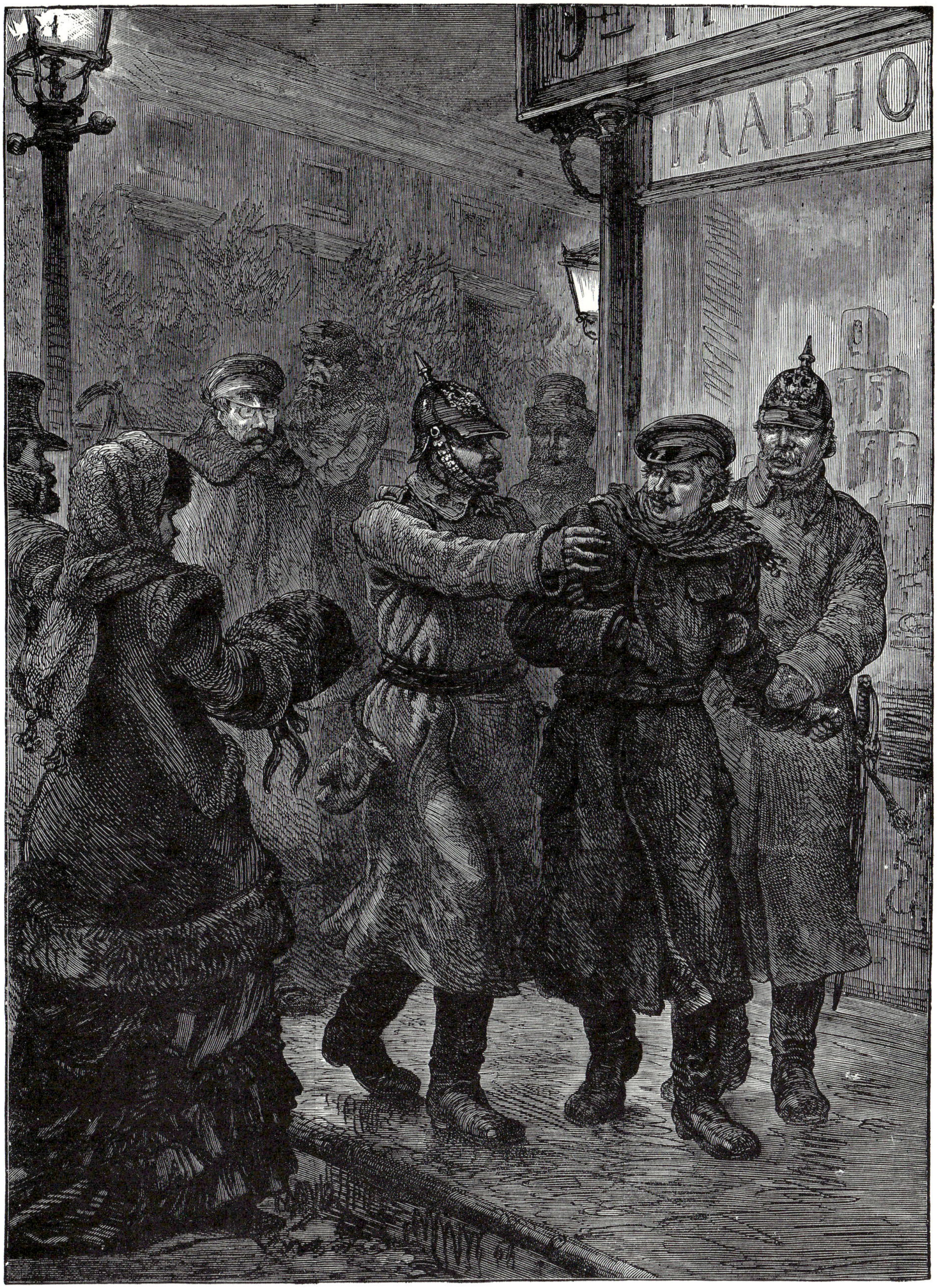
ГЛАВНО

Unter Napoleon war es Joseph Fouché, der die politische Polizei zu seiner Hausmacht ausbaute: Herr über ein riesiges Agentennetz, über einen Informationsdienst ohnegleichen – ein Mann, der «nicht nur fähig, sondern zu allem fähig» war. Dem Kaiser selbst, der ihn zum Herzog von Otranto ernannt hatte, wurde Fouchés Machtfülle unheimlich; der Polizeichef fiel in Ungnade, verschwand für längere Zeit, ohne wichtige Geheimakten zu hinterlassen, diente nach dem Sturz des Korsen dem neuen Herrscher, Ludwig XVIII., dem er die Rückkehr Napoleons von Elba voraussagte; als dieser dann wirklich wieder hundert Tage im Sattel sass, war Fouché erneut sein Polizeiminister. Dann aber kam die Schlacht bei Waterloo, Napoleons Niederlage, und als der geschlagene Kaiser in Paris einzog, verhaftete ihn kein anderer als ... Fouché.

Durch seine Heirat mit Marie-Louise war Napoleon Schwiegersohn des österreichischen Kaisers Franz II. (1768–1835). Auch Kaiser Franz und sein Minister Metternich regierten mit Hilfe eines besonderen Spionier- und Polizeisystems. Die polizeiliche Überwachung machte vor nichts halt: Sie galt den fremden Gesandten, ihren Papierkörben und ihren im Kamin verkohlten Akten so gut wie dem Theater, dem «ärgerlichen Reden» gegen die katholische Kirche und dem unzüchtigen Décolleté. Die folgenden Beispiele mögen heute harmlos wirken – für die damals Betroffenen sah es anders aus.

Schiller, der «Sänger der Freiheit», hätte seine Stücke in Wien kaum wiedererkannt. Sie bargen gefährlichen Zündstoff, also mussten die «explosiven Stellen» gestrichen oder umgedeutet werden. Denn wo Freiheit ein nahezu unbekannter Begriff war, konnte schon das Wort, auf der Bühne ausgesprochen, als Aufwiegelung aufgefasst werden. Das staatsgefährdende «Es lebe die Freiheit!» hatte deshalb zu lauten: «Es lebe die Fröhlichkeit!» – was ja auch ganz schön, aber doch nicht dasselbe war.

1793 erhielten die Polizeikommissäre eine langatmige Instruktion folgenden Inhalts: «Die Theater verdienen schon darum ein besonders genaues Augenmerk von Seiten der Polizey, weil ausser den bey anderen öffentlichen Spielen und grösseren Volksversammlungen eintretenden Rücksichten wegen guter Ordnung, Ruhe und Beseitigung der Gefährlichkeiten, es sich hier auch um Verhinderung des Aergernisses und der Sittenverderbnis, zumal bey jungen Leuten, handelt, die gemeiniglich den grössten Teil an gedachten Orten ausmachen.» – Religion und Sittlichkeit mussten auch im Theater streng gewahrt bleiben. Nur in Hoftheatern durfte «O Gott!» ausgerufen werden; in Stücken der Vorstadtbühnen, wo der Herrgott «gestrichen» war, hatten die Schauspieler in Szenen der Bestürzung und des Jammers ein «O Himmel!» hinzuhauchen... Die Zensurpolizei hob die Sittlichkeit, indem der Ehebruch auf der Bühne ganz einfach nicht stattfand und «Maitressen» ihrem Strich – dem der Zensurbeamten – zum Opfer fielen. Im übrigen durften nie «zwey verliebte Personen» gleichzeitig «allein vom Theater abtreten», miteinander von der Bühne hinter den Kulissen verschwinden – man hätte sich ja etwas Unsittliches, also Staatsgefährdendes dabei denken können. Nicht das Theater allein unterstand der Zensurpolizei. Sie erstreckte sich auch auf Bücher, periodische Schriften, Lesezirkel und Leihbibliotheken, Vorträge, auf Bilder, Gemälde und Landkarten, und selbstverständlich liess man an ausländischen Zeitungen nichts durch, was «religions-, sitten- oder staatswidrig oder pasquillantisch» war. Nach dem gleichen Prinzip wählte man Beamte und Angestellte für den Staatsdienst aus, zum Beispiel Lehrer aller Stufen. Kaiser Franz tat in einer Ansprache höchstselbst kund, wie er sich den idealen Professor dachte: «Ich brauche keine Gelehrten, sondern brave Bürger. Die Jugend zu solchen zu bilden, liegt Ihnen ob. Wer Mir dient, muss lehren, was Ich befehle. Wer das nicht kann oder Mir mit neuen Ideen kommt, der kann gehen oder Ich werde ihn entlassen.»

«Die Unruhen in Irland» – im Jahr 1882

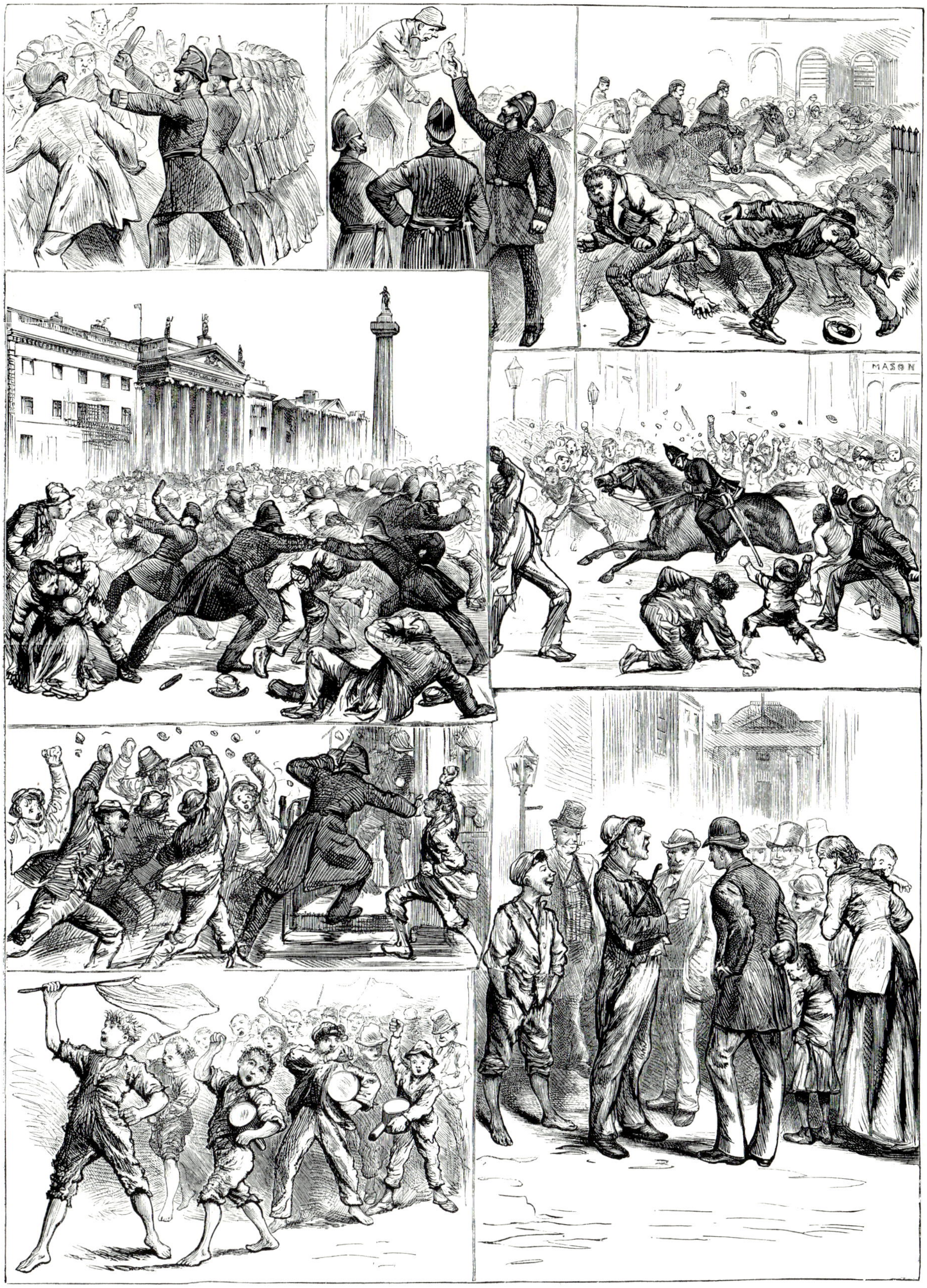
MASON

# Sittenpolizei

Es zeugt nicht eben von guter Sitte, Schlägereien mit jedermann anzuzetteln, Messer zu zücken, fremde Fenster einzuschlagen oder toll und voll herumzugrölen. Erscheinen in solchen Fällen die Ordnungshüter – von selbst oder auf einen Hilferuf hin –, so sind es nicht Angehörige der Sittenpolizei. Denn diese hat mit Sitte nur insofern zu tun, als sie ihr Gegenteil bekämpft, das nämlich, was nach den jeweiligen Strafparagraphen als unsittlich gilt. Für Sexualverbrechen wie Notzucht, Lustmord und ähnliche Delikte lauteten die Bestimmungen stets eindeutig. Über die Frage aber, was bloss ein Vergehen sei, was als unmoralisch verboten werden müsse, war man sich keineswegs immer einig. Der Wandel von Auffassung und Recht zeigt sich hier besonders deutlich.

Als «unmoralisch» galt 1798 der Plan, den der Franzose Garnerin auszuführen gedachte, nämlich in Gesellschaft einer jungen Dame mit einem Heissluftballon aufzusteigen. Die Polizei war dagegen und verbot das Projekt aus folgenden Gründen: Garnerin könne nicht beweisen, dass diese Gesellschaft, eben die junge Dame, «etwas zur Vervollkommnung der Kunst beitragen könne», zweitens «weil die Luftfahrt von zwei Personen verschiedenen Geschlechts unanständig und unmoralisch sei», und drittens müsse bedacht sein, «ob nicht der Druck der Luft den zarten Organen eines jungen Mädchens gefährlich werden könnte...»

Heute geht es die Polizei in den meisten Ländern nichts an, wer mit wem im Konkubinat lebt. Während Jahrhunderten aber war ihr aufgetragen, zu wachen darüber, dass niemand «zu Unehren sitze». Obrigkeitlich bestellte Sittenhüter nahmen an Hochzeiten gebührenden Anstoss am bräutlichen Jungfernkranz, wenn sich nach allgemeinem Gerede und besonderem Zustand der Braut erwies, dass das Paar die «ehelichen Pflichten» bereits erfüllt hatte, noch bevor es dazu verpflichtet war.

Wo eine Obrigkeit sich für die Sitten ihrer Untertanen verantwortlich fühlte, wo sie alte «Gsatz und Ordnungen» stets wieder revidieren, nach «regimentischer Form überschauen» musste, da gab es für die Polizei fortwährend neue Pflicht und Arbeit. In einem Strafgesetz von Bern (1712) «die Hurey und den Ehebruch betreffend» sind Strafen vorgesehen für Fälle, «da ein ledige Manns-Persohn sich mit einer verehelichten Weibs-Persohn vertrabet», umgekehrt «ein verehelichte Manns-Persohn sich mit einer ledigen Weibs-Persohn vergisset», ferner für Dirnen und ihre Helfer, die «Kuppler und Einzeucher: Diejenigen aber, so sich zum Kupplen, oder Tirnen Zuführen, und zur Einzeuchung dergleichen schandlichen Gelteren gebrauchen liessen, sollen, als schädliche Persohnen und Blutsauger, ausgeschmeitzt, gebrantzeichnet, und ewig bannisiert werden». Die bestellten Wächter und Aufseher, Polizeifunktionäre ihrer Zeit, hatten solche Individuen nicht zu bestrafen, wohl aber ausfindig und dingfest zu machen.

Mit dem «ältesten Gewerbe» und seinen Begleiterscheinungen hat die Polizei seit Jahrtausenden in verschiedenster Beziehung gestanden – rein dienstlich, versteht sich. Auf die Dauer war der Kampf gegen die Prostitution umsonst. Ganz neu ist diese Erkenntnis nicht, wie eine Zeitungsmeldung vom 10. August 1798 aus Paris beweist: «Eine Verordnung der Polizei gebietet, die liederlichen Weibsbilder, die sich öffentlich feil bieten, aufzugreifen. Ihre Zahl ist aber so groß, daß schwerlich strenge über dies Gebot wird gehalten werden können.» – Ehedem hiess eine Obrigkeit die «schönen frowen» sozusagen als Ehrendamen im Festumzug mittänzeln, wenn ein hoher Gast die Stadt zu besuchen geruhte, – zu andern Zeiten, wenn Erdbeben, Misswuchs und Überschwemmung nach Reue und Zerknirschung riefen, die Syphilis wieder einmal grassierte oder man überhaupt «ein Exempel statuieren» wollte, hiessen die Stadt- oder Landesväter die «umbschweifenden dirnen und mätzen» auspeitschen und ausweisen, die Frauenhäuser schliessen, die Polizei unnachsichtig in Aktion treten, um ein- für allemal mit dem «Laster der Unzucht» aufzuräumen...

„Jetzt gengan S' mit mir, Fräulein, Sie san verhaftet!"

„Da steigst ein, du Malefizschlamp'n!"

„Wos, mei Schorschl mit an nacketen Mensch?!"

„Wart, dir kimm i, du Haderlump, du verdächtiger!"

Die verhaftete Nacktänzerin oder: Opfer des Berufs
(Th. Th. Heine im «Simplizissimus» 1911)

Razzia in London, September 1599: Die Polizei hat Weisung, nicht nur die gefälligen Damen, sondern auch ihre Kunden festzunehmen. Augenzeuge und Berichterstatter ist Thomas Platter der Jüngere. «Es hatt auch gute ordnung in der statt wegen der unzüchtigen weiberen; sindt sonderbahre [besondere] commissar darzu bestellet, welche, so sie einen bettreffen, straffen sie ihn mit der gefangenschaft unndt an gelt. Daß weib aber führen sie in daß hauß Bridouel [Bridewell], daß ist deß königs hauß, ligt gegen dem wasser; da geißlet sie der nachrichter im selbigen hauß nackendt in beysein vieler leüten. Unndt obschon gute achtung auf sie geben wirdt, so lauft doch ein groß geschwirm gemelter weiberen in der statt hin unndt wider in die bierheüser unndt comoedien plätz.»

Polizeikontrollen noch und noch – einmal in tolerant-väterlicher Weise, dann wieder mit Mahnfinger, Drohfinger, Zuchtrute, Haarschere, Gefängniswagen. Stichworte zum 19. Jahrhundert: Sittenpolizei, kurz «die Sitte» genannt, Registrierung der Kontrollmädchen, Polizeiarzt, regelmässige Untersuchungen, Spitalaufenthalte; feste Strichplätze, verbotene Quartiere; Duldung der «Hotels», Schliessung der «maisons de tolérance» ... und die Sittenpolizei mittendrin zwischen ja und nein, sowohl-als-auch: Vollzugsorgan der jeweiligen Behörden mit wechselndem Auftrag.

Es gab Polizisten, die sich ihre Aufträge selbst zuschanzten, ihre Stellung dazu missbrauchten, aus dem «Geschäft», das sie verhindern sollten, masslos Kapital zu schlagen.

Die New Yorker Polizei nähme – so heisst es zu Beginn des 20. Jahrhunderts – riesige Schmiergelder entgegen, lasse sich Bordelleröffnungen bezahlen und hinterher erst noch die Betriebserlaubnis monatlich honorieren. Die Zahlen, von denen man munkelt, «genügen, um das polizeiliche Ausbeutesystem gegenüber dem Laster in Amerika zu charakterisieren». 35 000 Bordellinhaber in New York würden (1913) von der Polizei «um monatlich 50 bis 150 Dollar gebrandschatzt», verlautet nach der gleichen Quelle.

Von entsprechender Korruption und Bestechlichkeit in Paris will ein früherer Chef der Pariser Sittenpolizei, Goron, nichts wissen. Immerhin: «Als ich anfing, mich berufsmässig mit allen Pariser Häusern der Unsittlichkeit zu beschäftigen, habe ich die Wahrnehmung gemacht, dass die Polizei den meisten dieser Häuser ihren Schutz angedeihen lässt. Nicht nur die ... offiziell anerkannten Häuser, sondern auch die heimlichen Schlupfwinkel können sich ihres Wohlwollens rühmen.» – Im Osten nichts Neues: Die «Nachsicht der Polizei» musste auch in Moskau (1910) erkauft werden, und in Charkow waren es ausgerechnet einige Polizisten, die mit brutaler Gewalt Mädchen entführten und mit ihnen ihre zwei polizeieigenen Bordelle komplettierten.

Zum Glück macht Maxe manches wieder gut (s. Karikatur unten).

«Maxe, komm' mal ruff, der Herr will nicht zahlen!» (1910)

# Gesundheitspolizei und Fremdenpass

1608: Der junge Engländer Thomas Coryate, auf seiner Fussreise nach Venedig, erreicht die Stadt Lyon. Er durchschreitet das erste, das zweite Tor. «Als ich an das dritte Tor kam, verweigerte man mir zuerst den Eintritt in die Stadt. Der Wächter fragte mich nach meinem Woher und Wohin und nach dem Zweck meiner Reise. Anscheinend zufriedengestellt, drückte er mir dann einen Zettel in die Hand, der als eine Art Garantie für eine Unterkunft in einem Gasthof galt und ohne den man mich nirgendwo in der Stadt aufgenommen hätte.»

Was Coryate hier erlebt, gilt jahrhundertelang für alle Reisenden, Soldaten, Handwerksburschen. Die Fremdenpolizei wacht im Auftrag ihrer Stadt, ihres Landesherrn streng über das Kommen und Gehen der Fremden. Bald stehen politische Gründe im Vordergrund, bald religiöse, stets auch wirtschaftliche, und in Seuchenzeiten verschärfen sich die Vorschriften nochmals gewaltig. Wieder Coryate: «In Lyon machte man den Anfang mit unseren Gesundheitsattesten, ohne die wir keine der Städte, die auf unserem Weg nach Italien lagen, hätten betreten dürfen. Die Venezianer nehmen es besonders genau in dieser Beziehung. Niemand, und wenn er tausend Dukaten bezahlen würde, wird in Venedig zugelassen, wenn er nicht seinen Gesundheitsschein vorweisen kann.»

Dieser Gesundheitsschein, auf allen wichtigen Stationen der Reise erneuert, dient gleichzeitig als Pass. Der grosse Philosoph Michel de Montaigne berichtet [1580] in seinem Tagebuch aus dem italienischen Spoleto: «Eine berühmte und angenehme Stadt ... Wir wurden gezwungen, hier unseren Gesundheitsausweis vorzuzeigen, nicht wegen der Pest, die zur Zeit in keinem Teil Italiens mehr herrschte, sondern es war eine Sicherheitsmassregel gegen einen hier geborenen Petrino, den berüchtigtsten Banditen und Räuber Italiens, von dem eine Menge verwegener Taten erzählt wird. Spoleto und die Nachbarstädte fürchten, von ihm überfallen zu werden.»

Ungefähr zur selben Zeit [1598] ist auch Thomas Platter der Jüngere unterwegs: Sohn des einstigen Geisshirten und fahrenden Schülers Thomas Platter aus dem Wallis, der in Basel Buchdrucker und Schulrektor geworden ist, und Halbbruder des Felix Platter, des berühmten Stadtarztes und Professors der Medizin. Thomas Platter reist also mit seinen Gefährten in Südfrankreich. Die Pest geht um; Gesundheitsatteste müssen von Stadt zu Stadt vorgewiesen werden, und der Bürgermeister von Montpellier kümmert sich persönlich um die neuesten Pestnachrichten. Wer nicht mit Sicherheit aus einem unverdächtigen Ort herkommt wie Platter (aus Mauguio östlich Montpellier), hat eine Quarantäne zu bestehen.

«Den 14. junij haben wier ein (buletin) gesundtheit zedelin zu Mogueo genomen, wahre geschriben unndt auf daß papier der statt zeichen ... gepresset auf folgende manier:

Es sind von Melguel, da gott lob gute gesundtheit ist, weg gezogen Thomas Platter, Lucas Just, Hans Jacob Deicher mitt einem lakeyen, nach dem sie ein nacht da gebliben, willens, nach Montpelier zereysen, den XIIII. junij 1598. – Bertrand, burgermeister.

Mitt disem zedelin sindt wier der statt Montpelier zugangen, ist 1 meyl.

Nach dem die under dem thor alle unsere zedelin von Uses biß nach Montpelier besichtiget, haben sie uns heißen vor der statt verziehen, biß der Montpelier burgermeister widerumb von Peirau, dem dorf, ankeme, daß man von ihme vernemme, ob guter luft zu Aiguesmortes unndt Mogueo wehre, dieweil beyde ort im verdacht wahren, als ob die sucht da regierte. Wier mußten also den gantzen tag vor der statt verbleiben; man wollte uns in kein wirdtshaus einlassen, auch nicht unsere fellis [Felleisen/Mantelsäcke] annemmen; liessen alles auf der ofenen straß ligen, setzeten den lakeyen darzu ... Gegen der nacht kame der burgermeister unndt brachte gute zeitung [Nachricht], daß kein böse sucht an obgemelten örtern regierte, aber zu Marsilien [Marseille] unndt Aix sterbe es heftig.

Wann er daß widerspil [Gegenteil] erfahren hette, weren wier dieselbige nacht in kein wirdtshauß eingelassen worden, hetten mießen zeruck reißen unndt an einem gesunden ort viertzig tag verbleiben, wie man dann gar gute ordnung im gantzen landt deßwegen anstellet; dann so die pest an ein ort kompt thutt sie viel grösseren schaden dann bey uns; wo sie nit solche ordnung hetten ..., sturben gantze stett auß, vielleicht wegen der grossen hitz.»

Diese Absonderungsfrist von vierzig Tagen, von der Platter spricht, war zu seiner Zeit nicht neu. Die Quarantäne im eigentlichen Sinn wurde 1383 zum erstenmal von Marseille verlangt – schon damals wegen Pestgefahr.

Natürlich suchte man die unbequeme Quarantäne zu umgehen. Zu welchen Listen man griff, beschreibt ein Reisender Ende des 18. Jahrhunderts aus Livorno: «Die Seefahrer scheuen die langen Quarantainen ausserordentlich; sie wenden daher alle Künste an, dieses Urtheil zu vermeiden. Wenn ein aus der Levante kommendes Schiff den bestimmten Hafen in der Ferne erblickt, geräth alles in Bewegung. Jedermann muss sich reinigen und putzen, auch werden die starken Getränke nicht gespart, um der Schiffsequipage ein munteres und lebhaftes Ansehn zu verschaffen. Die Kranken müssen die Hängematten verlassen und sich gesund stellen ... Sogar das kleinste Fahrzeug, das in einem Hafen einlaufen will, wenn es gleich nur wenige Meilen von einem benachbarten italienischen Ufer kommt, muss sich erst bey den Gesundheitscommissarien legitimiren, bevor es dazu die Erlaubnis erhält ... Hierinn sind die Gesetze äusserst strenge, und in der That ist dies der beste Theil der italienischen Polizey» (Archenholtz).

Auf den Gedanken, sich «gesund zu stellen» und recht munter auszusehen, verfiel kurz vor 1900 auch der Dichter Josef Viktor Widmann. Er hatte, kerngesund, soeben die französisch-italienische Grenze überschritten und musste nun in Courmayeur hören: Ärztliche Visitation! «Eine solche sei durch Befehl von Rom für jeden aus Frankreich kommenden Reisenden angeordnet; denn die Cholera sei in Marseille; auch in Paris wolle man einzelne Fälle bemerkt haben, und hier in Cormaggiore nehme man es um so viel strenger, als gegenwärtig die Königin von Italien Cormaggiore mit ihrer Gegenwart beehre ... Also wieder einmal verhaftet! Wir wurden in das finstere Wachtlokal der Douane gebracht, wo man uns zu warten bedeutete, bis der Arzt kommen würde, der die Untersuchung zu führen habe. Inzwischen gab man uns das neue Cholera-Edikt zu lesen. Darin stand unter anderm, die Behörde habe besonders darauf zu achten, dass im Gepäck der Reisenden sich kein irgendwie unreiner Gegenstand befinde; je nach Umständen seien solche Gegenstände zu verbrennen usw. Jetzt fiel meinem Begleiter [einem jüdischen Studenten] sein koscheres Fleisch ein. Dasselbe, wie rein es auch im Sinne Israels sein mochte, war leider inzwischen durch die Hitze verdorben. Wenn nun bei der Untersuchung dieses Fleisch gefunden wurde! ... Und wer weiss, welche weitern Folgen das für uns haben mochte? Zurückweisung von der Grenze? Quarantäne? – Während dieser zweifelnden Gedanken tat ich alles mögliche, recht gesund auszusehen. Ich blies die Backen von innen ein wenig auf, fuhr mit der Hand öfter über die Lippen, um sie röter erscheinen zu lassen, atmete langsam, tief und kräftig und – bekam über allen diesen Bestrebungen ein mir selbst ganz choleraverdächtiges Bauchweh» – nun, der Gesundheitsschein wird schliesslich ausgehändigt, und Widmann, Hund und Begleiter samt Fleisch im Gepäck sind frei, sich das Königreich Italien zu erwandern.

# Kriminalpolizei

Man atmete erleichtert auf, wenn wieder einmal eine Räuberbande hinter Schloss und Riegel sass, ein gefürchteter Mörder in Ketten lag. Die Schwierigkeiten, der Kriminellen habhaft zu werden, waren früher ungleich grösser als heute. Präventivmassnahmen kamen kaum in Betracht, sowenig wie in der Gegenwart: Der Täter bestimmt Ort und Zeit der Tat. Erst dann kann die Kriminalpolizei ihre Arbeit aufnehmen. Sie «kann nur Erfolg haben, wenn zumindest Minimalbedingungen die Ermittlungen ermöglichen:
Auffinden und Sichern von Spuren am Tatort, Augenzeugen der Tat, Personenbeschreibung durch Zeugen, Denunziation des Täters durch Dritte, Unachtsamkeit des Täters, durch die er sich verrät, Erkennbarkeit eines Motivs» (Arnau).

Diese Minimalbedingungen waren in früheren Jahrhunderten noch seltener als heute gegeben. Dass man Verbrecher trotzdem aufspüren und der Justiz zuweisen konnte, spricht für die Findigkeit der Polizei. In den Mitteln durfte sie allerdings nicht wählerisch sein. Mit wechselndem Erfolg wurden Spitzel eingesetzt, die sich in Verbrecherkreisen auskannten und der Polizei ganze Nester von Kriminellen ausheben halfen. «Die Wittwe Cartouche, welche kürtzlich zu Lion wegen Dieberey zum Tode verurtheilt worden, und Pardon erhalten, hat bereits 35 Diebe und Strassen-Räuber angegeben, und ist sie als eine Manns-Person verkleidet mit verschiedenen Gerichts-Dienern nach dem Jahrmarkt zu Beauvais gereiset, um daselbst noch mehrere zu ertappen» (1797).

«Aufhebung einer Spielhölle in Berlin durch die Kriminalpolizei» (um 1890). «... Trotzdem das Hazardspiel polizeilich verboten und mit Strafe belegt ist, fehlt es doch nirgends an Privatcirkeln, in denen noch gespielt wird... Unser Bild versetzt uns in eine Spielhölle untersten Ranges, in das Hinterzimmer eines Kellerlokals, dessen Gäste hauptsächlich notorische Verbrecher sind.»

Ein anderer Spitzel, in der langatmigen Zeitungsmeldung von 1756 «Lauermann» genannt, hatte ausgesprochenes Pech: er erwischte den Falschen. «In voriger Woche wollte der berüchtigte Lauermann, welcher bekanntermassen bey der Inquisitionscommission die Diebe und diejenigen, welche sowohl sie als die gestohlnen Sachen verhelen, aufsuchen muß, in hiesiger Friedrichstadt wiederum einen Versuch, etwas auszuforschen, machen; welcher ihm aber sehr übel gelungen, weil es einen Mann betraf, der nicht zu dergleichen schädlichen Gesellschaft gehöret. Es war ein Schlächter, welcher den unvermutheten Besuch des Lauermanns unrecht verstund, und ihn anstatt eines freundlichen Willkommens mit einem Krumholz dergestalt derb abprügelte, daß er sich nicht besinnen konnte, ob er dergleichen Begegnung verdient habe. Man hat beyde arretirt, und Verhör über sie gehalten, nach welchem der Schlächter gegen Erlegung einiger Unkosten losgekommen, der Lauermann aber nach Meissen in Verhaft wandern müssen.»

Gegen Diebsgesindel und Strassenräuber setzte man auch in England sogenannte «agents provocateurs» an.

Der Preusse J.W. von Archenholtz berichtet Ende des 18. Jahrhunderts aus London: «Die Gesetze sind nicht nachsichtsvoll gegen die Strassenräuber, deren Verbrechen, wenn es erwiesen ist, mit dem Tode bestraft wird. Um die Zusammenrottung in Banden zu verhindern, hat man die weise Verordnung gemacht, dass ein auf den Tod sitzender Räuber sein Leben damit retten kann, wenn er einen andern angiebt und gegen ihn als Zeuge auftritt. Dieses Mittel, das sehr häufig gebraucht wird, erzeugt zwischen diesen Spiessgesellen das grösste Misstrauen und verhütet ihre Vereinigung, die gefährlich werden könnte. Die Friedensrichter schicken auch oft bewaffnete Leute, die man hier Diebsfänger nennt, auf den Fang aus. Diese sind mehrentheils selbst Diebe oder Strassenräuber gewesen und unterhalten ihre Verbindungen mit ihren alten Spiessgesellen; oft setzen sie sich verkleidet in Postchaisen und befahren die berüchtigtsten Gegenden vor der Stadt. Werden sie sodann angefallen, so feuern sie, oder sie stürzen heraus, und nicht selten glückt es ihnen, den Strassenräuber habhaft zu werden. Indessen verlassen sich diese auf die geprüfte Schnelligkeit ihrer Pferde und auf die grosse Kenntnis des Terrains, wo ihnen die kleinsten Schlupfwinkel bekannt sind.»

Ein Jahrhundert später, diesmal in Berlin: Aus den Arrestlokalen bringt man die Verhafteten nach dem Polizeipräsidialgebäude. Dies geschieht «vermittelst des sogenannten ‹Grünen Wagens›, welchem die Berliner mancherlei Spitznamen, wie ‹Grüner Anton›, ‹Grüner Heinrich›, ‹Kriminalequipage› u.s.w. gegeben haben. Sieben solcher Wagen sind fast stets unterwegs, da jeder von ihnen im Laufe von vierundzwanzig Stunden viermal nach den Polizeirevierwachen fährt, welche Gefangene beherbergen. Die Nachricht, dass Gefangene vorhanden sind, kommt dem Polizeipräsidium telegraphisch in denkbarster Kürze zu: nur die Nummer des Reviers und die Zahl der Gefangenen vor einem ‹G› wird mitgeteilt. Die Wagen gehen früh um acht, dann mittags um zwölf, abends um acht und nachts um zwei Uhr ab und kehren je nach der Entfernung möglichst rasch mit ihrem lebenden Inhalt wieder zurück. Jeder von ihnen kann sechzehn bis achtzehn Insassen aufnehmen, oft aber sind es mehr, und die Arretierten müssen dann dichtgedrängt und stehend die Fahrt zurücklegen. Es kommt auch vor, dass die Wagen nicht auf einmal die Menge der Arrestanten fortbringen können und zweimal ihren Weg machen müssen. Ihre innere Einrichtung besteht aus einer rings um die Wand laufenden Sitzbank sowie aus zwei zellenartigen Verschlägen für gefährliche Subjekte. Neben diesen Verschlägen, und zwar dicht an der vergitterten Thür, hat der begleitende Schutzmann seinen Platz. Ausser nach dem Polizeipräsidialgebäude befördern jene grün angestrichenen, in auffälliger Kastenform gebauten, schwerfälligen, fensterlosen Gefährte die Gefangenen auch nach Orten ausserhalb...»

Berlin um 1890: «Das Ausladen des Grünen Wagens im Hofe des Polizeipräsidiums»

Die Detektivabteilung des Polizeipräsidiums von Budapest zählte 1889 über 40 Agenten in Zivil. Besonders bemerkenswert ist ihre Einsatzart, die wesentliche Merkmale moderner Dezernatsarbeit bereits vorwegnimmt:

«Die Agenten gehen stets zu zweien auf ihren Dienstgängen, da in Budapest der kriminalistische Grundsatz gilt: ein Mann ist kein Mann. Wird es doch auch sehr oft nötig, dass ein Mann an gewisser Stelle zurückbleibt, um weiter zu beobachten oder die Entweichung irgend eines Verdächtigen zu verhindern, während der zweite Mann Hilfe herbeiholen muss oder Anfragen beim Chef zu besorgen hat. Die Agenten sind in der Weise ausgebildet, dass je zwei immer in einem bestimmten Stadtbezirk kleinere Recherchen machen, so dass zwanzig von ihnen eine ausserordentliche Lokalkenntnis erhalten, da sie immer auf demselben Terrain arbeiten. Die anderen zwanzig arbeiten lediglich nach verbrecherischen Fächern, zum Beispiel beschäftigen sich vier nur mit Taschendieben, acht nur mit Einbrechern, so dass die Hälfte der Agenten gewissermassen besondere Fachkenntnisse, die andere Hälfte besondere Lokalkenntnisse hat. Bei wichtigen Vorfällen nun gehen in den betreffenden Bezirk zwei mit Lokalkenntnissen und zwei mit Fachkenntnissen, so dass ein Erfolg um so sicherer zu erwarten ist.»

Zu den Mitteln polizeilicher Fahndung gehören seit Jahrtausenden die Steckbriefe; ihnen ist das nächste Kapitel gewidmet. Die Fortschritte kriminalistischer Detailarbeit zeigen sich vor allem im Erkennungsdienst; von diesen Identifizierungsmethoden handeln die Abschnitte über Verbrecheralben, über eine besondere Messmethode, die Bertillonage, und die Entwicklung des Fingerabdruckverfahrens.

# Steckbriefe

Übeltäter gleichen sich so wenig als die grosse Zahl der Unverdächtigen und «Braven»; die Form der polizeilichen Ausschreibungen aber, die Art der Steckbriefe und Haftbefehle, blieb jahrtausendelang dieselbe – öffentlicher Anschlag und interne Weisungen der Polizeiorgane bemühten sich, die wenigen bekannten Merkmale und Hinweise bekanntzumachen.

Im ägyptischen Alexandria entlief 145 v. Chr. ein Sklave seinem Herrn. «Er heisst Hermon, wird auch Neilos genannt, ein Syrer aus Bambyke, 18 Jahre alt, mittelgross, bartlos, mit festen Waden, Grübchen am Kinn, Muttermal längs der Nase zur Linken, Narbe über dem linken Mundwinkel, mit Sklavenbrennstempel an der rechten Handwurzel in nichtgriechischen Buchstaben. Er trägt bei sich ein Geldtäschchen mit drei Minenstücken gemünzten Goldes, 10 Perlen, einen eisernen Ring, an dem Ölfläschen und Schabeisen hängen. Er ist bekleidet mit kurzem Mantel und Sklavenschurz... Anzuzeigen von jedem Beliebigen ist auch Bion, Sklave des Kallikrates ... von Statur klein, breitschultrig, mit dicken Waden, glänzenden Augen. Auf der Flucht hatte er bei sich ein Gewand, ein Kinderkleidchen und ein Toilettenbüchschen im Wert von 6 Talenten, 5000 Drachmen.»

Über die Mitglieder einer Mordbrennerbande im 16. Jahrhundert, weit gefährlichere Leute als die zwei armen Schlucker aus Alexandria, wusste man weniger zu melden – hier einige der «Personen der Brenner und wie sie gepersonirt und gestalt sind:

– Mertin von Leipzig, der hat ein Weib, macht einen grossen Bauch, und stehet vor der Kirchen.
– Moritz Schone, ein langer Mann, hat einen langen Bart und einen schwarzen Wappenrock, und gele [gelbe] Strümpfhosen an.
– Früebrot, hat ein krummes Bein.
– Vettebauch, hat ein langen, rothen Bart und zerrissene Kleider.
– Martin, der Wagenknecht, hat ein Auge.
– Der schöne Bartolt, gehet in Bettlerskleidern.
– Hans von Basel, hat einen Knebelbart, träget Bleikugel, damit wirfet er die Leute zu todt.
– Hensel von Burgen, ein klein, kurzes Mändlein, hat ein kleines Geißbärtlein und ein klein Weiblin mit sich, träget ein Bürdlein auf dem Rücken, ist alt bei fünfzig Jahren, hat ein böse Joppen an.
– Auf etliche Personen und auf die deutschen und welschen Kramer, die allenthalben in Städten, Märkten umziehen, und fast [oft] Mäntel und grüne Hüt, grosse Paternoster an den Hälsen, und etwa rothe Kränzlein tragen, soll man gut Achtung haben...»

Suchte man «diebisches Strolchengesindel» in grosser Zahl, so lohnte es sich offenbar, die Merkmale und Namen tabellarisch festzuhalten und gedruckt zu veröffentlichen. Aus einem solchen Steckbrief, 1698 in Zürich ausgestellt, sei einer aus dem ganzen Dutzend herausgegriffen: Johann Baptist, Luzerner Schlosser genannt. «Woher? Von Näfelz. – Was Handtwercks? kan wol schreiben und dahero Schulmeister geheißen. – Was Stattur? klein. – Wie von Angesicht? ihme ist zu Murten ein Zeichen aufgebrennt worden. – Was für Haar? lange falbe schwartze / so er zuzeiten knüpft. – Wie gekleidet? weißgraue Casaquen mit schwartzen Uberschlägen. – Ob verheurathet? ja. – Wie die Frau heisse? Schrammengreth. – Wie sie gestaltet? großlecht und feißt im Angesicht.»

Nicht selten lässt sich aus der Beschreibung auch die Mode der Zeit ablesen wie im folgenden Steckbrief aus Bern (1486); typisch ist nicht, dass die beiden Gesuchten morden, stehlen und rauben – das findet man auch im heutigen Abendblatt , sondern die Sitte der «zerhauenen» Kleider und die Zweifarbigkeit gewisser Kleidungsstücke: Modebestandteil der Renaissance. «... Hans von Maggena hat zwo rot hosen, ein swartzen zerhowen rock, einen swartzen mantel und ein hut mit zweyen farwen, wiß und swartz, und hat swartz har; der ander heißt Peter von Cirnafas und hat einen roten rock und wiß hosen, einen roten hut und gelb har, item ein rot göller und wamsel und haben beyd lang swert und degen und messer mit silber beslagen und sind jung und starck und mürden, stälen und rouben.»

Dass Name und Kleid leichter zu ändern sind als dicker Bauch oder krummes Bein, war natürlich nicht nur den «Sündern» bekannt; 1552 beispielsweise suchte man in Bern einen gewissen «Lienhart de Larchet, so ein kalen kopf, ein alts mannli, klein» gefangenzunehmen, und fügte im Steckbrief bei: «... vilicht den namen verkhert». Andere Kunden der Polizei liessen sich, weil sie eitel und auf Präsentation bedacht waren, an reinen Äusserlichkeiten erkennen. Vielleicht wurde dem Dieb Joseph Antoni Huber, den man 1773 in Basel suchte, eben gerade sein äusserer Habitus zum Verhängnis: «...ein schöner besetzter Mann, hat schwarze, in einen Zopf gebundene Haare und rote Schnäuz, trägt einen silberbordierten Hut, einen grautuchenen Rock mit weißem Futter und gelben Knöpfen, ein blauscharlachenes Kamisol [Unterjacke/Wams] mit kameelhaarenen Knöpfen, schwarze Samthosen und in der Kamisoltaschen ein Stockührlein in Grösse einer Faust, welches die Stunde schlägt und viertelt, auch wie ein Hahn kräht.»

Zum Schluss ein ebenso gründlicher wie langatmiger Steckbrief, der 1753 in den «Hannoverschen Anzeigen» erschien. «In der Nacht vom 11. auf den 12. gegenwärtigen Monats [August] ist ein hier [Lüne] in Haft gesessener Kerl ... entsprungen.» Nein, so lakonisch kurz ist die Beschreibung nicht: «... ist ein Kerl, welcher zu Sülbeck, hiesigen Amts, alwo er bey dem daselbst sein Quartier habenden Fähndrich, Becker, löbl. Buschischen Dragonerregiments, als Reitknecht gedienet, verschiedene Diebstähle verübet, namens Nicolaus Münstedt, etwa 35. Jahre alt, aus grossen Bülten, Amts Peine, im Stifte Hildesheim, gebürtig, ziemlich langer Statur, blaß- und schmalen Gesichts, schwarzbraune eingeflochtene, und an den Bakken kraus herunter gewachsene Hare, eine baumwollene gewebete Mütze, mit roth und blauen Blumen, auf dem Kopfe habend, einen grünen Kittel von selbst gemachten linnen- und wollenen Zeuge, womit auch die Knöpfe bezogen, einen Brusttuch mit Ermeln, von eben demselben Zeuge, mit weissen knöchernen Knöpfen, lederne Beinkleider, weisse linnene Strümpfe, breite Schuhe mit weissen runden Schnallen tragend, den Wächtern, obgleich er mittelst Schellen an Hand und Bein geschlossen gewesen, entsprungen, und davon gekommen...»

Der Steckbrief an der Litfass-Säule (1891)

«Beim Photographieren für das Verbrecheralbum» (um 1890)

# Das Verbrecheralbum – ein Anfang

Entwischte Gauner oder rückfällige Verbrecher wieder zu erkennen war beschwerlich. Auf Namen, in diesen illustren Kreisen ohnehin bloss Schall und Rauch, konnte man sich nicht verlassen, und die Notizen über körperliche Merkmale und das Gesamtaussehen konnten nur mühsam in ein brauchbares System gezwängt werden.

Die Erfindung der Photographie wies der Polizei neue Wege, «brachte der Kriminalistik eine ausserordentliche Handhabe für das Wiedererkennen von Verbrechern, und die Berliner Polizei war es, die sich rühmen kann, zuerst ein ‹Verbrecheralbum› angelegt zu haben» meldete eine deutsche «illustrirte Zeitung» 1893 ihren Lesern. «Man fertigte von jedem Verbrecher eine oder mehrere Aufnahmen an und stellte eine Anzahl von Bildern her. Ein Bild wurde in ein grosses Album geklebt, welches seinerzeit vierundzwanzig dickleibige Bände umfasste. Die anderen Bilder wurden als Reserve in Pappschachteln in besonderen Regalen in der Registratur aufbewahrt. Wer sich durch irgend einen Verbrecher geschädigt glaubte, konnte ... das Verbrecheralbum sich zur Einsicht vorlegen lassen und aus den Bildern, welche nach Gruppen geordnet waren, wie Taschendiebe, Ladendiebe, Bauernfänger, Heiratsschwindler, Kautionsschwindler, Hochstapler, Sittlichkeitsverbrecher usw. die Person, von der er sich geschädigt glaubte, herauszufinden suchen» – eine zweifelhafte Methode, die in einigen Fällen zum Erfolg führen, aber auch Unschuldige in falschen Verdacht bringen konnte.

Dem Verbrecheralbum mass auch die Wiener Polizei grosse Bedeutung zu. Bereits 1869 wirkte sie bahnbrechend mit der «Verwerthung der Photographie durch Anlage eines Verbrecher-Albums», und 1876 waren in Wien zwei Personen eigens damit beschäftigt, «verlangte Photographien auszufolgen, neue Bilder einzureihen und zu registriren sowie die Correspondenz über ausstehende Photographien mit den Behörden des In- und Auslandes zu führen».

Mit der neuen Übermittlungstechnik, mit der «äusserst schnellen telegraphischen Correspondenz» wurde es jetzt möglich, angekündigte Übeltäter bereits auf ihrem Weg zu bösem Tun zu fassen: «Es ist zum Beispiele ein gewöhnlicher Fall, dass vom Bahnhofe in Prag an die Wiener Polizeidirection telegraphirt wird ‹Taschendieb N. ist soeben mit Postzug nach Wien abgereist›. Die Depesche liegt in weniger als einer Stunde dem amtirenden Beamten des Verbrecher-Albums vor, der die Photographie des betreffenden Gauners aushebt und dem Oberinspector des Corps der geheimen Polizei übermittelt. Wenn nun der Prager Zug in den Wiener Nordbahnhof einrollt, stehen schon längst die Polizisten, in der Hand die Photographie des reisenden Diebes, am Perron und überraschen den Ahnungslosen, ehe er noch sein beabsichtigtes Gastspiel beginnen konnte...»

Die Photographen jener Zeit, auch die Gefängnisphotographen, verstanden sich als Künstler. Manche lehnten die Zumutung ab, einen Verhafteten aus einer bestimmten Distanz und lediglich im Profil und von vorne abzuknipsen. Das war bloss Handwerk, Routine, und unter ihrer Würde. Das Amt brachte ohnehin viel Unangenehmes mit sich. So auch beim vereidigten Wiener Spezialisten: «Die Aufgabe dieses Photographen ist, ganz abgesehen von dem Publicum, mit dem er zu verkehren hat, keine angenehme, indem die meisten Verbrecher einen heftigen Widerwillen gegen die Erzeugung ihres Lichtbildes äussern... Manche dieser Individuen können nur mit Gewalt bewogen werden, gegenüber der Camera ruhig zu sitzen oder zu stehen; andere schneiden Grimassen, verzerren das Gesicht und versuchen auf mancherlei Art eine getreue Wiedergabe ihrer Züge zu hindern. Trotz der Androhung von Strafen hat es sich häufig genug ereignet, dass einzelne Verbrecher fünf- bis sechsmal aufgenommen werden mussten, ehe man eine den Sicherheitszwecken entsprechende Photographie erhalten konnte. Im Allgemeinen äussern die Frauenspersonen einen heftigeren Widerwillen gegen die photographische Aufnahme als die Männer...»

**Photographien aus dem Wiener Verbrecher-Album.**

1. Einbrecher, wiederholt bestraft. — 2. Gelegenheitsdiebin, zweiunddreißigmal überführt. — 3. Banknotenfälscher, mehrmals aus der Festungshaft entsprungen. — 4. Diebshehler und Gelegenheitsdieb, vierzehnmal bestraft. — 5. Taschendieb in Vergnügungslocalen, gelegentlich Falschspieler. — 6. Ladendieb, achtmal überführt. — 7. Kartenschlägerin und Taschendiebin, sechsundzwanzigmal bestraft.

(1876)

# Alphonse Bertillon und die Anthropometrie

Am 15. März 1879 trat Bertillon in den Dienst der Pariser Polizeipräfektur – als Hilfsschreiber: eine gescheiterte Existenz, ein Versager mit schwierigem Charakter, sagte man; einer, von dem man anderes erwartet hätte als schlechte Schulleistungen, Ausschluss aus drei Schulen und eine Entlassung nach wenigen Wochen Banklehre. Als Enkel eines Naturforschers und Mathematikers, als Sohn des Arztes, Statistikers und Anthropologen Dr. Louis Alphonse Bertillon...

Mit eintönig-einförmigem Kopieren von Personalangaben fing sein Alltag an. – Rund neun Jahre später, zu Beginn des Jahres 1888, wurde er zum Direktor des Polizeilichen Identifizierungsdienstes ernannt. Er hatte diesen Posten weder «ersessen» noch geschenkt bekommen. Angestrengte Arbeit, rastlose Tätigkeit im Dienst einer Idee standen dahinter – der Idee und der Erfahrung nämlich, dass die Knochenlängen eines erwachsenen Menschen sich nicht mehr verändern und dass sie, auf Karteikarten festgehalten, zur Identifizierung hervorragend geeignet seien. Mit elf verschiedenen Massen, so hatte er ausgerechnet, stand die Chance, einen weiteren Kriminellen mit den gleichen Körperverhältnissen zu finden, 1:4 191 304. Mit vierzehn Angaben müsste das Verhältnis sinken auf 1:286 435 456. Bertillon hatte diese Überlegungen mit praktischen Messungen untermauert, jeweils in den frühen Morgenstunden vor Dienstbeginn die Insassen des Gefängnisses La Santé gemessen – Körpergrösse, Länge und Umfang des Kopfes, Länge der Arme, der Finger, der Füsse usw. –, und als er schliesslich mit dem ganzen ausgeklügelten System vor den damaligen Präfekten trat, wurde er mit den Worten empfangen: «Bertillon? Ich glaube, Sie sind Schreiber zwanzigsten Grades und seit acht Monaten bei uns? Und Sie wollen schon Ideen haben?... Ihr Bericht liest sich wie ein Witz...» Bertillon, in seine Idee verbissen, arbeitete neben der geisttötenden Routineschreiberei an seinem Werk weiter. Was er erhofft hatte, trat bald ein: ein neuer Chef bestimmte das Geschehen in der Polizeipräfektur. Aber auch dieser, Camecasse, ein Politiker wie sein Vorgänger, begriff nichts von den Vorstellungen Bertillons. Schliesslich liess er sich durch die Fürsprache eines Anwalts dazu herab, Bertillon eine Chance einzuräumen: «Von der nächsten Woche an werden wir Ihre Methode der Identifizierung probeweise einführen. Sie erhalten dazu zwei Hilfsschreiber. Ich gebe Ihnen drei Monate Frist. Wenn Sie in dieser Zeit einen rückfälligen Verbrecher ausschliesslich durch Ihre Methode wiedererkennen...»
Eine Chance für Bertillon? Nur dann, wenn das Unwahrscheinliche eintraf, auf das Bertillon keinen Einfluss ausüben konnte: Innerhalb von nur drei Monaten musste ein Missetäter gefasst, angeklagt, bestraft, wieder entlassen und neuerdings festgenommen werden! – Neun Tage vor Ablauf der Frist mass Bertillon einen Häftling, der, wie gleichentags schon fünf andere vor ihm, ebenfalls ... Dupont heissen wollte. Mit jeder neuen Messung verringerte sich die Zahl der in Frage kommenden Karteifächer. Zuletzt blieb – Länge des kleinen Fingers – noch ein einziges Fach mit fünfzig Karten. Eine davon enthielt genau dieselben Masse wie die des angeblichen Dupont vor ihm. Und jetzt sagte Bertillon, seiner Stimme kaum mächtig: «Sie wurden am 15. Dezember letzten Jahres wegen Diebstahls leerer Flaschen verhaftet. Damals nannten Sie sich Martin...» Nach langem Schweigen der zornige Dupont/Martin: «Na, schön, ich war's...» Erstaunen, ja Fassungslosigkeit der Augenzeugen; mit stillem Triumph dagegen schrieb Bertillon einen Bericht an den Präfekten, schloss seine Kartei, verliess das Büro, nahm eine Droschke – was er sich kaum je geleistet hatte –, fuhr zu seiner Helferin und künftigen Frau, anschliessend zu seinem todkranken Vater: zu den einzigen Menschen, die an ihn und seine Arbeit geglaubt hatten.

Am Tage danach brachten Pariser Zeitungen die ersten Notizen zum Fall Dupont/Martin und zur neuen Identifizierungsmethode Bertillons. Man nahm sie kaum zur Kenntnis. Der Polizeipräfekt Camecasse aber, bereits ahnend, dass die

### Beinahe.

Gendarm (der auf dem Amtsbureau soeben einen Arrestanten, den er eingefangen, gemessen hat): „Beinah' hätten wir den Kerl erwischt, auf dessen Verhaftung tausend Mark Belohnung ausgesetzt sind!... Es fehlen nur noch fünf Centimeter dran!"

(Karikatur 1904)

revolutionierende Neuerung auch ihrem Förderer zu Ruhm verhelfen könnte, verlängerte Bertillons Frist auf unbestimmte Zeit... Hohn und Spott hatten aufgehört, Bertillons Schreiber waren unerbittlich gedrillt, und den Vermessungsangaben wurden nun auch photographische Profilaufnahmen und Ergänzungen über Nasenrücken, Nasenflügel, Augenfarbe usw. beigegeben. Im Jahr 1884 erfasste Bertillon mit seinem System 300 Vorbestrafte. Sein Messverfahren funktionierte. Man begann sich dafür zu interessieren. Der Verwaltungsdirektor der französischen Gefängnisse beschloss, das Verfahren Alphonse Bertillons in den Gefängnissen einzuführen. Die Pariser Presse machte Bertillons Namen bekannt. Jetzt, am 1. Februar 1888, zog Bertillon als Chef des Identifizierungsdienstes in sein neues Büro im Dachgeschoss des Justizpalastes ein: in jämmerlich vernachlässigte Räume mit faulenden Böden und abbröckelnden Dekken. Aber er besass sein eigenes Reich. Journalisten prägten nach den Einweihungsfeierlichkeiten einen neuen Begriff: die Bertillonage. «Die Bertillonage, aufgebaut auf den Massen bestimmter unveränderlicher Teile des Knochengerüsts, ist die grösste und genialste Erfindung, die dem 19. Jahrhundert auf dem Gebiet des Polizeiwesens beschert worden ist. Dank eines französischen Genies wird es bald nicht nur in Frankreich, sondern in der Welt keine Identifizierungsirrtümer und damit auch keine Justizverbrechen mehr geben, die auf falscher Identifizierung beruhen. Es lebe die Bertillonage! Es lebe Alphonse Bertillon!»

Paris, besonders der Dachstock des Justizpalastes, wurden zum «Mekka der europäischen Polizeiverwaltungen». In den Jahren zwischen 1890 und 1900 übernahmen nahezu alle europäischen Staaten das Bertillonsche Messverfahren. In der Schweiz gingen 1891 der Kanton Genf und die Stadt Bern voran; im Deutschen Kaiserreich natürlich Berlin; Wien in Österreich. Eine deutsche Illustrierte führte ihren Lesern 1893 die «Grundprinzipien der Anthropometrie» auf folgende Art vor:

«Nehmen wir nun an, es käme der (auf unserem Bilde dargestellte) Bauernfänger als Gefangener auf das Polizeipräsidium. Der Mann ist vielleicht fünf, sechs Jahre nicht in Berlin gewesen, er hat ausserhalb ‹gearbeitet›, und die Polizei hat ihn ganz aus den Augen verloren. Die Photographie, die sich von ihm im Verbrecheralbum befindet, zeigt keine Spur von Ähnlichkeit mit ihm. Er trug einen andern Bart, er war voller im Gesicht, die Nase war voll und dick, während sie jetzt spitz und schmal ist, kurzum, man findet mit Ausnahme der Ohren ... keine Spur von Ähnlichkeit mehr. Der Mann will sich auch als Neuling bei der Polizei einführen, er nennt sich daher Müller oder Lehmann und macht über sein Nationale [seine Herkunft] durchaus falsche Angaben. Das Berliner Polizeipräsidium verfügt vielleicht über die Signalements von dreissigtausend verschiedenen Verbrechern und Verbrecherinnen. Man misst den Kopf des Verdächtigen in die Länge und in die Breite, und da man laut Erfahrung drei verschiedene Grössen der Kopfverhältnisse festgestellt hat, entdeckt man, dass der Verdächtige in die Kategorie drei gehört. Es sind jetzt nur noch zehntausend Messangaben vorhanden, unter denen sich das Signalement befinden muss. Man misst bei dem Verdächtigen den Mittelfinger, seinen linken Unterarm, man vergleicht genau die Masse der Breite und Länge des Kopfes und immer kleiner wird die Zahl der Signalements, innerhalb deren man den Verdächtigen wiederfinden muss, wenn er jemals mit der Kriminalpolizei in Berührung gekommen ist.

Kaum ist eine halbe Stunde seit der ersten Vermessung vergangen, so kann man dem Verdächtigen auf den Kopf zusagen, welchen Namen er in Wirklichkeit führt und welche Vorstrafen er erlitten hat, und wenn er sich aufs Leugnen legt, so kann man ihn durch Feststellung seiner Merkmale und Vergleich mit den früher darüber gemachten Notizen vollständig überführen, und der Verbrecher ist mit Hilfe der Anthropometrie entdeckt.»

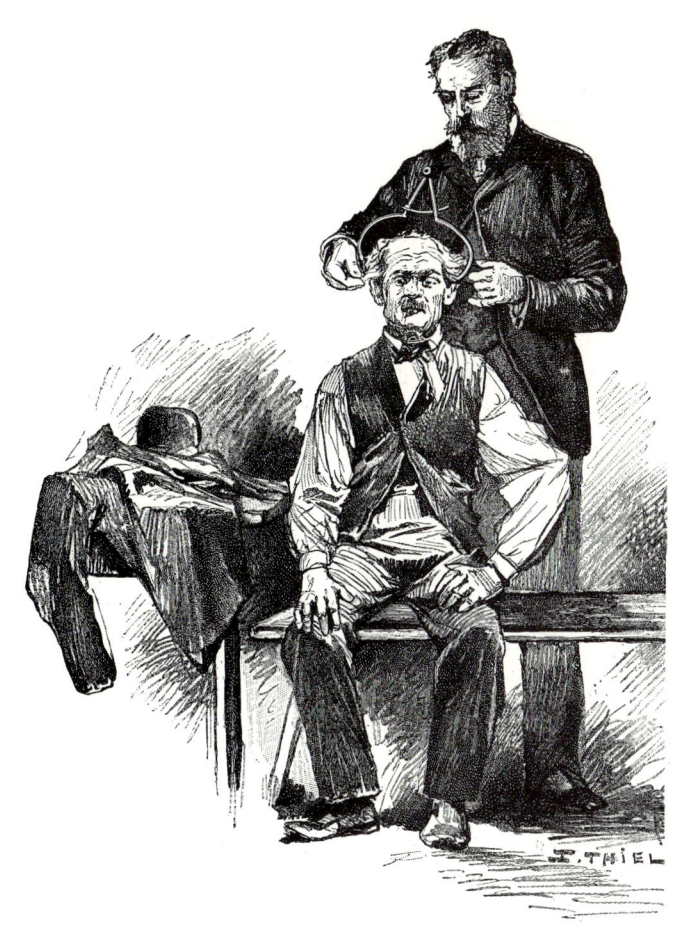

Messung des Kopfes nach der Bertillonschen Methode (1893)

# Daktyloskopie

Die Anthropometrie Bertillons, einst von entscheidender Bedeutung, findet heute nur noch historisches Interesse. Dagegen hat sich die Daktyloskopie, die «Fingerschau», behauptet. Denn es ist längst erwiesen, dass sich die Muster der Papillarlinien an den inneren Fingerenden zeitlebens nicht ändern – und nicht ändern lassen; dass sie sich, individuell und einmalig, vorzüglich zur Identifizierung eignen.

Das Verfahren mit dem Fingerabdruck ist zwar uralt, aber es dauerte Jahrhunderte, bis man sich wissenschaftlich-systematisch damit abgab und zu greifbaren Resultaten gelangte. Bereits im Alten China, zur Zeit der Tang-Dynastie (618–907), wurde die Methode verwendet, und in Ostturkestan unterzeichnete man 782 einen Darlehensvertrag mit den Fingerabdrücken der beiden Kontrahenten.

Erst im 19. Jahrhundert befassten sich mehrere Forscher in Europa ernsthaft mit den Abdrükken, so der Pathologe Purkinje in Breslau und der Anthropologe Welker in Giessen. Ihre erste praktische Anwendung erfuhr die Daktyloskopie 1858 mit der Registrierung indischer Eingeborener durch Sir William Hershel. Ein weiterer Pionier war Sir Francis Galton, der in London auf die Überlegenheit der Daktyloskopie über die Bertillonage aufmerksam machte. Aber erst der argentinische Kriminalist Juan Vucetich schaffte es, die Registrierung von Fingerabdrücken in ein brauchbares System einzupassen und damit zu arbeiten. Das war 1891. Ein Jahr später gelang es ihm, allein aufgrund seiner Methode eine kriminelle Tat nachzuweisen: Er überführte die Gelegenheitsarbeiterin Francisca Rojas anhand ihrer blutigen Fingerabdrücke – sie hatte ihre zwei Kinder ermordet... Einst identifizierte er – und zwar an einem einzigen Tag – dreiundzwanzig rückfällige Verbrecher durch ihre Fingerspuren; dreiundzwanzig Fälle, in denen die vielgerühmte französische Bertillonage versagt hatte. Sobald nämlich – und dies zeigte sich erst nach und nach – nicht mit der Verbissenheit und pedantischen Genauigkeit Bertillons gemessen wurde, schlichen sich Fehler ein. Damit wurde die Anthropometrie fragwürdig, ja wertlos. – Vucetich nun, durchdrungen und überzeugt von der Richtigkeit seiner Methode, versuchte seinen Vorgesetzten die Überlegenheit des neuen Verfahrens klarzumachen. Umsonst: Allein richtig konnte nur die Messweise aus Paris sein, wurde ihm bedeutet. Vucetich verfasste Denkschriften, in denen er die Zuverlässigkeit des Fingerabdrucks nachwies, und liess sie auf eigene Kosten drucken und verbreiten. Reaktion der übergeordneten Polizeibehörde: Er habe die Fortsetzung seiner Arbeit einzustellen und sich fortan ausschliesslich der eingespielten Messtechnik zu bedienen. Was Wunder, wenn sich Vucetich über soviel Einsichtslosigkeit grämte, sich Magengeschwüre zuzog? – Mit einem neuen Polizeichef – die Parallele zu Bertillons Schicksal ist unverkennbar – begann ein neuer Wind zu wehen: Vucetich durfte endlich weiterarbeiten, und die argentinische Provinzpolizei schaffte 1896 das anthropometrische Verfahren zugunsten der Daktyloskopie ab. Damit war Argentinien das erste Land der Erde, das den Fingerabdruck zur einzigen Grundlage des polizeilichen Erkennungsdienstes erklärte. Ihm folgten 1903 Brasilien und Chile, 1906 Bolivien, 1908 Peru, Paraguay und Uruguay. Neben diesen südamerikanischen Staaten wandten sich auch Nordamerika und zahlreiche europäische Länder der neuen Methode zu – ohne Frankreich allerdings, das bis zum Ausbruch des Ersten Weltkrieges an der «nationalen» Anthropometrie festhielt. Der Schöpfer der Messtechnik, Bertillon, starb am 13. Februar 1914, fast gleichzeitig mit seinem System.

Wie die Daktyloskopie anhand einzelner Erfolge schlagartig Gewicht bekam und sich durchsetzen konnte, zeigt ein Beispiel aus dem Leben des Detektivs Faurot in New York. Der Detektiv-Sergeant Joseph A. Faurot war 1904 im Auftrag des New Yorker Polizeipräsidenten nach London gereist, um sich bei Scotland Yard mit den «Fingerprints» vertraut zu machen. Was ihm Chefinspektor Collins zeigte, prägte sich Faurot ein; als er jedoch nach New York zurückkehrte, kommandierte bereits ein neuer Chef, der von solch wissenschaftlichen Ideen nichts hielt... Faurot liess sich nicht beirren, blieb der einmal gewonnenen Überzeugung treu, experimentierte auf eigene Faust und nahm den Verhafteten auf jeden Fall ihre Fingerabdrücke ab. Jürgen Thorwald erzählt:

«Am 16. April 1906, gegen Mitternacht, erreichte Faurot während einer nächtlichen Streife das weltberühmte Waldorf-Astoria-Hotel. Er entschloss sich, einen Inspektionsgang durch das Haus zu unternehmen, das mit seinen reichen Gästen immer wieder New Yorks Einbrecher und Diebe anzog. Zufall oder Geschick – im dritten Stockwerk stiess Faurot auf einen Mann, der sich im Abendanzug, aber ohne Schuhe, aus einem fremden Appartement schlich. Faurot nahm ihn trotz seiner wütenden Proteste fest und brachte ihn ins Hauptquartier. Dort protestierte der Verhaftete weiter. Mit breitem englischem Akzent versicherte er, James Jones zu heissen, ein angesehener englischer Bürger zu sein und lediglich ein Liebesabenteuer gesucht zu haben. Er verlangte den britischen Konsul zu sprechen und stellte Faurot ein böses Erwachen in Aussicht, falls er ihn nicht sofort freilasse.

Sein Auftreten war so selbstbewusst, dass Faurots Kollegen diesem rieten, den Verhafteten freizulassen und sich unnötigen Ärger zu ersparen. Doch Faurots Instinkt gab ihm, wie er später erzählte, einen anderen Rat. Er nahm Jones' Fingerabdrücke, legte das Abdrucksblatt in einen Umschlag und schickte es eingedenk von Jones' breiter englischer Aussprache an Inspektor Collins von Scotland Yard. Am 17. April ging Faurots Brief nach London ab. Vierzehn Tage voller Zweifel und Ungewissheit folgten.

Doch am 1. Mai fand Faurot auf seinem Tisch einen Brief aus London. Er enthielt Jones' Fingerabdrücke und die Photographie einer daktyloskopischen Karte aus der Kartei von Scotland Yard. In dem Begleitbrief aber hiess es: ‹Die Fingerabdrücke von James Jones sind identisch mit den bei uns registrierten Abdrücken von Daniel Nolan alias Henry Johnson, zwölfmal vorbestraft wegen Hoteldiebstahls, gesucht wegen Einbruchs im Hause eines bekannten britischen Schriftstellers und Raubes von 800 Pfund... Es wird hier vermutet, dass Johnson nach den USA geflohen ist.› Beigefügt waren schliesslich zwei photographische Aufnahmen, die Faurots Häftling zeigten.

Konfrontiert mit dem Bericht aus London, gab Jones seinen Widerstand auf und bekannte, der gleiche Mann wie Henry Johnson und Daniel Nolan zu sein. Er erhielt mit sieben Jahren Gefängnis die bisher längste Strafe seines Lebens.

Schon vorher aber, am 2. Mai, erschienen in den New Yorker Zeitungen die ersten Berichte über Faurots ungewöhnlichen Fall... Zum ersten Male erkannten amerikanische Polizeireporter, dass der Fingerabdruck echte Sensationen liefern konnte. Ihre Berichte gelangten bis nach San Francisco und Los Angeles, Seattle und New Orleans. Trotzdem dauerte es noch vier Jahre, bis es zum wirklichen Durchbruch der Daktyloskopie auch in New York kam.»

Noch hatte sich das Fingerabdruckverfahren nicht durchgesetzt, als von Wien aus eine Gegentheorie empfohlen wurde: Eine kriminalistische Identifizierungsmethode anhand des Ohres.

«Ein viel sichereres Erkennungszeichen aber als der Daumen ist das Ohr, das sich in seiner Struktur und in seinem ganzen äusseren Habitus nie ändert, während es ausserdem nicht zwei Menschen gibt, die vollständig gleiche Ohren haben. Der Chef des Wiener Polizeiagenteninstituts, Rat Stehling, der auf eine langjährige kriminalistische Praxis zurückblickt, ist selbst einer der Hauptanhänger, wenn nicht der Erfinder der ‹Ohrentheorie›... und er hat für seine Ansicht einen höchst wichtigen Vertreter der Wissenschaft, den Wiener Anatomen Hofrat Professor Langer, gefunden, welcher sich die Theorie zu eigen machte und, nachdem er zahlreiche Studien an Leichen gemacht, eine Reihe von öffentlichen Vorträgen über diese Angelegenheit vor Medizinern und Polizeibeamten hielt, bei welcher Gelegenheit eine grosse Anzahl von Ohren, die von Leichen herstammten, auf Tafeln aufgenagelt vorgewiesen wurden, um die Theorie zu verdeutlichen.»

In der Praxis aber setzte sich diese absonderliche «Ohrentheorie» nicht durch – vielleicht schon deshalb, weil sich die Plastik des Ohrs nicht so leicht auf die polizeilichen Karteikarten übertragen lässt...

Der «Durchbruch der Daktyloskopie» hatte Folgen: Der Kampf der Polizei gegen das Verbrechertum nahm neue, wissenschaftliche Formen an, und die Verbrecher versuchten ihrerseits, die neuen Erkenntnisse zunichte zu machen. Während die Polizei ihre Laborversuche erweiterte und die bereits gewonnenen Abdrücke in zentralisierten Registraturen vereinigte, gingen die Kriminellen dazu über, die Kapillarlinien ihrer Finger abzuschleifen, abzuätzen oder sie gar mit Hilfe der Chirurgie verschwinden zu lassen. Ärzte und Scharlatane, die dem Verbrechermilieu nahestanden, kassierten damals Riesensummen für plastische Operationen. Am radikalsten ging wohl der Gangster Pitts vor: Er wandte sich im Frühjahr 1941 an den übelbeleumdeten «Doc» Brandenburg, der selbst mehrfach vor Gericht gestanden hatte, und liess sich durch ihn Haut von der Brust an die Fingerspitzen transplantieren – doch Schmerzen, Geduld und Geld waren umsonst.

Dem bekannten Gangster der dreissiger Jahre, John Dillinger, genügten die plastischen Gesichtsoperationen nicht mehr; einer seiner «Ärzte» hatte Dillingers Fingerspitzen so lange mit ätzenden Säuren zu behandeln, bis die Papillarlinien nicht mehr sichtbar waren. Dann, zwei Monate später, wurde Dillinger in Chicago vor einem Kino erschossen. Als man die Leiche des Berufskriminellen identifizierte, liessen sich die ursprünglichen Fingerlinien schon wieder feststellen.

## Allgemeine Literatur

ARNAU FRANK
    Das Auge des Gesetzes. Macht und Ohnmacht der Kriminalpolizei, dtv 298, München 1965 (mit umfassender Bibliographie)

CLEMENT P.
    La police sous Louis XIV, Paris 1863

D'HAUTERIVE ERNEST
    La police secrète du Premier Empire, Paris 1808/09

HEINDL ROBERT
    Die Daktyloskopie, Berlin 1927

NEESE WILLI
    Polizei-Lexikon, Berlin 1949

SAINT-GERMAIN J.
    La Reynie et la police au grand siècle, Paris 1962

THORWALD JÜRGEN
    Das Jahrhundert der Detektive. Weg und Abenteuer der Kriminalistik, München und Zürich 1965 (mit reichen Literaturangaben)

## Benutzte Quellen

ARCHENHOLTZ J. W.
    England und Italien, Leipzig 1786

BAADER JOSEPH (Hg.)
    Nürnberger Polizeiordnungen aus dem 13. bis 15. Jahrhundert, Stuttgart 1861

BIBL VIKTOR
    Die Wiener Polizei, Leipzig/Wien/New York 1927

VON BOEHN MAX
    Polizei und Mode, Berlin 1926

BUCHNER EBERHARD
    Das Neueste von gestern, 5 Bände, München 1911 ff.

CORYATE THOMAS
    Die Venedig- und Rheinfahrt 1608, Stuttgart 1970

DEGENHARDT H./HAGEMANN M.
    Polizei und Kind, Berlin 1926

FELDHAUS FRANZ MARIA
    Polizei und Technik, Berlin 1926

HELLWAG FRITZ
    Die Polizei in der Karikatur, Berlin 1926

HUYBENSZ MAX
    Das Verbrecher-Album der Wiener Polizei, «Gartenlaube» 1876

KLAUSSMANN OSCAR
    Aus dem Verbrecheralbum der Berliner Polizei, «Über Land und Meer» 1893

KLAUSSMANN OSCAR
    Wien und Budapest. Eine kriminalistische Studienreise, «Vom Fels zum Meer» 1889

KRÜNITZ JOHANN GEORG
    Ökonomisch-technologische Encyklopädie, 114. Teil, Berlin 1810

LINDENBERG PAUL
    Polizei und Verbrecherthum der Reichshauptstadt, «Gartenlaube» 1891

MELCHER KURT
: Die Geschichte der Polizei, Berlin 1926

METZGER HUBERT (Hg.)
: Nachrichten aus dem Wüstensand, Zürich und München 1974

MOLL ALBERT
: Polizei und Sitte, Berlin 1926

MONTAIGNE MICHEL
: Tagebuch einer Badereise, Stuttgart 1963

MORECK CURT
: Kultur- und Sittengeschichte der neuesten Zeit; Die käufliche Liebe bei den Kulturvölkern, Dresden 1928

PLATTER THOMAS D. J.
: Beschreibung der Reisen durch Frankreich, Spanien, England und die Niederlande (1595–1600), hgg. von Rut Keiser, Basel/Stuttgart 1968

RIESBECK JOHANN KASPAR
: Briefe eines reisenden Franzosen über Deutschland, Stuttgart 1967

SCHWEIZER KARL
: Chronik von Oberburg, Hasle bei Burgdorf 1902

WIDMANN J. V.
: Spaziergänge in den Alpen, Frauenfeld 1914

ZÜSLI-NISCOSI FRANZ
: Beiträge zur Geschichte der Polizei-Organisation der Republik Zürich in der zweiten Hälfte des 18. Jahrhunderts, Zürich 1967

Englische Polizei 1829 – beachten Sie die Uniformen!

# Historischer Wiener Bilderbogen

Wohl kaum zuvor hat es in der Geschichte einen so rasanten technischen Fortschritt gegeben wie in den letzten Jahrzehnten. Der Mann im Mond ist zur Realität geworden. 70 Jahre nach dem ersten Luftsprung der Gebrüder Wright in den Dünen von North-Carolina bringen Jumbo-Jets Legionen von Urlaubern sicher über Kontinente und Meere. Mit dem Überschall-Passagierflugzeug ist man sogar noch schneller als die Zeit, schneller, als sich die Erde um ihre Achse dreht. Ein in Zürich aufgegebener Luftpostbrief könnte sogar am «Vortag» in Los Angeles zugestellt werden.

Das Auto ist ebenso selbstverständlich geworden wie die TV-Satelliten-Übertragung eines Grand-Prix-Rennens in Australien. Es gibt eine Informationsexplosion, der Rundfunk ist allgegenwärtig, ein Funkbild ist ein alter Hut, der Mikrowellen-Griller in der Werksküche hat den kohlegefeuerten Herd verdrängt. Der Taschenrechner mit seinen in Gross-Serie industriell gefertigten mikroskopisch winzigen Schaltkreisen prägt ebenso unsere Zeit wie die Organverpflanzung, das Kernkraftwerk, der TEE-Zug, der Siegeszug der Kunststoff-Chemie oder die Armbanduhr, die nicht mehr tickt, sich aber als «elektronischer Schwerarbeiter» entpuppt hat: ihr Quarz-Element schwingt exakt 768 432mal in der Sekunde. Eine Genauigkeit von nur wenigen Sekunden Abweichung im Jahr wird garantiert. Heute rechnet man in Nano-Sekunden, mit dem Milliardstelteil einer Sekunde, einer Zeitspanne, die sich so zu einer Sekunde verhält wie eine Sekunde zu 32 Jahren. Und bald wird mit der Pico-Sekunde gerechnet, dem tausendsten Teil einer Milliardstelsekunde. In den achtziger Jahren werden es in der Datenverarbeitung Bruchteile von Pico-Sekunden sein...

Fortschritt auf breiter Front. Auch die Polizei hat in ihrer Struktur, Ausrüstung und Ausbildung einen Wandel erfahren. Die Funkstreife hat den schnauzbärtigen, behäbigen Revierposten abgelöst, anstelle des prächtigen Säbels gibt es das tragbare Funksprechgerät und die handliche, automatische Waffe. Auf den Wasserstrassen sind die Polizisten ebenso unterwegs wie auf den Autobahnen. Auch der Hubschrauber ist aus dem Polizeidienst nicht mehr wegzudenken. Die Kriminaltechnik erfährt eine Blütezeit. In vielen Belangen übernimmt der Computer die Arbeit. Er ermöglicht eine blitzschnelle Fahndung und ist zum Werkzeug des Kriminalisten geworden, um dann während der Nachtstunden, gleichsam mit der linken Hand, noch zahlreiche verwaltungsmässige Arbeiten zu erledigen.

Die Zeiten haben sich geändert, nicht aber der Geist. Ohne Polizei gibt es im Staat keine Sicherheit, aber auch keinen persönlichen Frieden und keinen Fortschritt. Das Gesicht der Polizei hat sich zwar gewandelt, aber die Aufgaben sind die gleichen geblieben. Ob nun der Polizist mit Pikkelhaube und Säbel oder die Besatzung des Funkwagens heutzutage – einst wie auch jetzt will man nichts anderes als Freund und Helfer sein.

Peter Müller

«Bitte einsteigen, wir fahren mit zwei PS ins Kittchen!» Schon um die Jahrhundertwende war man sehr dezent. Die Milchglasfenster verdeckten die Gitter, es gab eine Gepäckgalerie auf dem Dach, die Radreifen waren mit Hartgummi überzogen, und ein Ofen sorgte dafür, dass die Häftlinge nicht froren ...

Keine Sabotage – damals gab es noch keinen Terrorismus! Der Achsstummel des Waggons war gebrochen. Es gab nur Beulen und Schrammen. Verkehrsunfallkommando vor einem halben Jahrhundert könnte man sagen! Rechts der Polizeioffizier, links der Oberwachmann.

«Grau, teurer Freund, ist alle Theorie und grün des Lebens goldener Baum!» heisst es im «Faust», und damals so wie heute scheint sich daran nur wenig geändert zu haben. Diese Aufnahme entstand kurz nach dem Ersten Weltkrieg und zeigt den Unterricht für angehende Telegrafisten.

Vom Sattel auf die Holzbank. Berittene machen Pause. Diese Aufnahme entstand in den frühen dreissiger Jahren.

Jeder hatte seine eigene Morse-Handschrift. Als das Gaslicht dominierte, waren die Polizeistationen nur mit dem Telegrafen verbunden. Dieses Photo stammt aus dem Jahre 1924.

49

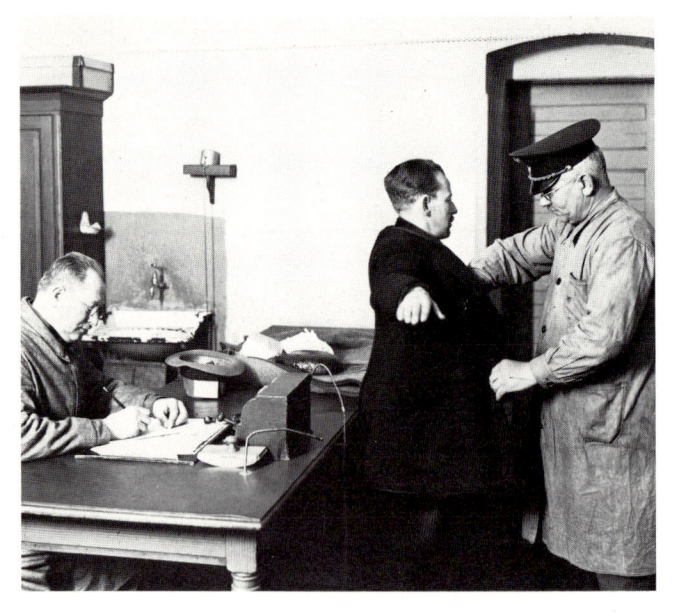

«Gefilzt» wurde schon im alten Rom. Vor der Einlieferung in das Polizei-Gefangenenhaus gibt es die obligate Leibesvisitation. Und alles wird schriftlich festgehalten, vom Kamm bis zum Feuerzeug und von der Brieftasche bis zum Schlüsselbund.

In den frühen zwanziger Jahren gab es weder Verkehrsampeln noch Zebrastreifen, in die Fahrbahn eingegossene Induktionsschleifen und ferngesteuerte Fernsehkameras. Nur mit Handzeichen wurde der Verkehr geregelt. Man schrieb das Jahr 1923.

Die drahtlose Telefonie bahnt sich an. Diese Aufnahme stammt aus dem Jahr 1934. Das Funkgerät war am Beiwagen befestigt. Man beachte die schnittige Antenne. Auf die damalige Zeit bezogen, war man sehr modern ...

Dieser Funkwagen stammt aus dem Jahre 1937. An Antennen mangelte es bei diesem Vehikel freilich nicht.

Zwischen der pferdebespannten «Grünen Minna» – in Wien allerdings «Grüner Heinrich» genannt – und diesem Zellenwagen liegen nur drei Jahrzehnte. Obwohl es im Hof der Polizeikaserne so gut wie keine Fluchtmöglichkeiten gab, wachten einschliesslich des Fahrers fünf Mann über ihre Pappenheimer.

Das war kein Fahrzeug für den kleinen Herrn Inspektor. In dieser motorisierten Kutsche fuhren nur die Chefs. Und wie man sieht, waren sie sich ihrer Bedeutung wohlbewusst. Dieses Bild entstand Mitte der zwanziger Jahre.

Trostlosigkeit – auf die Platte gebannt. Eine kahle, nüchterne Zelle aus den zwanziger Jahren. Bis heute hat sich aber daran nicht viel geändert.

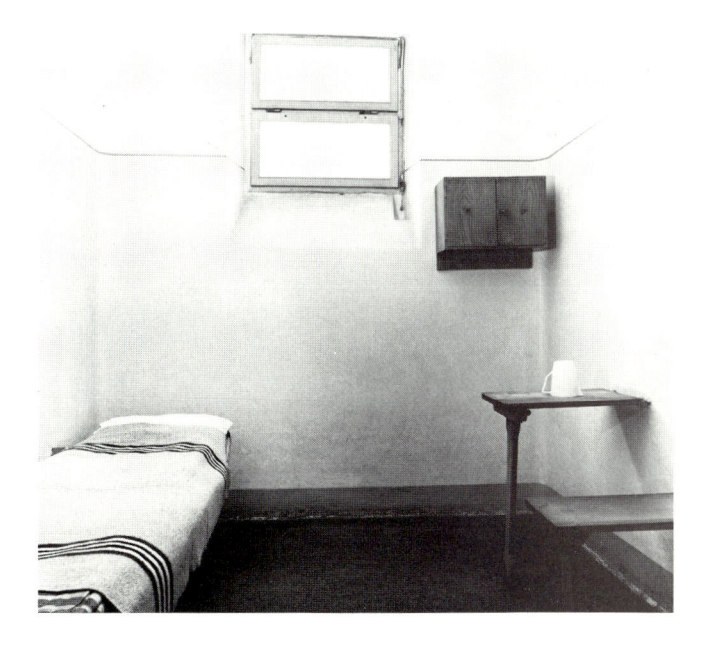

Diese Aufnahme ist etwa 45 Jahre alt. Schon damals waren die Alarmeinheiten der Polizei gut ausgerüstet. Man schützte sich auch gegen Tränengas ...

So sah es kurz nach dem Zweiten Weltkrieg in einer Wiener Polizeikaserne aus. Trostlose Schlafsäle, kahle Wände, Bretterboden, eiserne Bettgestelle mit rauhen Decken und alte Spinde. Heute gibt es moderne Unterkünfte, die an kleine Hotel-Pensionen erinnern. Radio und Fernseher sind selbstverständlich.

Der Herr Präsident überzeugt sich höchstpersönlich, wie gut seine Mannen fechten können. Die Offiziere stehen stramm, der Chef stützt sich auf seinen Spazierstock. Diese Aufnahme entstand Anfang der dreissiger Jahre.

Vor mehr als dreissig Jahren – die Stunde Null der Wiener Polizei. Diese von der Besatzungsmacht geplünderten und ausgeschlachteten Motorräder verwandelten sich zu den ersten Einsatzfahrzeugen. Wie ein Phönix aus der Asche sollte das Wiener Polizei-Korps seine Auferstehung erleben.

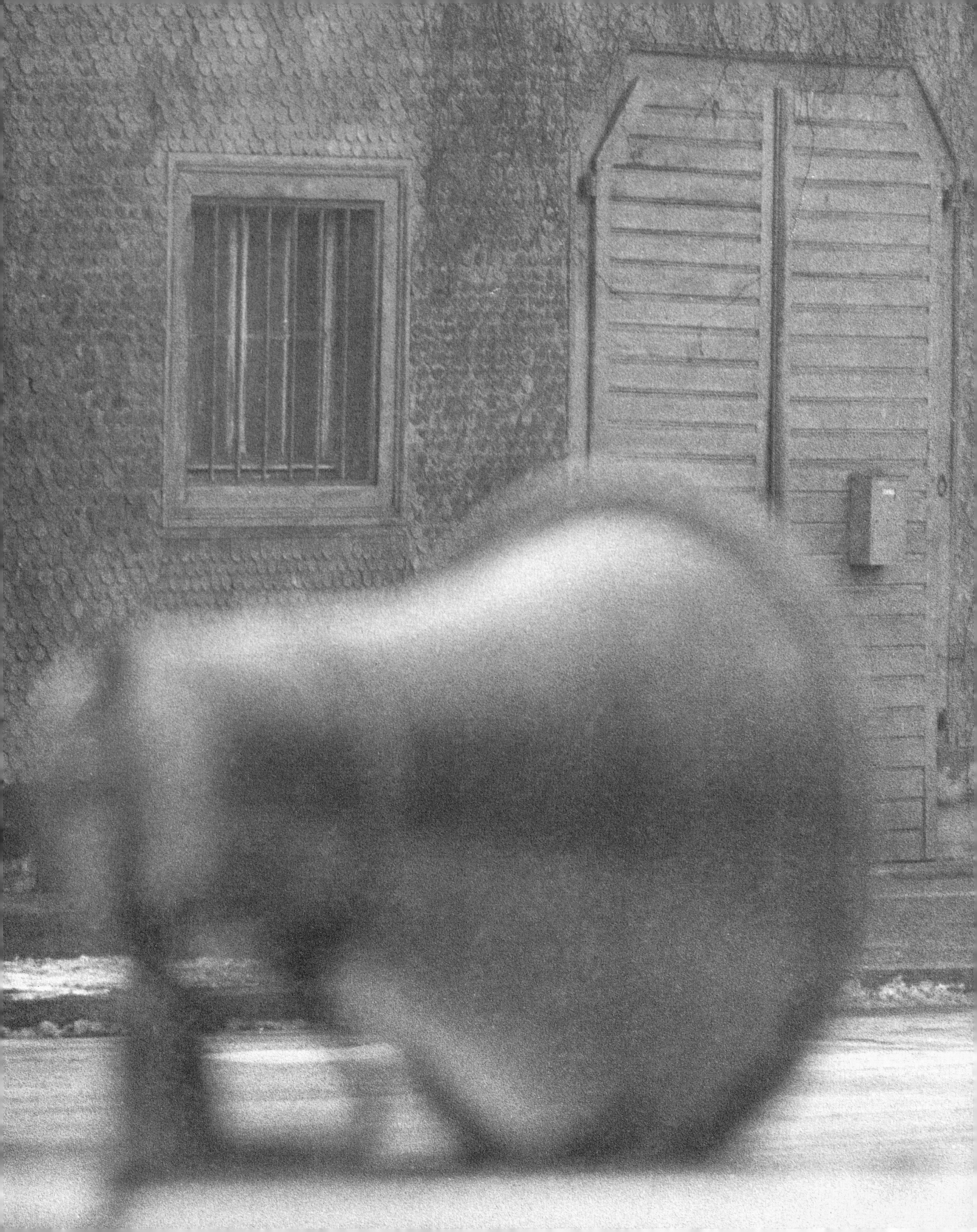

54

Peter Müller

**Polizei heute**

Wissenschaft im Dienst der Polizei

1 Patrouillenwagen
2/3 Grenadiere
4/5 Kriminalpolizei
6/7 Autopatrouille
8/9/14 Fusspatrouille
10/11 Unfalldienst
12/13/16/17 Verkehrsdienst
15 Motorradpatrouilleur
18 Patrouillenmotorrad
19 Unfallwagen
20 Stereokamera

## Schuhe verraten den Täter!

Fleiss und Ausdauer zählen zu den wichtigsten Tugenden des Kriminalisten. Kombinationsgabe und Methodik spielen eine bedeutende Rolle. Dazu kommt noch die richtige Portion Glück. Fleiss und Ausdauer aber rangieren an vorderster Stelle, und man darf nicht allein auf die technischen Hilfsmittel vertrauen. Mühsame und nervenaufreibende Erhebungen sind manchmal notwendig. Die Beharrlichkeit führt zum Ziel; ein geradezu klassischer, in seiner Analyse ausserordentlicher Fall gibt darüber Aufschluss. Würde ein Kriminal-Autor diese Story schreiben – seine Ausführungen würden in das Reich der Phantasie verbannt...

Schauplatz dieser unglaublich klingenden Geschichte ist ein Nobel-Hotel. Ein millionenschwerer Geschäftsmann aus Südamerika logierte mit seiner Frau in dem renommierten Haus und bewohnte die Suite Nr. 421 im vierten Stockwerk. Um 14 Uhr hatte der Mann den Schlüssel in der Portierloge deponiert und machte mit seiner Gattin einen Spaziergang. Zwei Stunden später kamen die beiden wieder zurück und hielten sich in der Halle auf. Kurze Zeit später wollte das Ehepaar wieder abreisen.

Im Hotel herrschte reger Betrieb; das Haus wurde modernisiert, in einer Etage arbeiteten die Handwerker. Deshalb fiel auch der Fremde im blauen Schlosseranzug, der mit zwei schweren Koffern an der Portierloge vorbeiging, nicht auf. Dienstbeflissen öffnete der Hoteldiener die Tür und wollte ein Taxi herbeirufen. Doch der Fremde winkte ab; zum Erstaunen des Hoteldieners verschwand er mit seiner schweren Last Richtung Oper.

Zur gleichen Zeit, da der mysteriöse Kofferträger an der Portierloge vorbeigegangen war, bezahlte der ausländische Gast die Rechnung. Ein Hausarbeiter, der kurz zuvor den Mann mit den Koffern beobachtet hatte, verständigte telephonisch das Zimmermädchen. «Ein Zechpreller hat sich soeben heimlich davongemacht», sagte er. «Das ist der Herr von 421. Rufen Sie den Portier an!» Einige Sekunden später hob der Portier ab und gab dann die einigermassen indignierte Antwort: «Das muss ein Irrtum sein. Der Herr von 421 bezahlt soeben die Rechnung!»

Das Malheur wurde einige Minuten später offenkundig: Als das Ehepaar in das Appartement kam, um sich für die Abreise fertigzumachen, waren die Koffer verschwunden. Zwei blaue Lederkoffer mit wertvollen Pelzen und kostbarem Schmuck, darunter drei erlesenen Brillantringen. Über den Daumen gerechnet, betrug der Verlust etwa 400 000 Schweizer Franken. Die Hoteldirektion schlug Alarm, eine halbe Stunde später waren die Herren vom Wiener Sicherheitsbüro am Tatort.

Die Fahndung lief an, doch kam sie natürlich zu spät. Der mysteriöse Kofferträger war verschwunden. Im Appartement 421 herrschte eine heillose Unordnung. Bei der Durchsuchung der Räume machten die Kriminalisten einen ebenso überraschenden wie auch aussergewöhnlichen Fund: Unter dem Bett entdeckte man ein Paar braune Rauhleder-Herrenschuhe, von denen der Bestohlene sofort erklärte: «Diese Schuhe gehören nicht mir!»

In der Tat – dieses Paar Schuhe passte in zweifacher Hinsicht nicht zum distinguiert wirkenden, eleganten Logiergast: Erstens waren sie zu klein, und dann waren die Rauhlederschuhe geradezu barbarisch behandelt worden – das braune Oberleder war mit schwarzer Schuhcreme poliert, und der Träger dieser Schuhe dürfte offensichtlich selbst den Schuster gespielt haben, denn in einer stümperhaften Do-it-yourself-Methode hatte er eine Kunststoffsohle angenagelt. Die Spitzen der Nägel ragten durch das Schuhwerk und verursachten ihm grosse Schmerzen. Der Kofferträger aber war kein Fakir. Deshalb hatte er sich dieser Folterwerkzeuge entledigt und einen Tausch vorgenommen. Mit den Schuhen des Hotelgastes war er nun unterwegs...

So paradox es auch klingen mag: Nur die Schuhe konnten zum Einschleichdieb führen. Aber Schuhe haben bekanntlich keine Visitenkarte, sie sind anonym. Wem gehören nun diese

Schuhe? Wo soll man mit den Erhebungen beginnen? Wer ist zu befragen? Einigermassen niedergeschlagen sassen die Kriminalisten am Abend nach Dienstschluss bei einer Flasche Wein und diskutierten diesen schier ausweglosen Fall.

Aber gerade ein Streitgespräch kann sich zu einem respektablen brain-storming entwickeln. Der Täter liess sich eindeutig zuordnen. Finanziell war er mit Sicherheit auf dem trockenen, denn sonst hätte er die Schuhe nicht in Eigenregie besohlt. Die Absätze waren stark abgetreten; mit seiner Garderobe schien es auch nicht zum Besten bestellt zu sein. Und in Eton dürfte er auch nicht erzogen worden sein, sonst hätte er die braunen Rauhlederschuhe nicht mit schwarzer Creme behandelt und poliert.

Die Schuhe waren und blieben der einzige Ausgangspunkt. Ein ambitionierter Kriminalbeamter machte sich auf den Weg und klapperte die Schuhfabriken ab. Er hatte Glück, denn im Zuge seiner Recherchen traf er auf jene Fabrik, in der diese Rauhlederschuhe hergestellt worden waren. Es handelte sich um ein seltenes Modell mit dem Namen «Padua-Pariser», und für eine Messe waren nur 25 Paar davon gleichsam als Musterstücke erzeugt worden. Doch die Messe wurde abgesagt; die «Padua-Pariser» wurden deshalb zum Verkauf an zwei Schuhgeschäfte geliefert: 13 Paar an ein Schuhgeschäft im 16. Wiener Gemeindebezirk und 12 Paar an ein Kaufhaus im Zentrum der Stadt.

Das war nun schon ein vielversprechendes handfestes Ergebnis, doch in der Praxis liess es sich vorerst kaum verwerten. Welcher Schuhverkäufer verlangt vom Kunden einen Personalausweis? Welcher Schuhverkäufer kennt persönlich den Kunden? Fragen über Fragen...

Aus dieser Sicht schien der Fall in dem Stadium aussichtslos. Man kehrte wieder zu den abgetretenen, malträtierten Rauhlederschuhen zurück und diskutierte. Dabei tauchte ein neuer Aspekt auf: Wenn der ominöse Kofferträger schwach bei Kasse war – dann hatte er vielleicht die Schuhe auf Raten gekauft? Das wäre doch eine

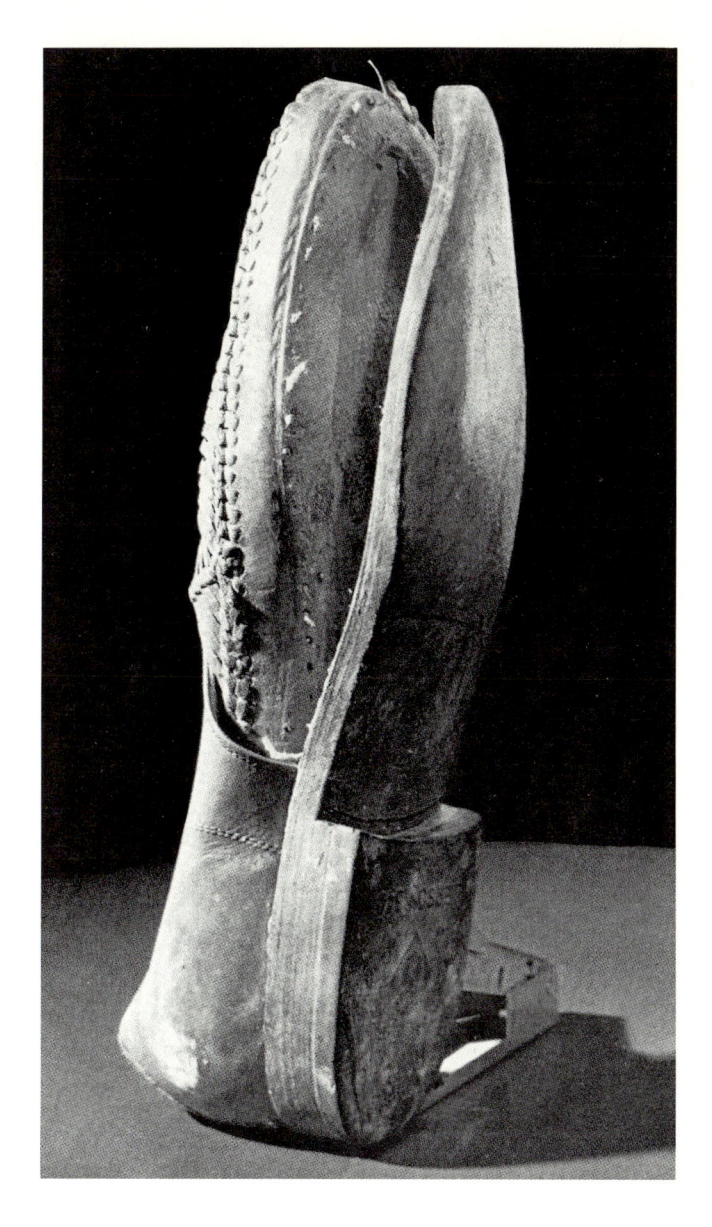

Der Kriminalfall im Nobelhotel ist wohl einzigartig – die zurückgelassenen Schuhe entlarvten den Täter. Mehr als der Laie aber annehmen möchte, spielen Schuhe in der Kriminalistik eine überragende Rolle. Von den Abdruckspuren und den Schmutzpartikelchen, die im Labor eine Geschichte erzählen, ganz abgesehen. Dieser Schuh beispielsweise klärte einen Verkehrsunfall. Er gehörte einem Mann, der neben dem PKW-Lenker gesessen hatte. Der betrunkene PKW-Lenker raste gegen einen Baum, der Beifahrer wurde tödlich verletzt, der Schuh weit in einen Acker geschleudert. Dass der braune Schuh dem Toten gehörte, war bald klar. Nach den Angaben des überlebenden «Zeugen» war aber jener Mann gefahren. Der Sachverständige konnte aber nachweisen, dass durch den Anprall des rechten Kotflügels der Schuh zerrissen worden war. Der 8 Zentimeter lange und 2 Zentimeter breite Spalt in diesem Schuh brachte die Wahrheit an den Tag. Der Beifahrer, der sich gegen diese Anschuldigungen nicht mehr wehren konnte, wurde rehabilitiert.

57

Möglichkeit, ein Weg, der auf jeden Fall bei der Untersuchung beschritten werden müsste.
Zwei Geschäfte kamen in Frage, und sämtliche Ratenkäufe waren schriftlich erfasst worden. 7500 Käufer mussten überprüft werden, und beim Durchgehen der Personalien schieden 7470 als unbedenklich aus. Und als man dann die letzten 30 Namen in der Liste durchging, stiess der Kriminalist einen Freudenschrei aus! Beim Namen Josef Huber* erinnerte sich der Beamte an einen alten Bekannten, den er schon einige Male wegen Einschleichdiebstahls verhaftet hatte.
Doch man wollte sicher gehen. Aus dem Archiv wurden die alten Akten herausgeholt, man hatte nun die Personsbeschreibung. Wenige Tage vor dem Diebstahl war der Verdächtige wieder einmal aus dem Gefängnis entlassen worden. Das Lichtbild aus dem Verbrecheralbum leistete wertvolle Dienste: Jener Hausarbeiter, der vergeblich Alarm geschlagen hatte, erkannte den geheimnisvollen Kofferträger wieder. Auch andere Zeugen konnten den Mann identifizieren. Die Zeitungen hatten über den Fall ausführlich berichtet, und verschiedene Personen meldeten sich bei der Polizei und erklärten, einen Mann mit zwei blauen Koffern gesehen zu haben. Auch der Weg stimmte – der Verdächtige schleppte die Koffer quer durch Wien in den 16. Bezirk. In unmittelbarer Nähe des Schuhgeschäfts wohnte der mutmassliche Einschleichdieb in Untermiete bei einem Freund.
Die Polizei wollte auf Nummer Sicher gehen. Eine Befragung der Hausparteien wurde durchgeführt. Die Auskünfte waren ermutigend: «Der Huber ist arbeitsscheu. Er hat kein Geld. Sogar die Schuhe muss er selbst besohlen. Erst vor einigen Tagen sass er im Keller und hämmerte drauf los!» Die Durchsuchung des Kellers erbrachte ein weiteres Indiz: Neben dem Schustereisen lag der Rest des herausgeschnittenen Sohlenmaterials. Die auf die Schuhe genagelten Sohlen passten haargenau in die Reststücke.

Spätabends wurde der Mann verhaftet. Als die Kriminalisten die Wohnung betraten, stand die Frau des Einschleichdiebes wieder einmal im Zobelmantel vor dem Spiegel. Sie hatte es nicht gewagt, mit diesem kostbaren Kleidungsstück auf der Strasse zu spazieren, man hätte sofort Verdacht geschöpft.
Die Koffer konnten in einer Bauhütte sichergestellt werden. Josef Huber wurde wegen seiner zahlreichen Vorstrafen zu einer mehrjährigen Kerkerhaft verurteilt. Eine neuerliche Einvernahme des Zimmermädchens ergab, dass im Gegensatz zu früheren Angaben die Tür zum Appartement 421 nicht abgesperrt war. Der zuerst aussichtslos scheinende Kriminalfall konnte als gelöst zu den Akten gelegt werden. Ausdauer, Fleiss, Kombinationsgabe und eine geradezu unwahrscheinliche Glückssträhne hatten wieder einmal gezeigt, dass man auch scheinbar hoffnungslose Fälle klären kann. Auch Schuhe können den Täter entlarven, selbst dann, wenn die Chancen praktisch Null sind. Zumal es in der Zwei-Millionen-Stadt Wien etliche Millionen Paare Herrenschuhe gibt...

---

\* Der Name wurde vom Autor geändert.

# Die Botanik klärt einen Mordfall

Der «Mord ohne Leiche» ist ein Alptraum des Kriminalisten. Alles scheint haargenau auf den mutmasslichen Täter zu passen, Steinchen auf Steinchen fügt sich zu einem Mosaik, aber die handfesten, die schlüssigen Beweise fehlen. Auch die stundenlangen Kreuzverhöre bringen keine neuen Fakten, denn der Verdächtige lässt sich auf nichts ein. Auf die Fragen gibt er keine Antwort. Deshalb braucht man Indizien, die mit der modernen Spurensicherung zu finden sind. Manch raffiniertes Kapitalverbrechen ist durch diese stummen Zeugen aufgeklärt worden. In einem schwierigen, aussichtslos scheinenden Kriminalfall gaben Botaniker die entscheidenden Hinweise, der Oberförster half dann ein wenig nach, und der Gerichtsmediziner konnte trotz starker Verwesung der Leiche die Todesursache feststellen. Der Verdächtige wurde angeklagt und verurteilt.

Es begann mit einem Verkehrsunfall. Der schuldtragende Lenker, ein Schlossergehilfe, konnte die Geldstrafe nicht bezahlen und musste deshalb für vier Tage ins Kittchen. Dort lernte er einen Physikstudenten kennen, der wegen Fahrens ohne Führerschein ebenfalls eine kurze Haftstrafe absitzen musste. Die beiden schlossen bald Freundschaft.

Ein Jahr später erschienen die Eltern des Schlossergehilfen bei der Polizei und erstatteten die Abgängigkeitsanzeige. Sie gaben an, dass ihr Sohn mit dem Freund weggefahren und bisher noch nicht zurückgekommen sei. Vorsprachen in der Wohnung des Physikstudenten seien zwecklos gewesen; der junge Mann habe nur nichtssagende Antworten gegeben, und man müsse befürchten, dass dem Schlossergehilfen etwas zugestossen sei.

Ehe die Polizei sich mit dem Physikstudenten persönlich befasste, wurden nochmals die Vorakten studiert. Dabei wurden erstaunliche Dinge festgestellt. Schon einige Male war der Student in zwielichtige Angelegenheiten verwickelt gewesen. Bei der Befragung war Vorsicht geboten. Als die Kriminalbeamten in die Wohnung kamen, um Auskünfte einzuholen, lag der Verdächtige noch im Bett. Blitzschnell griff er unter den Kopfpolster, zog eine Pistole und wollte auf die Polizisten schiessen. Er wurde jedoch überwältigt und mit Handschellen gefesselt. Eine Durchsuchung der Wohnung förderte zwei weitere Pistolen sowie einen blutbefleckten Mantel zutage. Der Mantel gehörte seinem Freund, dem verschwundenen Schlossergehilfen...

Nun hatte man eine Handhabe. Der Student wurde in Haft genommen. Die Polizei konnte ihn gleich wegen zweier Delikte festhalten: verbotener Waffenbesitz und gefährliche Drohung. Diese beiden Fakten gab der Verdächtige zu; sobald aber das Gespräch auf den verschwundenen Freund kam, bleib er stumm. Er machte keine Angaben, getreu der Devise: «Wenn ich nichts sage, kann ich mich auch in keine Widersprüche verwickeln!»

Wochen und Monate vergingen. Nur bruchstückweise konnte der Fall rekonstruiert werden. Allmählich brach der verdächtige Student das Schweigen und machte vage Angaben. So erklärte er, dass sein Freund unvorsichtig mit einer Waffe hantiert und sich dabei in den Kopf geschossen habe. Sogar der ominöse Tatort wurde angegeben, doch selbst bei einer genauen Durchsuchung konnten keine Spuren gefunden werden. Mit einem Spezialpräparat wurde das Gras besprüht. Bei eventuell vorhandenen Blutspuren hätte es dann zu leuchten begonnen. Es half nichts – der Schlossergehilfe blieb verschwunden.

Aber man konnte wenigstens grossräumig den Tatort eingrenzen. Der Schlossergehilfe dürfte vermutlich irgendwo am linken Donauufer ums Leben gekommen sein. Ein breiter Uferstreifen mit einer Länge von etwa 100 Kilometern, bis zur österreichisch-ungarischen Staatsgrenze, wurde abgesucht. Tagelang waren die Patrouillenboote unterwegs, aber man kam zu keinem brauchbaren Ergebnis.

Zudem änderte der Student immer wieder seine Aussagen; sobald aber die Rede auf den eigentlichen Tatort kam, schwieg er sich aus. Selbst der

Einsatz von Minensuchgeräten war vergeblich – alles mögliche wurde gefunden, nur keine Patronenhülsen. Der Fall schien hoffnungslos festgefahren – man war auf die unglaubwürdigen Angaben des Verdächtigen angewiesen, die mehr Arbeit als Nutzen brachten. Die Akten waren zu dicken Faszikeln angewachsen.

Immer wieder wurden diese Aktenbündel studiert. Dabei zündete bei einem Kriminalbeamten der Geistesblitz: Die Botaniker konnten weiterhelfen. Als man Schuhe und Kleider des Studenten untersuchte, wurde festgestellt, dass das von der Sohle abgeschabte Erdreich vermutlich aus den Donauauen stammte. Und in einer Hosenstulpe wurden Fragmente eines Eibenblattes, Pollenteilchen der Sumpfkresse und eines Nussbaumes gefunden.

Endlich hatte man einen konkreten Faden aufgegriffen: Die Eibe *(Texus baccata)* steht unter Naturschutz, die grossen Bäume mit der rötlichbraunen Rinde, den flachen, nadelförmigen Blättern und den zweihäusigen Blüten werden mitunter bis zu 3000 Jahre alt, und oft haben die Stämme den beachtlichen Durchmesser von sechs Metern. Das Bundesdenkmalamt weiss über die Eiben Bescheid und verfügt sogar über Spezialkarten, in denen diese prachtvollen Bäume verzeichnet sind. Und die Sumpfkresse *(Nesturtium)*, eine Pflanzengattung aus der

Tatbestandsaufnahme im Gelände. Obwohl jedes Indiz oder jeder Gegenstand, der sich später als Indiz erweisen könnte, sowohl in Farbe als auch in Schwarzweiss im Detail photographiert wird, braucht man eine Übersicht. Dafür hat man die Bezeichnungseinrichtung: kleine Tafeln, mit denen die Fundstellen markiert werden. Tafel Nr. 1: ein Zigarettenstummel; Tafel Nr. 2: eine Patronenhülse; Tafel Nr. 3: ein abgerissener Hosenknopf; Tafel Nr. 4: eine kleine Blutspur. Diese Übersicht rundet erst das Bild ab, denn auch die Detailaufnahmen sind verfügbar. Staatsanwalt, Untersuchungsrichter, Senatsvorsitzender und Geschworene werden solcherart informiert. Neuerdings werden auch Video-Recorder bei der Rekonstruktion im Beisein des Täters eingesetzt.

Familie der Korbblütler, wächst an den Ufern und Gräben.
In den Donauauen also musste der Tatort zu finden sein. Die Ortschaft Spillern, etwa 30 Kilometer nordwestlich von Wien, war schon einmal in den Vernehmungsprotokollen genannt worden. Mit Hilfe einer botanischen Spezialkarte konnte auch festgestellt werden, dass es dort Eiben gibt. Der Oberförster half weiter: Auf Anhieb konnte er sagen, wo die betreffende steht, in deren Nähe sich ein Nussbaum befindet. Auch der Graben, in dem die Sumpfkresse wächst, befand sich in unmittelbarer Nähe.
Am nächsten Tag fuhr die Mordkommission mit dem Studenten in den Auwald, und neben dieser Eibe, in einer noch aus der Zeit der Türkenbelagerung stammenden Höhle, mit Laub zugedeckt, fand man den Toten. Die Leiche war stark verwest und von Füchsen angefressen. Jetzt wurde auch die Hinhaltetaktik des verdächtigen Studenten klar: Er hatte darauf spekuliert, dass bei der Untersuchung eines Skelettes kein eindeutiges Obduktionsergebnis möglich sei. Dennoch konnte der Gerichtsmediziner einen Einschuss oberhalb der linken Nasenwurzel feststellen. Makabrerweise wuchs durch das Knopfloch des Sakkos eine Blume...
Die Untersuchungsergebnisse konnten nun der Staatsanwaltschaft übermittelt werden. Die Anklage wurde erhoben, der Student verurteilt. Fragmente eines Eichenblattes, Pollenteile der Sumpfkresse und des Nussbaumes sowie Sedimentablagerungen an der Schuhsohle hatten den Anstoss dafür gegeben, dass dieser Kriminalfall als gelöst zu den Akten gelegt werden konnte.

## Die Phantomzeichnung als Fahndungsphoto

Der moderne Maigret arbeite hauptsächlich mit dem Computer – so wird es manchmal im Krimi gezeigt. Die Wirklichkeit aber sieht anders aus. Wohl hat die Kriminaltechnik in den vergangenen Jahren einen gewaltigen Fortschritt erfahren, aber trotz Datenverarbeitung, Funk, Spezialkarteien und aufwendigen Registratursystemen ist eine mühsame und aufreibende Kleinarbeit notwendig. Die meisten Beamten stehen nicht im Blickpunkt der Öffentlichkeit. Von ihrer Tätigkeit hört man wenig – so etwa von den Zeichnern des Erkennungsdienstes, die mit ihrer subtilen, vielfach künstlerischen Arbeit die Fahndung nach einem unbekannten Täter erst möglich machen. Aus den vielen oft einander widersprechenden Zeugenaussagen destillierte so ein Zeichner ein Phantombild, das später mit dem Original-Konterfei des Kriminellen eine verblüffende Ähnlichkeit aufweisen sollte.
In diesem Kriminalfall hatte die Polizei eine Unmenge von Straftaten zusammengetragen: sieben räuberische Totschläge, 31 Betrugsfälle, 18 Diebstähle, zehn Raubüberfälle und ein Notzuchtverbrechen. Nun sitzt dieser gemeingefährliche Kapitalverbrecher in strenger Haft lebenslang im Kittchen. Einer Zeichnung ist es zu verdanken, dass die Bevölkerung einer Grossstadt von einem Alptraum befreit wurde.
Dabei wusste der Chef der Mordkommission über seinen Pappenheimer ziemlich genau Bescheid, denn schon Monate vor der Verhaftung hatte er von seinen Beamten folgenden Steckbrief erarbeiten lassen: «Der Täter ist etwa 25 bis 30 Jahre alt, 175 Zentimeter gross, hat eine kräftige, athletische Körpergestalt, ovale Gesamtkopfform, rundes Gesicht, verhältnismässig breit ausgeprägtes Kinn, dunkle Augenfarbe, eine gerade, unauffällige Nase, anliegende Ohren, verhältnismässig niedrige Stirne, dunkelbrünette, zurückgekämmte Haare, der Haarschnitt kurz, aber bis zum Nacken verlaufend, auffallend regelmässige, gesunde Zähne, einen etwas breiteren Mund mit leicht wulstigen Lippen. Die Hände des Mannes sind gepflegt, sein Gesamteindruck ist sympathisch!»

«Wie sich die Bilder gleichen!» Zuerst hatte man nur eine vage Angabe zur Verfügung: «Dunkle Haare, ein breites Gesicht und kleine Ohren!» Daraus entstand der gezeichnete Steckbrief (links). Und als man viele Wochen später den Täter auf den Bertillonschen Stuhl setzte und die Aufnahme für den Erkennungsdienst machte, wurde die verblüffende Ähnlichkeit offenbar.

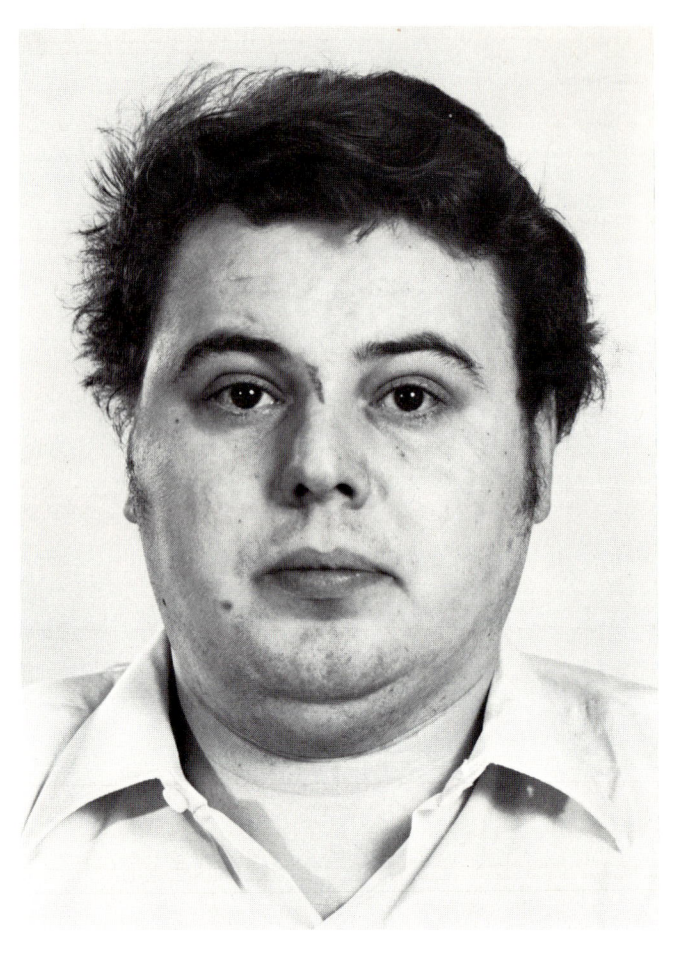

Doch man kannte den Namen nicht, obwohl in den vergangenen Monaten wahre Prachtstücke von Fingerabdrücken auf den verschiedenen Tatorten sichergestellt werden konnten. Doch diese «prints» waren wertlos, denn es handelte sich um ein unbeschriebenes Blatt – um einen Täter also, der noch nicht vorbestraft und deshalb bei der Polizei nicht registriert war. In der Kartei fehlten seine zehn Originale mit der errechneten Fingerabdruckformel...

Der Gewalttäter hatte es hauptsächlich auf alte Frauen abgesehen. Mit Karateschlägen fügte er seinen Opfern tödliche Verletzungen zu. Der Wert der Beute (Bargeld und Schmuck) betrug fast 120 000 Franken. Und von Phantombildern hält man im allgemeinen nicht viel, denn mit dieser Methode hatte man mehr schlechte als gute Erfahrungen gemacht. Nur in den seltensten Fällen weisen die Täter Ähnlichkeit mit den in tagelanger Arbeit angefertigten Zeichnungen auf.

Trotz Grosseinsatz war die Polizei immer zu spät gekommen. 700 Verdächtige waren überprüft worden. Aber schon Monate zuvor hatten einige Zeugen wichtige Angaben gemacht: Sie kamen in das Büro des Erkennungsdienstes, sichteten in der Lichtbildkartei tausende Photos und gaben Personenbeschreibungen. Die

Straftaten häuften sich, und mit der Zeit wurden die Angaben präziser. Sie brachten den letzten Schliff für das Porträt.
Dazu der Polizei-Zeichner: «Übereinstimmende Aussagen gab es anfangs nur wenige. Jeder sah den Täter zu individuell. Kaum jemand konnte sagen: ‹Das Doppelkinn ist so oder so ausgeprägt, die Haare haben diesen oder jenen Stirnansatz.› Die Charakteristika waren verschwommen: dunkle Haare, ein breites Gesicht und kleine Ohren!»
Stundenlang sass der Zeichner mit den Zeugen beisammen, und nach zwölf Zeichnungen, die er immer wieder änderte, stimmten die meisten Informanten zu: «Ja! Das ist er!»
Dieses Bild wurde photographiert und vervielfältigt. Als der Gangster wieder einmal zugeschlagen hatte, stiess man gleich auf zwei «heisse Spuren»: Ein Gastwirt konnte sich erinnern, dass dieser Mann einmal als Pfand einen Reisepass hinterlegt hatte. Auch den Namen hatte der Wirt notiert. Aber noch ehe man im Zentralmeldeamt über diesen Namen die entsprechende Wohnadresse finden konnte, stiessen die Kriminalbeamten auf einen Hotelier, in dessen Haus der Gesuchte abgestiegen war. Die Verhaftung verlief ohne Zwischenfall.
Als man später das Polizeiphoto mit dem Phantombild verglich, wurde im wahrsten Sinne des Wortes die erstaunliche Ähnlichkeit offensichtlich. Intuition und künstlerisches Einfühlungsvermögen, gepaart mit Fleiss und der notwendigen Portion Glück, sind auch in der verfeinerten Kriminaltechnik zielführend.
Trotz neuer Fahndungsmethoden und dem Computer schwören viele Kriminalisten auf das Phantombild. Das in den USA praktizierte Streifensystem «identic-Kit» (Stirn-, Nase-, Mund-, Ohren- und Kinnpartien werden nach dem Baukastensystem ergänzt und variiert, bis eine annähernd hundertprozentige Ähnlichkeit erreicht wird) hat sich in Mitteleuropa nicht bewährt. Zumal in den Büros der Erkennungsdienste etliche Männer sitzen, die so geschickt den Zeichenstift führen können.

## Die Funkstreife

Der schnauzbärtige Polizist, der tagtäglich seine Runde macht, seit Jahrzehnten in diesem Bezirk eingesetzt ist, die Einwohner in den Häuserblocks persönlich kennt und auch über deren familiäre Dinge Bescheid weiss, gehört der Vergangenheit an. Er wusste beispielsweise, dass der geizige, aber sonst harmlose Trödler bis Mitternacht in seinem Laden herumkramte und immer wieder das Geld zählte. Er konnte die Krakeeler von den Gewalttätern unterscheiden, und selbst die kleinsten Abweichungen vom alltäglichen, gleichsam normierten Geschehen fielen ihm auf. Er zählte zum Inventar des Bezirkes, er kannte seine Sorgenkinder, und von der Wiege bis zur Bahre seiner Schützlinge blieb ihm nichts verborgen. Er war der Freund und Helfer der Bevölkerung, ihm konnte man sich anvertrauen, und bei ihm fühlte man sich auch geborgen. Und

Ein «profilloser Kraftfahrer» wird im Rahmen einer Routinekontrolle von einem Motorradfahrer gestoppt. Trotz ausdrücklichen Verbotes der Funkstreife war er weitergefahren, im dichten Verkehr konnte der Funkwagen nicht durch, und der Motorradfahrer wurde angesetzt.

wenn er einmal nicht die Runde machte, wurde die besorgte Frage gestellt: «Ist der Herr Inspektor krank?»

Mit der sprunghaft ansteigenden Motorisierung ist die Bezirkswache selten geworden, wenn es auch derzeit viele Bestrebungen gibt, dem zu Fuss patrouillierenden Polizisten wieder den Platz zu geben, der ihm gebührt. Ein um den Häuserblock fahrender Funkstreifenwagen, dessen Besatzung wegen der grossen Kälte die Fenster geschlossen hält, ist für viele Fälle nicht ideal. Ein Hilferuf ist nur selten zu hören, ein Schuss wird abgefeuert und die Detonation nicht vernommen, und selbst eine winkende Person am Gehsteig kann leicht übersehen werden. Die Funkstreife hat in vielen Fällen die Bezirkswache abgelöst. Sie zeichnet sich durch grosse Mobilität sowie durch augenblickliche Kommunikation aus. Die Meldung wird auf dem radiotelephonischen Weg durchgegeben. Sofort kann Verstärkung angefordert werden, und die Männer im Streifenwagen sind auch nicht so verwundbar wie der Einzelposten, der nach einem dem Ganoven bekannten Schema auf seinem nächtlichen Rundgang unterwegs ist...

Über den Einsatz der in der Grossstadt patrouillierenden Funkstreifen weiss man in der Zentrale jederzeit Bescheid, obwohl heutzutage in manchen Bereichen eine Dezentralisierung angestrebt wird. In den Bezirken fahren eigene Streifenwagen und hängen am elektronischen Gängelband ihrer kleineren Leitzentralen. Diese Fahrzeuge kontrollieren einen kleineren, genau abgesteckten Bezirk, und die Besatzungen sind mit den Eigenheiten in diesem Gebiet besser vertraut. Dieser Funkverkehr wird von der zentralen Leitstelle im Präsidium überwacht. Einsatzkommando, Verkehrsunfallkommando und

Die Funkstreife ist zum «Mädchen für alles» geworden. Diese Fahrzeuge sind überaus rationell einzusetzen und stehen mit etlichen kleinen Leitständen in Verbindung. Auch die Datenverarbeitung hat auf diesem Sektor Fuss gefasst: Auf dem «elektronischen Feldherrenhügel» sind die Standorte der Fahrzeuge jederzeit ersichtlich. Die aufwendige Zettelwirtschaft in der Zentrale hat ihr Ende gefunden.

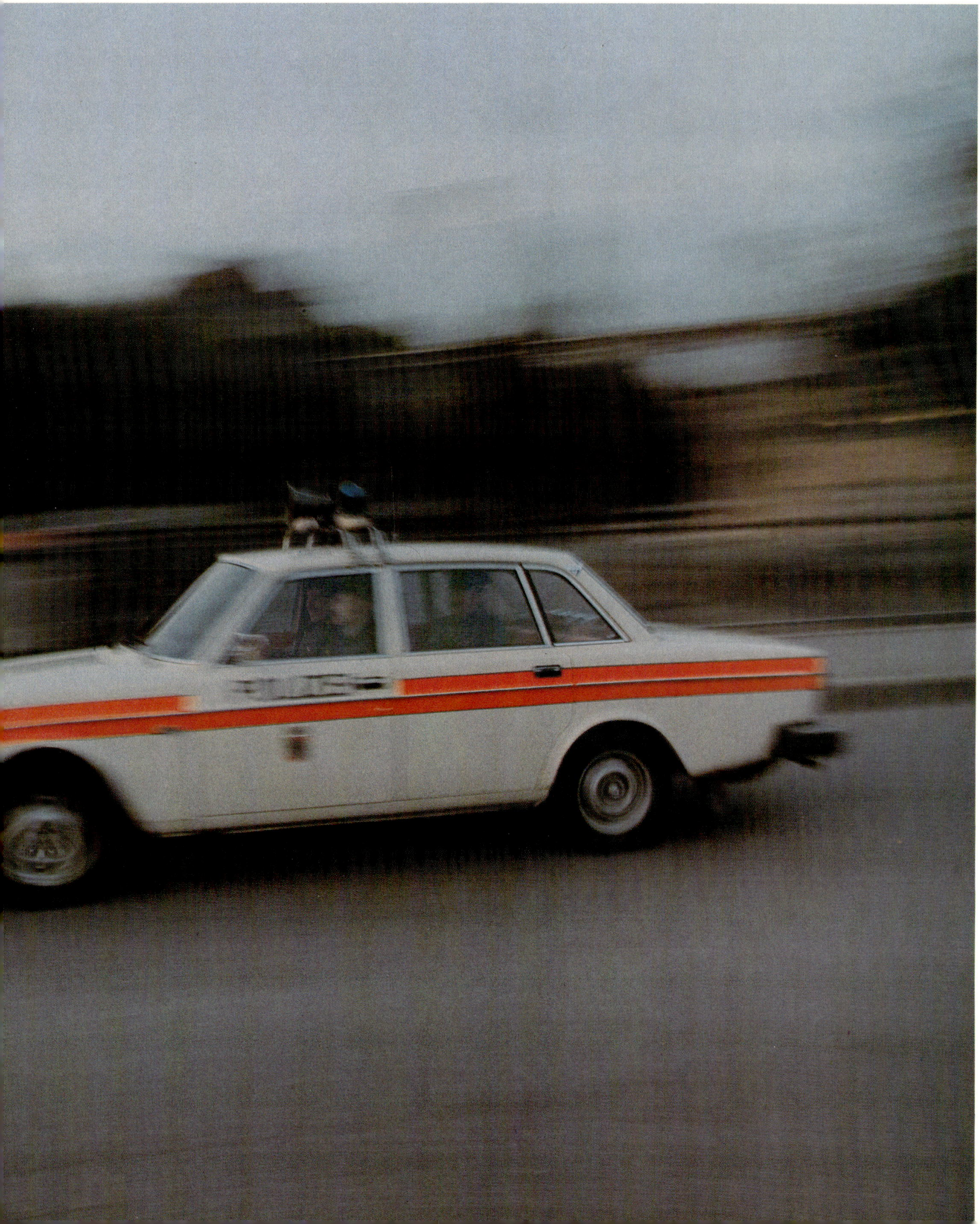

motorisierte Kriminalbeamtenstreifen werden von der Funkzentrale im Präsidium aus geleitet. Man weiss jederzeit über alle Aktivitäten der Funkwagenbesatzungen Bescheid.
Die moderne Nachrichtentechnik hilft dabei: Eine elektronisch gesteuerte Anzeigentafel gibt darüber Auskunft, welches Fahrzeug in welchem Bezirk unterwegs ist. Darüber muss nicht erst per Funk eine Meldung abgesetzt werden. Wenn der Wagenkommandant sein Fahrzeug in Betrieb nimmt, dann steckt er eine kleine Magnetkarte in den Schlitz eines Mini-Computers, der automatisch über Funk signalisiert, dass sich das betreffende Fahrzeug nun im Einsatz befindet. Wird im Funkwagen mit Schalterdruck Blaulicht und Folgetonhorn eingeschaltet, dann ist dieses Symbol ebenfalls auf der Anzeige im Leitstand ersichtlich. Mit der Betätigung des Schalters wird über Funk auch diese Funktion mitgeteilt. Bei Nacht wird aber zumeist nur mit Blaulicht gefahren. Das laute Folgetonhorn würde bei der Fahrt durch die engen Häuserschluchten viele Tausende Menschen aus dem Schlaf reissen.
Damit ist eine grosse Effektivität erreicht: Ein Blick genügt, und der diensthabende Einsatzleiter weiss auf Anhieb, wo und wie viele Fahrzeuge ihm zur Verfügung stehen. Die lästige Zettelwirtschaft bleibt dem Mann auf dem «elektronischen Feldherrenhügel» erspart. Die

Auffällige weisse Farbe, grosse Aufschriften, zwei Folgetonhörner, zwei Rundum-Blitzblaulichter und natürlich die Antenne auf dem Dach geben dem modernen Polizeifahrzeug das Gepräge.

Datenverarbeitung gibt den Ton an, die Aussagen auf der grossen Anzeigetafel sind immer aktuell.

Es gibt eine Vielzahl an Funkstreifeneinsätzen. Hier sei das Beispiel eines Bankraubs erwähnt. Im Herzen einer Grossstadt wurde eine Bankfiliale überfallen, die Räuber sind auf der Flucht. Der für diesen Fall vorgesehene Alarmplan «X» wird abgespult. Auf der Lagekarte an der Wand leuchten Lämpchen auf. Sie signalisieren die wichtigsten Ausfallstrassen. Die Streifenwagen fahren zu diesen Fixpunkten. Sie melden ihr Eintreffen, und mit Knopfdruck wird die betreffende Kontrollampe aktiviert. Die Tafel mit den Lämpchen gibt darüber Auskunft, ob die Fluchtwege abgeriegelt worden sind. Zeitraubende Rückfragen und zusätzliche Belastungen des in einem solchen Falle ohnedies stark beanspruchten Funknetzes sind nicht nötig.

Ein guteingespieltes Funksystem und der Einsatz des Computers heben die Schlagkraft der Patrouillenwagen. Ein betrunkener Autofahrer beispielsweise rast durch die nächtliche Grossstadt, und ein Passant teilt über den Polizeinotruf das Kennzeichen des betreffenden Fahrzeu-

Auch im Kanalsystem der Grossstadt muss die Polizei nach dem Rechten sehen. Es kommt immer wieder vor, dass sich lichtscheue Wesen in den grossen Kanälen verbergen. Solche Verbrecherjagden sind weltweit bekanntgeworden, als Orson Welles nach dem Zweiten Weltkrieg den Thriller «Der dritte Mann» drehte. Die Arbeit der Kanal-Brigade ist überaus schwierig, denn es gehört viel Erfahrung dazu, sich in diesem «Hades der Grossstadt» zurechtzufinden. Wenn ein Gewitter aufzieht, müssen die Männer sofort ans Tageslicht. In wenigen Minuten verwandelt sich ein Kanal in einen reissenden Strom.

ges mit. Die Zentrale gibt nun ihrerseits über Funk Route und Kennzeichen dieses verdächtigen Fahrzeuges bekannt. Eine Minute später meldet sich die Besatzung eines in der Nähe befindlichen Funkstreifenwagens und nimmt die Verfolgung auf. Doch der unbekannte «Rennfahrer» rast über gesperrte Kreuzungen und regelwidrig durch Einbahnen und kann somit den Polizeiwagen abhängen.

Über einen der vielen in der Zentrale installierten Terminals wird das Kennzeichen des Fahrzeuges dem Computer eingegeben. Nach wenigen Sekunden flimmert es auf dem Leuchtschirm. In kleinen, grünen Blockbuchstaben ist zu lesen: Zulassungsbesitzer, Geburtsdatum des Zulassungsbesitzers, Adresse, Gestellnummer des Fahrzeuges, Marke, Typ, KFZ-Art, Anmeldedatum, Baujahr, Farbe, Motornummer, Versicherungsanstalt und die Erstzulassung.

Doch diese Daten will man schriftlich: Auf Knopfdruck schnurrt gedämpft der Schnelldrucker los. Nach einigen Sekunden sind alle Daten festgehalten, ohne dass der Beamte zu Bleistift oder Papier greifen muss. Die vom Computer ausgedruckte Information wird der Funkstreifenbesatzung durchgegeben. Das Blaulicht wird ausgeschaltet, und der Polizeiwagen fährt zum Wohnhaus des Verkehrssünders. Als dieser einige Minuten später vor seinem Haus vorfährt und seinen Wagen parken will, wird er durchsucht und festgenommen. Er ist betrunken und hat keine Ahnung, wieso es der

Polizei gelungen war, ihn in aller Stille abzufangen.
Die Polizeiarbeit wird durch den Funkstreifeneinsatz viel schneller, billiger und wirksamer abgewickelt. Bei einer Fahrerflucht etwa. Die Zentrale wird über einen schweren Verkehrsunfall mit Fahrerflucht informiert. Man weiss lediglich, dass es sich um einen roten Ford-Mustang handelt, von dem nur drei Ziffern des sechsstelligen Kennzeichens bekannt sind.
Der Mann am Terminal in der Zentrale nimmt den Funkspruch des an der Unfallstelle eingetroffenen Funkwagens auf und tippt ein: Type: Ford-Mustang; Farbe: Rot; Kennzeichen: ...896. Einige Sekunden später sind sämtliche Daten des gewünschten Fahrzeuges vorhanden, und zwei Streifenwagen fahren zur eben ermittelten Adresse. Fünf Minuten später biegt langsam der rote Sportwagen um die Ecke. Der Wagen ist vorne am rechten Scheinwerfer beschädigt, der Kühlergrill eingedrückt, an der Stossstange klebt Blut. An einer Nebellampe werden drei Haare entdeckt und sichergestellt. Ein klarer Fall für den Staatsanwalt. Funkstreife und Computer hatten mitgeholfen, dass die Spuren nicht verwischt werden konnten.

Alarm! Die Alarmanlage in dieser Bank ist direkt mit der nächstmöglichen Polizeidienststelle verbunden. Schon kurz nach der Alarmauslösung ist die Polizei an Ort und Stelle: oft geht es um Sekunden, um die Täter eines Banküberfalles abfangen zu können.

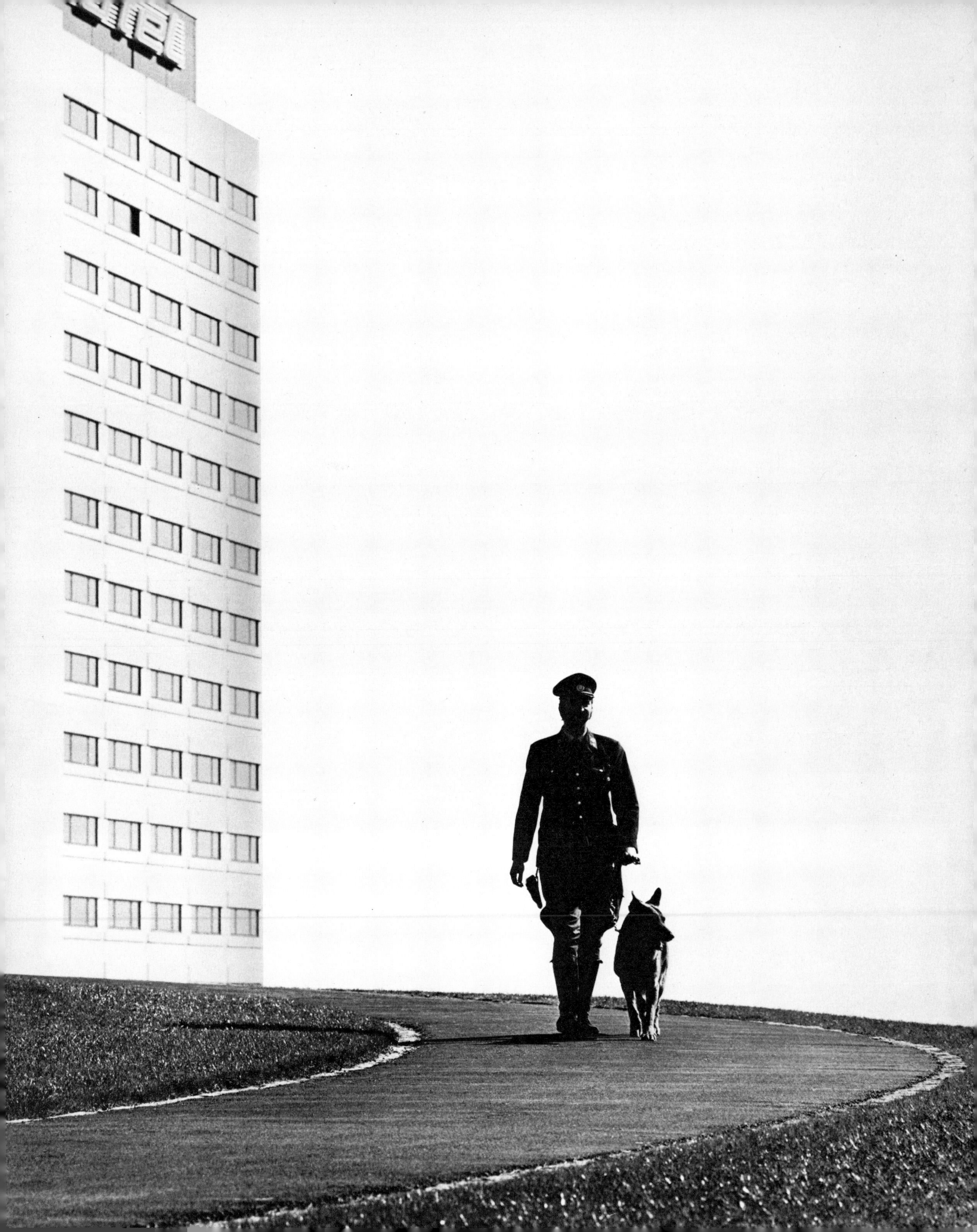

# Kollege Diensthund

Trotz Funkgerät oder Hubschrauber, Infrarotkamera oder Computer ist der Hund aus der praktischen Polizeiarbeit nicht mehr wegzudenken. Mag der Kriminaltechniker in seinem Labor auch über die modernsten Geräte und Apparaturen verfügen – auch die verfeinerte Technologie vermag die Spürnase des Vierbeiners nicht zu ersetzen. Selbst im Atomzeitalter gilt die Devise: Zurück zur Natur! Mehr denn je wird in der Zukunft der Diensthund eingesetzt. Sollte sich ein Mensch vor einer vorbeikommenden Streife verbergen: Bis zu 250 Meter weit vermag der Hund den Verdächtigen zu wittern. Die Natur hat den Vierbeiner mit einem geradezu phantastischen Geruchssinn ausgestattet. Damit erlebt er seine Umwelt. Dieses tierische Geruchsvermögen ist etwa 250mal stärker ausgeprägt als beim Menschen. Dazu kommt noch die kaum fassbare Differenzierung – die feinsten Nuancen im breiten Spektrum der Gerüche werden registriert.

Als man kürzlich bei einem Villeneinbruch ein altes, zerschlissenes Hemd am Tatort sicherstellte, wurde dieses Stück Stoff in einem Nylonsäckchen aufbewahrt. Einige Monate lang lag dieses Corpus delicti in der Depositenkammer. Schliesslich kam dem Untersuchungsrichter der Königsgedanke: Ein Fährtenhund musste an diesem Hemd schnuppern, und einige Minuten später nahm der Vierbeiner die Identifizierung vor. Sechs Männer – darunter der Verdächtige, jedoch noch nicht überführte Villeneinbrecher – mussten in Reih und Glied Aufstellung nehmen, und beim Ganoven gab der Polizeihund Laut. Er verbellte den Einbrecher. Der Mann, der noch kurz zuvor diesen Villeneinbruch empört geleugnet hatte, brach zusammen und legte ein Geständnis ab.

Kollege Diensthund leistet vortreffliche Arbeit. Nach dem Mord an einem Kind fand man am Tatort die Waffe: ein Küchenmesser mit einem hölzernen Griff. Der Hundeführer liess das Tier einige Minuten lang Witterung nehmen – er hielt seinem vierbeinigen Gefährten den Messergriff unter die Nase. Dann begann der Fährtenhund mit seiner Arbeit. Im Zickzack, an der langen Leine, lief er von der Wiese auf die Strasse, überquerte die Fahrbahn, schlug einen Haken, kam auf den anderen Gehsteig zurück und führte seinen Herrn kreuz und quer zu einem Siedlungshaus. Vor der Haustüre angekommen, begann er zu bellen. Die Polizisten drangen in das Haus ein. Sie stellten den Täter, als sich dieser gerade die Hände waschen und die blutbespritzten Kleider wechseln wollte.

Zwei Kilometer lang war die Fährte, die er mit seiner Spürnase verfolgt hatte. Dabei musste sich das Tier aber mit vielen verschiedenartigen Gerüchen herumschlagen. Das Gras hatte einen anderen Geruch, das kleine Feld, das überquert werden musste, war kurz zuvor umgeackert worden, und die vielen winzigen Tierchen hatten ebenso viele charakteristische Gerüche. Die Fährte auf dem Strassenpflaster war besonders schwer zu verfolgen, denn die Schuhcreme und der Spray für Wildlederschuhe überdeckten das aus vielen Einzelgerüchen bestehende, breite Spektrum. In diesem «Geruchsbild» waren die spezifischen Geruchscharakteristika des Verbrechers nur noch spurenweise vorhanden. Doch das genügte für die Identifizierung.

Mancher am Tatort vergessene Handschuh, das während der Flucht verlorene Taschentuch oder der achtlos zur Seite gelegte Hut – alle diese Gegenstände haben Täter überführt. Als Sherlock Holmes entpuppte sich der Polizeihund. Er ist ein idealer Fahnder. Das lichtscheue Gesindel nimmt sich in acht, wenn es einen Polizeihund erblickt. Der Polizeihund hat auf den Gesetzesbrecher eine psychologische Wirkung, und der Hund schützt auch seinen uniformierten Begleiter. Gnade demjenigen, der seinem Herrn Böses will...

Bis tief in die Landschaft wuchern die Betonklötze. Besonders in den Schlafstädten mit geringer Infrastruktur – Theater, Kino, Café und Kneipe gibt es nicht – ist die Bindung zum Nachbarn kaum vorhanden. Regelmässige Patrouillengänge mit dem Diensthund heben die Sicherheit.

Der Polizeihund muss durch eine harte Schule. Er braucht eine intensive Ausbildung, er muss mutig sein, Hindernisse überspringen können, und er darf nicht Reissaus nehmen, wenn der Hundeführer zur Schusswaffe greift. Die Detonation eines Pistolenschusses darf ihn nicht erschrecken. Bei Gefahr muss er seinen Herrn schützen.

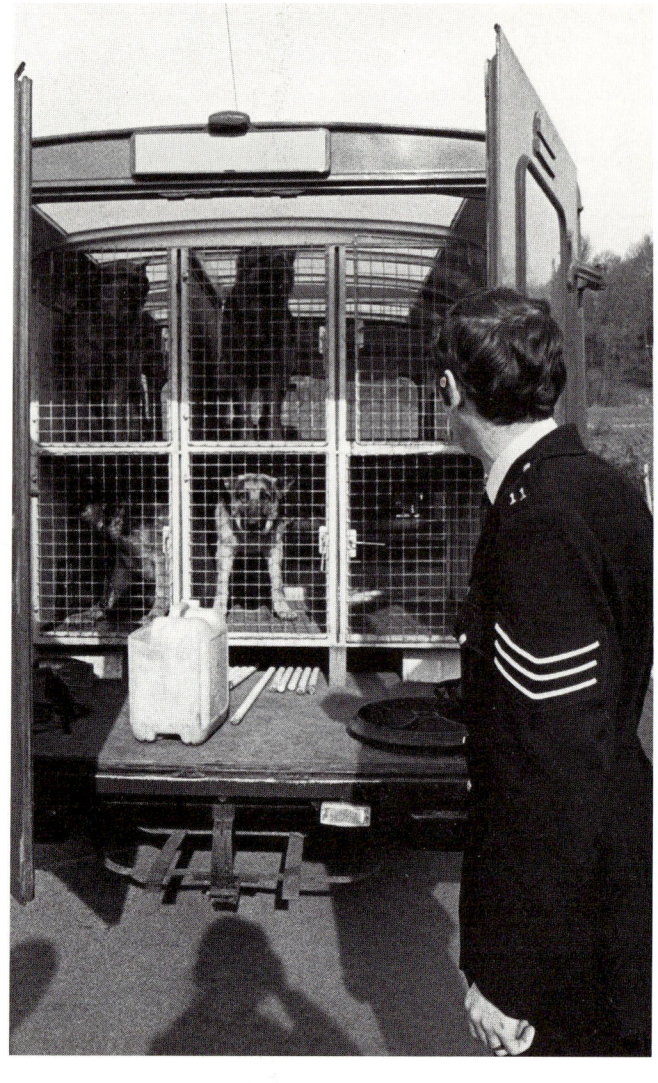

Die Polizei verfügt über besonders eingerichtete Hunde-Transport-Fahrzeuge, die auch mit Funk ausgestattet sind. Fährtenhunde haben schon manchen Verbrecher gestellt und aus dem Verkehr gezogen.

Der Diensthund wird infolge seiner «Nasenarbeit» auf folgende Art der Identifizierung abgerichtet: vom Mann zum Gegenstand, vom Gegenstand zum Mann, von der Fährte zum Mann, von der Fährte zum Gegenstand und vom Gegenstand zum Gegenstand.

In der Rauschgiftbekämpfung nimmt der Diensthund eine überragende Bedeutung ein. Manche der Vierbeiner sind auf Opium spezialisiert, andere wiederum auf Marihuana oder Haschisch. So stöberte beispielsweise der Polizeihund «Kai von Zachelheim» unter einer Vielzahl von Gepäckstücken einen Koffer auf und begann zu bellen. Das Gepäckstück wurde untersucht, es konnte jedoch nichts Verdächtiges bemerkt werden. Bei genauer Kontrolle im Laboratorium stellte sich später heraus, dass dieser Koffer einen doppelten Boden hatte und in dem Geheimfach Haschisch versteckt war. Nachforschungen ergaben, dass dieser Koffer schon etliche Male zwischen Mitteleuropa und dem Nahen Osten unterwegs gewesen war. Jedesmal konnte er anstandslos den Zoll passieren.

Bei einer routinemässigen Hotelkontrolle gab der Diensthund am Fussende eines Doppelbettes Laut. Man fand ein Päckchen Haschisch. Überall im Zimmer, wo das Rauschgift versteckt war, bellte der Hund. Jede seiner akustischen Anzeigen war ein Volltreffer!

Ein anderer Spürhund blieb vor einem Volkswagen stehen und verbellte wütend die linke vordere Radkappe. Als man die Radkappe entfernte, fand man ein nur fingernagelgrosses Stück Haschisch. Wenige Tage später stellte der Vierbeiner einen jungen Mann und stiess mit der Nase immer wieder auf die linke Brustseite seines Pullovers. Eine Leibesvisitation verlief ebenso negativ wie die Untersuchung der Kleidung. Trotzdem wurde eine Hausdurchsuchung vorgenommen. Der Diensthund lief zum Kleiderkasten, wartete dort so lange, bis der Polizist die Schranktür öffnete, und dann zog er aus einer Reihe von Kleidungsstücken ein Sakko heraus. Die Taschen des Sakkos jedoch waren leer. Doch der junge Mann gab auf und legte ein Geständnis ab: Er erklärte, in der Innentasche Haschisch verwahrt und kurz vor der Durchsuchung geraucht zu haben.

Seit einiger Zeit sind sogar Hunde-Funkstreifen unterwegs: Es handelt sich um Kombiwagen, die über getrennte Hundezwinger verfügen. Je zwei Polizisten sind mit ihren Diensthunden unterwegs. Das wichtigste Requisit in diesem Wagen sind neben Stahlhelm, Handfunkgerät und Pistole die Handschellen. In der Regel lassen sich die Ganoven widerstandslos festnehmen und sind sichtlich erleichtert, wenn der Hund endlich zu bellen aufhört.

Englischer Diensthundeführer mit seinem Freund und Helfer. Diese besonders ausgebildeten Hunde sind eine von den Verbrechern gefürchtete Verstärkung der Polizei.

Fährtensuche auf besondere Art. Weder Mensch noch Tier können mit ihren Sinnesorganen Kernstrahlung wahrnehmen. Man braucht dazu hochentwickelte Geräte. Da in Industrie, Forschung und Medizin in zunehmender Weise mit radioaktiven Substanzen gearbeitet wird, verfügt die Polizei auch über gutausgerüstete Strahlenspürtrupps. Eine Probe wird in den Bleibehälter gegeben und verschlossen. Die Männer verfügen über Strahlenmessgeräte, und es ist dafür gesorgt, dass die bewusst gering angesetzte Dosisbelastung keinesfalls überschritten werden darf.

# Betrug mit dem Computer

Mit einem in der Kriminaltechnik noch kaum zuvor dagewesenen Teamwork wurde der Überfall auf den Postzug Glasgow–London durchexerziert. Die generalstabsmässig geschulten Gangster deckten das grüne Signal ab, und eine Batterie lieferte elektrische Energie für die rote Lampe. Der planmässige Postzug Glasgow–London stoppte vor dem Haltesignal. Lokführer und Heizer wurden ausser Gefecht gesetzt, der vordere Teil des Trains abgekuppelt, und dann ging's einige hundert Meter weiter zu einem Viadukt. Postsack um Postsack, jeder mit Banknoten prall gefüllt, wurde auf beide bereitstehenden Lastautos verstaut. Es dauerte einige Zeit, bis dieser «grösste Postraub aller Zeiten» geklärt werden konnte und die drakonischen Urteile ausgesprochen wurden. In Zukunft aber dürfte so viel Aufwand gar nicht mehr nötig sein. Mit der elektronischen Datenverarbeitung sind lukrative Gaunereien auf einfache Weise möglich. Ein Ganove in der Maske eines Elektronik-Fachmannes kann im Alleingang den Computer anzapfen und mit Hilfe eines «frisierten Programms» sein geheimes Konto aufstocken.

Auch die Kriminalität geht mit der Zeit und stellte sich jedesmal erstaunlich rasch um. Es gibt Tausende Varianten, sich auf kriminelle Weise wirtschaftliche Daten, Geld oder Informationen zu verschaffen. Der Buchhalter kann geschickt Kontenblätter fälschen, die Bilanzen verschleiern und beträchtliche Summen abzweigen. Aber irgendwann einmal kommt dennoch die Wahrheit an den Tag. Ob nun der Prokurist um die Jahrhundertwende vor dem Stehpult gestanden hatte und im Hauptbuch mit dem «Tintentod» eine Ziffernkolonne löschte und sie durch andere Summen ersetzte, oder ob heutzutage der Papierstreifen der mechanischen Rechenmaschine mit im Spiel war – Buchprüfung oder Bilanz brachten diese Betrügereien

*Die sogenannte «Computer-Kriminalität» bereitet den Experten grosses Kopfzerbrechen. Ein geschickter Programmierer ist imstande, fremde Bankkonten «anzuzapfen» und mit frisierten Programmen seine Betrügereien zu verschleiern. Der Phantasie sind keine Grenzen gesetzt. Auch die Experten der Polizei müssen mit der Datenverarbeitung vertraut sein – noch besser informiert sein als die Ganoven, die zu überführen sind.*

immer an den Tag. Nichts ist so fein gesponnen...

Es war daher vorauszusehen, dass auch grosse Gangsterorganisationen im Zeitalter der Automation die Grundlagen ihrer verbotenen Geschäfte dem Trend der Technik anpassen. Die mächtigen Syndikate, die besonders in den Vereinigten Staaten etliche Sparten der Wirtschaft und des Vergnügungsgeschäfts kontrollieren, wollten nicht den Anschluss verlieren. Ihr Fernziel lautete schon lange: Ausbildung von Programmierern und Anzapfung von Computern. Die Möglichkeiten sind phantastisch, den Kriminalisten überkommt dabei das Schaudern!

Schon seit einigen Jahren ist der Computerbetrug aktenkundig. Und nicht alle Unternehmer wissen, dass sie mit der Installierung einer Datenverarbeitungsanlage dem ungetreuen Spezialisten eine nahezu perfekte Unterschlagungsmöglichkeit einräumen. Vor allem während der Umstellungszeit, wenn konventionelle Abrechnungssysteme durch EDV ersetzt werden, bieten die grossen Rechner reichhaltige Manipulationsmöglichkeiten. Denn die dabei meist auftretenden «Anpassungsschwierigkeiten» müssen teils manuell, teils durch spezielle Programmschaltungen ausgebügelt werden – dieser Umstand ist für den Beauftragten die Masche, eigene Unterschlagungen unsichtbar zu machen und nahezu perfekt zu verschleiern.

So beschäftigte beispielsweise eine alteingesessene, angesehene New Yorker Börsenmaklerfirma einen ebenso fleissigen wie auch tüchtigen Gentleman, der sich in vielen Jahren bis zum Chefbuchhalter hochdiente. Regelmässig kam er für einige Stunden auch am Sonntag ins Büro und arbeitete. Der Generaldirektor war sehr beeindruckt und sparte auch nicht mit Gehaltserhöhungen. Er war ein Musterknabe, dieser emsige Chefbuchhalter...

Wie sich aber später herausstellen sollte, hatte der Mann am Sonntag nicht für die Firma, sondern für die eigene Brieftasche gearbeitet. Er stanzte nämlich Lochkarten, und diese Datenträger wurden dann dem Computer eingefüttert, der für die Maklerfirma die gesamte Buchhaltung besorgte. Die Datenverarbeitungsanlage führte natürlich gehorsam die Befehle aus, die ihr über die Lochkarte übermittelt worden waren: Sie übertrug die ausgewiesenen Summen auf das Privatkonto des Chefbuchhalters, in der offiziellen Buchhaltung hingegen erschienen diese Überweisungen als Auftrag des Kontoinhabers, Aktien einzukaufen. Den Gegenwert der angeblich eingekauften und bald wieder veräusserten Wertpapiere schrieb der Automat wieder dem Konto des Buchhalters gut. Da auf diese Weise niemals ein Kundenkonto belastet wurde, gab es auch keine Reklamationen.

Immerhin: Acht Jahre lang hatte der Betrüger die Firma geschröpft, und nur durch einen Zufall war der Schwindel aufgeflogen. Als man den Chefbuchhalter verhaftete, amtierte er bereits als Vizepräsident!

Ein anderes New Yorker Unternehmen wiederum wurde auf rätselhafte Weise von «finanzieller Schwindsucht» befallen. Experten nahmen den Computer unter die Lupe, aber sie konnten nichts Verdächtiges feststellen. Zweifellos wurden Gelder abgezweigt, doch die undichte Stelle blieb vorerst auch den Fachleuten verborgen. Erst der Briefträger löste das Rätsel: Er brachte einen Scheck zurück, der zwei Tage zuvor von der Maschine ausgestellt worden war. Der Rückläufer war nur ein technisches Versehen: Name und Adresse des Empfängers hatte der Computer wegen eines defekten Farbbandes unleserlich ausgedruckt.

Der ehrenwerte Chefprogrammierer war der Bösewicht: Er hatte die EDV so programmiert, dass sie an ihm gut bekannte Strohmänner Schecks ausstellte. Bis auf den einen «Bumerang» waren sämtliche Wertpapiere vom Chefprogrammierer eingelöst worden. Die Art und Weise, wie er den Computer manipuliert hatte, wurde von der Polizei nicht bekanntgegeben. Man wollte keine Gebrauchsanweisung für Betrüger liefern.

Bei der elektronischen Gehaltsabrechnung können Löhne an Personen ausbezahlt werden, die es eigentlich gar nicht mehr gibt. Sterbemeldungen werden unterschlagen. Der Computer bezahlt an Mittelsmänner jahrelang die Pension weiter. Überstunden, die nie geleistet worden sind, werden gehorsam dem Konto gutgeschrieben. Bei der unvorhergesehenen Inventur in einer grossen Reparaturwerkstätte schienen in den Karteien viel weniger Ersatzteile als tatsächlich vorhanden auf. Man hatte den Überschuss noch nicht privat verhökern können.

In einer Bank – wie der Experte Rainer von zur Mühlen zu berichten weiss – gehörte es zur Routinearbeit des Computers, eine sogenannte Plausibilitätskontrolle durchzuführen: Er überprüfte ständig, ob bestimmte Zahlen in ihrer Grösse und in ihrer Art überhaupt möglich sind oder nicht. Einer der Programmierer wandelte das Programm nun so, dass sein von der Firma eingeräumtes Kreditlimit von 2000 Dollar auf 200 000 Dollar ausgeweitet wurde. Erst als sich ein Kollege über die hohe Kreditinanspruchnahme des betrügerischen Programmierers bei der Firmenleitung beschwerte, wurde der Betrug offenkundig.

Der bisher grösste Wirtschaftsbetrug der Geschichte wurde in den Vereinigten Staaten durchgeführt: Neben Lebensversicherungen und Investmentpapieren bot man den Sparern einen Handel an, der den Absatz von Versicherungen und Fondsanteilen miteinander verknüpfte. Die Kunden kauften Investmentanteile und erhielten – mit diesen Papieren als Sicherheit – Darlehen des Finanzkonzernes, die zur Zahlung von Prämien für eine gleichzeitig abgeschlossene Versicherung verwendet wurden.

Nach zehn Jahren, in denen die Sparer jährlich neue Anteile hinzukaufen sollten, hätten die Fondsinhaber nach dem Investmentfahrplan der Schwindler dann genügend Anteilscheine einlösen können, um ihre gesamten Schulden zu tilgen. Neben den restlichen Investmentpapieren

*Auf diesen Magnetbändern sind wichtige Forschungsergebnisse gespeichert. Jahrelange Arbeit waren für diese Erkenntnisse erforderlich. Werden diese Bänder kopiert und der Konkurrenz zugespielt, könnte sogar ein leistungsfähiger Konzern in Schwierigkeiten kommen.*

verblieb ihnen dann ein Lebensversicherungsanspruch von beträchtlichem Wert. Das war der Köder für die Kunden.

Doch die Betrüger verkauften die Policen an Rückversicherungsgesellschaften und traten damit künftige Prämieneinnahmen gegen bar an andere Versicherer ab. Statt sich darauf zu beschränken, mühsam weitere Versicherungskunden anzuwerben, zauberten sie ständig neue Versicherte durch den Computer hervor. Auf den Computerbändern der Buchhaltung schienen Scheinkunden auf, die Scheinfonds kauften, Scheinsicherheiten ausstellten, Scheinpolicen besassen und Scheindarlehen erhielten. Durch Verkauf der Pseudopolicen an andere Versicherungsunternehmen erhöhten die Schwindler ihr Barvermögen. Durch Verbuchungen von falschen Forderungen manipulierten die EDV-Künstler ihr Bilanzvermögen stetig nach oben. Der Computer-Schwindel florierte so gut, dass der angebliche Versicherungsbestand von 5454 Millionen Dollar im Jahre 1967 auf mehr als 6,5 Milliarden Dollar im Jahre 1972 stieg.

Der Gewinn, der 1967 etwa 2,8 Millionen Dollar betragen hatte, war 1972 achtmal höher. Mit den vorgetäuschten Gewinnen stieg auch der Kurs der Aktien, so dass ständig neue Unternehmungen dazugekauft werden konnten. Trotz routinemässiger Kontrollen der staatlichen Wirtschaftsprüfer kam vorerst der Schwindel nicht heraus; man begnügte sich damit, die vom Computer ausgedruckten Listen als Beweis für die Existenz der Policen anzusehen. Und wenn die Kontrolleure stichprobenartig die Originale der auf den Computer-Listen angeführten Policen anforderten, dann wurden diese Dokumente und Belege in der Nacht in Massarbeit angefertigt. Selbst die Namen der Ärzte, die die «Versicherten» zu untersuchen hatten, wurden in diese Belege eingetragen.

Noch heute würden diese Schwindler manipulie-

Die Informationen sind gesichert und können nur von dafür zuständigen, befugten Personen abgefragt werden. Obwohl die moderne Computer-Technik zahlreiche Sperren in die Programme eingebaut hat, ist ein Missbrauch der Daten nicht ausgeschlossen.

ren, wenn nicht ein Manager gefeuert worden wäre – dieser Mann brachte den Skandal ans Tageslicht. Die amerikanischen EDV-Spezialisten der Polizei befürchteten, dass nur die «Spitze des Eisberges aller amerikanischer Computerverbrechen gesichtet wurde...»

Auch einem Hamburger Bankunternehmen wurden die technischen Tücken des Computers zum Verhängnis. Normalerweise werden die bei der Zinsberechnung entstehenden Pfennigbruchteile entweder auf- oder abgerundet. Die Summe dieser Auf- und Abrundungen gleicht sich in der Regel aus, oder es entstehen nur geringe Differenzen. Die bislang gebräuchlichen EDV-Anlagen kannten einen Rundungsbefehl nicht – der Computer rechnete auf drei Stellen hinter dem Komma, die dritte Stelle blieb unbeachtet – das hiess mit anderen Worten: Die Maschine rundete ab.

Ein gefinkelter Programmierer liess nun die abgerundeten Pfennigbeträge durch die Maschine addieren und heimlich auf sein Konto abzweigen. Da die Spareinlagen viele Millionen ausmachen, kassierte der EDV-Mann an die 480 000 D-Mark.

Eine amerikanische Bande liess den Computer des Diners-Club anzapfen. Alle Namen und Kontonummern der Mitglieder standen in dieser meterlangen Liste, die der Computer ausspuckte. Gleichzeitig wurden in einer gezielten Aktion 3000 Blanko-Kreditkarten gestohlen. Die Diebe liessen Namen und Kontonummern jener Kunden eintragen, die tatsächlich existierten. Die Karten wurden in der Unterwelt zwischen 85 und 150 Dollar verkauft. Man machte damit ein gutes Geschäft.

Die Methode war ebenso einfach wie auch originell. Man wusste nämlich, dass der Computer nur falsche Namen oder falsche Kontonummern zurückwies. Die Kreditbetrügereien flogen erst auf, als die richtigen Kunden wegen der horrenden Bankrechnungen protestierten. Mindestens 30 Tage lang hatte man völlig risikolos einkaufen können. Als dann die Sache aufflog, wurde der Kreditkartendieb ermordet. Die Computerkriminalität hatte bereits ihr erstes offizielles Todesopfer gefordert. Die Dunkelziffer dürfte wesentlich grösser sein.

Die Polizei musste umlernen. Moderne Grossrechenanlagen arbeiten mit einem hohen Grad an Verlässlichkeit. Man bringt den Maschinen unbegrenztes Vertrauen entgegen, nicht aber den Menschen, die mit ihnen manipulieren. Überall kann es solche «elektronische Finanz-Lecks» geben, und naturgemäss können sie nur mit grossen Schwierigkeiten aufgespürt werden. Man versucht zwar, diese Geldlöcher zuzustopfen: So empfehlen die grossen Elektronikfirmen, dass Angestellte, die Computerprogramme schreiben, diese Programme nicht selbst in die Maschine «füttern» dürfen. Ausserdem sollen die Programmierer möglichst oft mit anderen Aufgaben betraut werden. Das sind aber alles nur gutgemeinte Vorschläge, die das eigentliche Problem nicht lösen. Es können sich ja mehrere Fachleute zu einer Interessengemeinschaft zusammenschliessen und ihre Chefs, für die eine Computersprache einem chinesischem Dialekt gleichkommt, tüchtig schröpfen. Deshalb werden die Maschinen mit Hilfe von Fernsehkameras überwacht, ein elektronischer Code sorgt dafür, dass nur der Befugte mit dem Computer korrespondieren darf. Hunderte Seminare wurden zum Thema «Computerkriminalität» abgehalten...

Die Kriminalbeamten müssen lernen. Was nützt es, wenn sie Steuergesetze und Zollverordnungen im kleinen Finger haben, von der Automation aber überhaupt nichts verstehen? Sie werden daher in Zukunft Programmierkurse besuchen, sich mit den elementaren Dingen der elektronischen Datenverarbeitung vertraut machen und alle diese Tricks lernen, um die verzwickten, raffiniert verschleierten Computerbetrügereien entlarven zu können. Wie schon gesagt: Nur die Spitze des Eisberges ist vorerst zu erkennen.

# Die gefälschte Unterschrift

Bei den Schriftsachverständigen der Polizei reisst die Arbeit nicht ab. Täglich müssen Dutzende Unterschriften unter die Lupe genommen werden, von denen man anfangs nicht weiss, ob sie echt oder falsch sind. Nun gibt es auch Fälle, wo man es nicht nur mit kleinen Betrügern, sondern auch mit gerissenen Fälschern aufnehmen muss.

Vor einigen Jahren wurde ein bekannter Industrieller von seinem Geldinstitut ersucht, er möge noch einmal einen Überweisungsauftrag für ein Konto kontrollieren. Es war ein von ihm selber abgezeichneter Überweisungsauftrag eingegangen, demzufolge eine beträchtliche Summe auf ein anderes Konto transferiert werden sollte.

Der neue Kontoinhaber war aber dem Industriellen nicht bekannt. Andererseits schien die Unterschrift auf dem Überweisungsauftrag echt zu sein. Der Industrielle konnte sich aber nicht daran erinnern, dass er jemals diese Unterschrift geleistet hatte. Die Polizei schaltete sich ein. Vom anderen Konto war nämlich der überwiesene Betrag abgehoben worden. Name und Adresse des Kontoinhabers waren fingiert. Die Behörden hatten praktisch keinen Anhaltspunkt, obwohl man auch festgestellt hatte, dass die Unterschrift des Industriellen tatsächlich gefälscht worden war.

Während die Untersuchungen anliefen, ereignete sich in einer anderen Wiener Grossbank ein ähnlicher Fall. Der unbekannte Betrüger hatte haargenau nach dem gleichen Schema operiert. Nur stammte der Überweisungsauftrag diesmal angeblich von einem Grosskaufmann.

Die Kriminalisten kombinierten! Sie kamen bald zum Schluss, dass es sich in beiden Fällen um denselben Täter handeln müsse. Aber wo sollte man den Hebel ansetzen? Wären die Unterschriften des Industriellen und des Grosskaufmannes echt gewesen, so hätte man sehr wohl den Personenkreis eingrenzen können. Bei den vielen Unterschriften, die ein Industrieller täglich leisten musste, könnte eine Sekretärin ohne allzu grosse Schwierigkeiten einen Überweisungsauftrag hineingeschwindelt haben.

Der Personenkreis war viel zu gross. Man wusste nicht, wo man ansetzen sollte. Es musste aber irgendwo einen Zusammenhang zwischen dem Industriellen und dem Grosskaufmann bestehen. Doch beide Männer kannten einander nicht persönlich. Sie waren nicht einmal brieflich in Kontakt gewesen. Ausserdem stammten sie aus zwei grundverschiedenen Branchen. Und doch sollte irgendwo in einer vagen Verbindung zwi-

Diese Unterschrift ist gefälscht. Sie wurde vom Original abgepaust, denn die kleine Phasenverschiebung zeigt die Deckungsgleichheit auf. Keine Unterschrift gleicht völlig der anderen; ist sie in ihren Zügen vollkommen dem Original ähnlich, dann wurde sie gefälscht. Oben die Pausung, unten die Originalunterschrift. (Eine mögliche Namensgleichheit ist rein zufällig.)

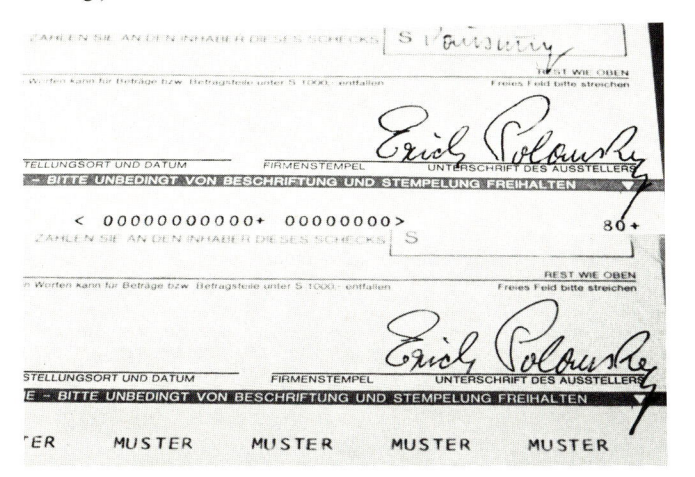

Die phasenverschobene Fälschung

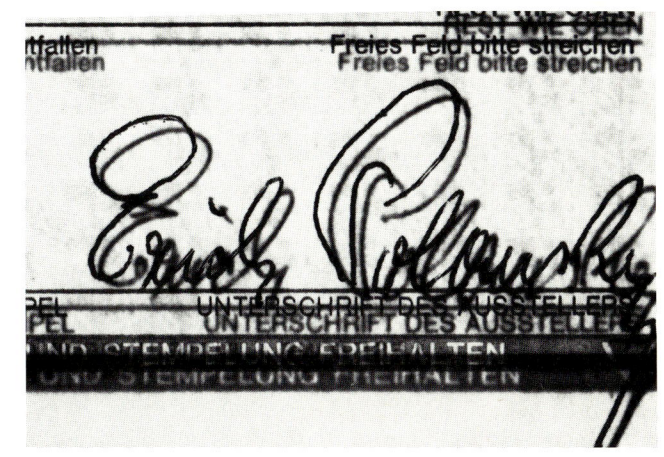

schen diesen beiden Persönlichkeiten das Rätsel liegen ...

Mühevolle und überaus zeitraubende Recherchen setzten ein. Bei diesen Überprüfungen stiess man bald auf die erste Spur. Der Industrielle hatte bei einem Graphiker ein Plakat bestellt. Der Entwurf wurde mit einem Scheck honoriert. Aber auch der Grosskaufmann stand mit dem Graphiker in Geschäftsverbindung. Dieser hatte für ihn ebenfalls ein Plakat gezeichnet.

Die Kriminalbeamten fuhren nun zur Wohnung des Graphikers. Doch er war bereits mit seiner Freundin – pikanterweise mit der Tochter eines Sparkassendirektors – geflüchtet. Die Beweise waren erdrückend. Über Interpol wurde ein Fahndungsersuchen beantragt. Mittlerweile befand sich das Paar in Afrika. Es lebte dort unter falschem Namen und konnte deshalb nicht gefasst werden.

Als den beiden das Geld ausging, kamen sie wieder nach Europa zurück. Mit ihrem alten Trick verübten sie in der Bundesrepublik zahlreiche Betrügereien. Der Graphiker rechnete mit den Praktiken der Geldinstitute: Wenn ein Fremder einen Scheck präsentiert und 50 000 Mark abheben will, dann genügt ein kurzer Telefonanruf oder ein Fernschreiben zum Beseitigen der Zweifel. Aber bei der Überweisung von einem Konto zum anderen, und das noch dazu im selben Geldinstitut – da schöpft man nicht so leicht Verdacht.

Das Paar hatte dazugelernt und den Trick noch verfeinert: Beide wohnten in derselben Stadt, aber unter verschiedenen Adressen und unter falschem Namen. Kaum angekommen, eröffnete die Frau ein Konto. Am nächsten Tag setzte sich die Betrügerin ins Taxi und fuhr zum nächsten Kaufhaus. Sie suchte Schuhe, Mäntel, Kleider, Schirme und teure Lederwaren aus, liess alles zusammenpacken und der Laufbursche musste die Waren in das Hotel bringen. Dort stellte sie einen Scheck aus. Der Laufbursche brachte den Scheck in die Direktion, dort wurde er geprüft und für gut befunden.

Aber schon am nächsten Tag erschien die Dame beim Direktor des Kaufhauses und erklärte, ihr sei beim Ausfüllen des Schecks ein Irrtum unterlaufen. Sie habe um 1000 Mark zuviel bezahlt. Der Direktor prüfte nach – und tatsächlich: Die Kundin hatte sich zu ihren Ungunsten um 1000 Mark geirrt.

Auch diese Unterschrift ist gefälscht. Der obere Namenszug ist echt, der untere wurde nachgemacht. Diese Fälschung ist aber für den Experten leicht zu erkennen. Wesentliche Charakteristika stimmen nicht überein. (Eine mögliche Namensgleichheit ist rein zufällig.)

Manipulation im Postsparbuch: Ursprünglich war nur eine 3 vorhanden. Der Fälscher hatte dann eine 7 und eine 6 vorausgesetzt. Diese Eintragungen wurden mit einer anderen Tinte durchgeführt.

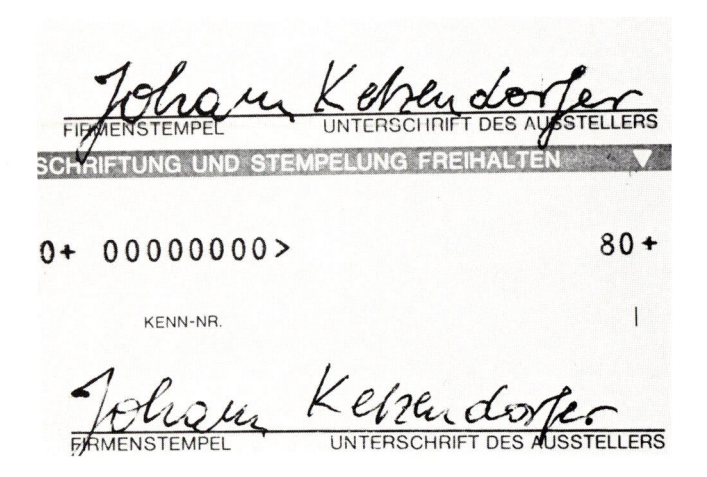

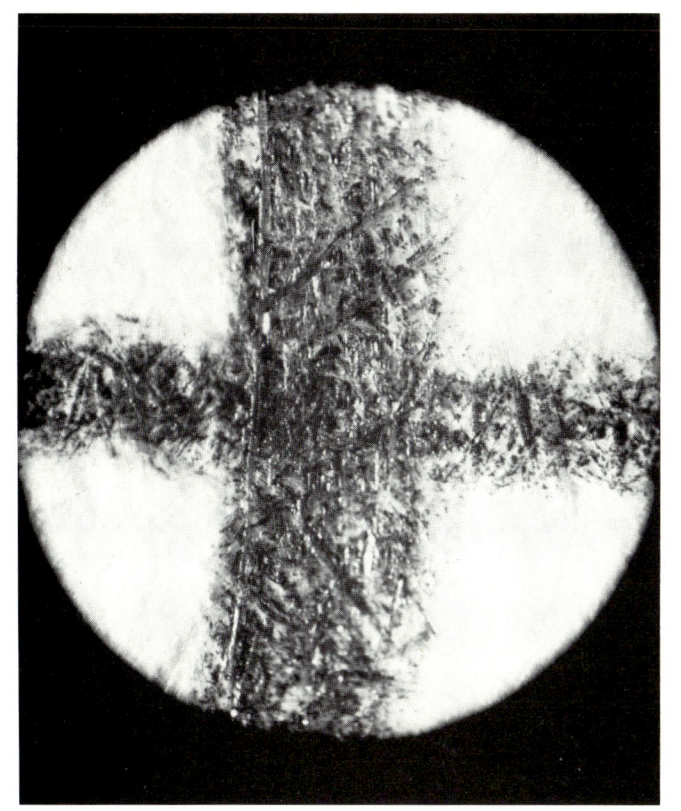

Diese Stempelmarke ist unkenntlich gemacht worden. Unter dem UV-Licht allerdings kam die Schrift «JUSTIZ» wieder zum Vorschein.

Der Chef entschuldigte sich und wollte der Frau die Summe gleich zurückgeben. Doch die Kundin winkte ab: «Ich trage nicht gerne Bargeld bei mir. Der bargeldlose Verkehr ist mir lieber. Geben Sie mir doch auch einen Scheck!» Der Direktor entsprach diesem Wunsch und stellte den Scheck aus.

Der Graphiker hatte auf diese Weise die Unterschrift des Kaufhausdirektors. Mit dieser Unterschrift startete er seinen Coup. Er fälschte die Unterschrift auf dem Überweisungsauftrag, das Geschäft konnte seinen Anfang nehmen. Doch

Detail aus einem gefälschten Testament. Der waagrechte Strich gehört noch zur Unterschrift. Der Betrüger hatte noch einen Satz später beigefügt, und sein Schriftzug kreuzte den Namenszug des Mannes, der das Testament unterzeichnet hatte. Deutlich sind die aus dem Querstrich stammenden, nun vertikal verschobenen Partikelchen zu sehen.

das Paar wollte auf Nummer Sicher gehen: Die Komplizin mietete ein Taxi, machte damit etliche Besorgungen und liess sich dann wieder in ihr Quartier bringen. Der Chauffeur bekam ein gutes Trinkgeld und die Order, den Überweisungsauftrag zur Bank zu bringen. In der Nähe des Schalters aber wartete der Graphiker. Er hatte sich den Taxichauffeur schon zuvor genau angesehen, als seine Helferin den Wagen mietete. Hätte der Kassier Alarm geschlagen, wäre er zur nächsten Telephonzelle gegangen und hätte die Komplizin gewarnt.

Das Duo verdiente gut, und nach einer Weile machte es Urlaub in der Schweiz. Da es bei den Eidgenossen nichts ausgefressen hatte, meldete es sich ausnahmsweise unter seinem richtigen Namen. Die Interpol griff zu, die beiden wurden nach Österreich gebracht und abgeurteilt.

# Die Perücke

Der elegante Herr betrat die Bank, und weil vor den Schaltern die Kunden anstanden, marschierte er ungeduldig im Foyer auf und ab. Ruhelos ging er kreuz und quer durch den Kassensaal, dann reihte er sich in die Schlange der Wartenden ein. Als er endlich an die Reihe kam, wurden nur einige Banknoten in eine andere Währung umgewechselt. Dann verschwand der Mann, um allerdings einige Tage später wieder in dieses Bankinstitut zu kommen.

Diesmal aber kam er nicht durch den Haupteingang, sondern durch den Keller. Mit einem Komplizen hatte er sich in den Abendstunden in den Keller geschlichen und mit dem Meissel eine Zwischenmauer durchstossen. Von unten wurde dann der Tresor angebohrt. Die beiden Einbrecher hatten mitten ins Ziel getroffen. Mit den ungeduldigen Schritten war der Standort der Panzerkasse sondiert worden. Da der Boden der Kasse nicht so stark gepanzert war, konnte der Coup auch in kurzer Zeit durchgeführt werden. So sah man es in einem Kriminalfilm, der allerdings stark am Thema vorbeigegangen war: Banken sind gut gesichert, es gibt mechanische und elektronische Sperren, unsichtbare Lichtschranken und Alarmanlagen, die selbst durch die Erschütterungen einer vorbeifahrenden Strassenbahn ausgelöst werden können. Und was den dickwandigen Safe mit seinen Spezialuhren – bei Nacht lässt sich der Tresorraum auch mit den drei im Besitz verschiedener Personen befindlichen Originalschlüsseln nicht öffnen – betrifft: Die Einbruchswerkzeuge haben mit der modernen Tresortechnik nicht Schritt halten können.

Man kann aber trotzdem eine Bank anzapfen – ohne die drei verschiedenen Spezialschlüssel, ohne Spezialsprengstoff und Sauerstoff-Schneidbrenner: mit Raffinement und arglistiger Täuschung. So musste beispielsweise ein Bankdirektor mit Entsetzen feststellen, dass aus den Beständen seiner Filiale neun Blankosparbücher verschwunden waren. Sie fehlten schon seit geraumer Zeit; der Diebstahl war nur deshalb nicht aufgefallen, weil neun alte, bereits eingezogene Sparbücher dem Stapel eingereiht worden waren.

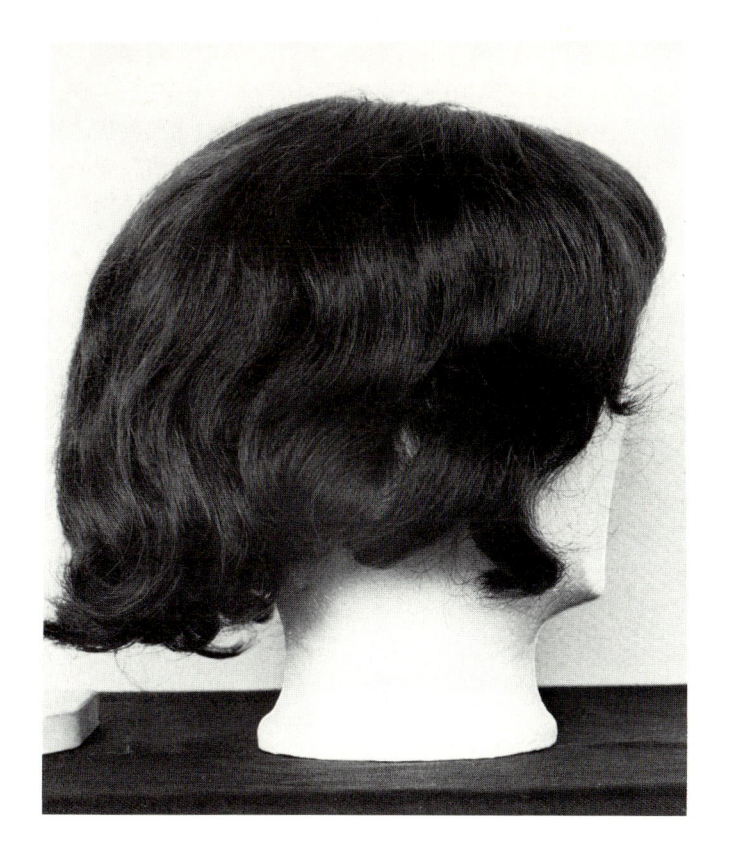

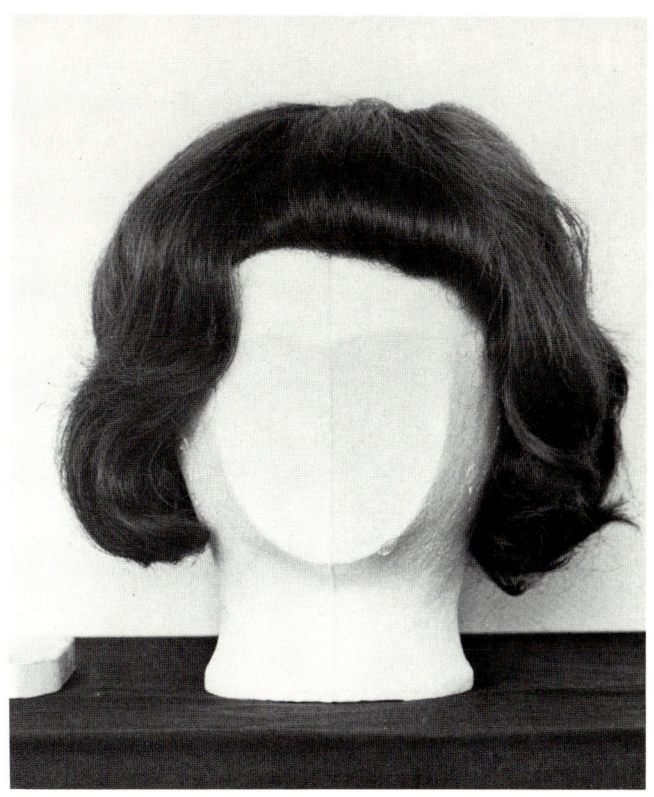

Der Bankdirektor aber war auch noch aus einem anderen Grund hellhörig geworden: Einige Tage zuvor waren in fünf anderen Filialen dieses Geldinstitutes mit offensichtlich gefälschten Sparbüchern höhere Beträge abgehoben worden. Da das Losungswort richtig angegeben wurde und die Eintragungen im Sparbuch mit den Buchungen auf dem Kontenblatt übereinstimmten, hatte der Kassier keinen Verdacht geschöpft. Aufgefallen war der Schwindel deshalb, weil eine alte Dame, die regelmässig einen Teil ihrer ansehnlichen Pension sparte, ihr Sparbuch vorwies, von dem schon seit Jahren nichts mehr abgehoben worden war. Nun war es klar, dass ein Betrüger am Werk gewesen war.

Der Verdacht richtete sich zuerst gegen die Bankangestellten dieser Filiale. Doch alle Überprüfungen verliefen negativ. Die Recherchen konzentrierten sich nun auf die Schalterbeamten der fünf betroffenen Filialen. Man versuchte, eine Personenbeschreibung zu erhalten.

Ein Bankschalter wird jedoch von vielen hundert Kunden täglich frequentiert, und nach so langer Zeit ist es schwierig, ein brauchbares Signalement zu erhalten. Bei den Einvernahmen der Bankkassiere stellte sich aber heraus, dass es sich in allen fünf Fällen um einen jungen, grossen Mann gehandelt haben musste. Dieser unbekannte junge Mann hatte lange, schwarze Haare. Möglicherweise handelte es sich um eine Perücke.

Die Perücke war der erste, vage Anhaltspunkt. Die kriminalistische Kombination trat nun in

Bei manchen Kriminalfällen gibt es so gut wie keine Anhaltspunkte. Sosehr die Detektive auch suchen, sie bekommen nicht einmal den kleinsten Zipfel zu fassen. In diesem schwierigen Fall kam der erste Hinweis von einem Bankbeamten: Der unbekannte Verdächtige hatte schwarze, lange Haare. Möglicherweise handelte es sich um eine Perücke. Dann wurden die Kombinationen aufgebaut, und bald hatte man die erste, konkrete Spur, die aufgegriffen werden konnte...

den Vordergrund: Wenn ein Betrüger nur kurzfristig sein Aussehen verändern will, dann wird diese Perücke auch nur kurzfristig verwendet. Eine Perücke aber ist teuer, und möglicherweise hatte der junge Mann gar nicht das Geld, eine Perücke zu kaufen. Er wird also versuchen, sich einen Haarersatz zu leihen.

Der Reihe nach wurden die Perückenfirmen abgeklappert. Da die Perückenkäufer namentlich nicht aufscheinen, konzentrieren sich die Erhebungen auf jene Leute, die sich Perücken kurzfristig ausgeliehen hatten. Naturgemäss kamen dafür nur wenige Personen in Frage. Darunter war auch ein hochgewachsener, junger Mann, der als Sicherheit seinen Lichtbildausweis hinterlegt hatte. Da er die Perücke noch nicht zurückgegeben hatte, war der Lichtbildausweis noch in Verwahrung der Firma.

Das Weitere war nur noch Routine. Die Kriminalbeamten schmückten den gesichtslosen Plastikkopf einer Modepuppe mit einer ähnlichen, langhaarigen schwarzen Perücke und besuchten der Reihe nach die Bankkassiere. Der Kopf mit der Perücke wurde hergezeigt, das Lichtbild auf dem Personalausweis ebenfalls präsentiert. Der mysteriöse junge Mann konnte nun eindeutig identifiziert werden.

Es handelte sich um den Sohn wohlhabender, angesehener Geschäftsleute. Der junge Mann hatte immer reichlich Taschengeld zur Verfügung, er wohnte in der Villa seiner Eltern, jeder Wunsch war ihm erfüllt worden. Ein klassischer Fall von Wohlstandskriminalität. Der Richter stellte einen Haftbefehl aus. Bei der Festnahme kam es noch zu einem Zwischenfall: Obwohl Wirtschaftsstraftäter nur selten gewalttätig werden, griff der Tunichtgut bei seiner Verhaftung den Polizisten an, riss sich los und flüchtete. Er hatte aber Pech, denn er rannte einem anderen Kriminalbeamten direkt in die Arme. Nach einem kurzen, aber heftigen Handgemenge konnte er überwältigt und eingeliefert werden.

Es dauerte Tage, bis der junge Mann ein Geständnis ablegte. Langwierige Erhebungen waren notwendig; der Betrüger gab nur jene Fakten zu, die man ihm klipp und klar nachweisen konnte. Schliesslich stellte sich folgender Sachverhalt heraus: Der Delinquent hatte einen Freund, dessen Verlobte in jener Bankfiliale angestellt war, aus der die Blankosparbücher gestohlen worden waren. Als dieses Mädchen Geburtstag hatte, wurde in der Mittagsstunde mit den Kollegen und dem Bankdirektor in einem Nebenraum eine Kaffeerunde gefeiert.

In der Zwischenzeit beschaffte sich der «Perückenmann» mit dem Freund der Bankangestellten den Schlüssel zum Hintereingang der Bankfiliale. In wenigen Sekunden war ein Wachsabdruck angefertigt. Doch der Nachschlüssel öffnete vorerst nicht. Erst nach einigen nächtlichen Versuchen und Korrekturen am Schlüsselbart konnte die Hintertür zur Bank geöffnet werden.

Nun hatte man genügend Zeit. In aller Ruhe wurden die Kontenblätter durchstöbert und die Blankosparbücher gestohlen. Daheim wurden die Sparbücher zurechtfrisiert; die Fälschung war perfekt – jede Kontenbewegung schien am betreffenden Sparbuch auf. Der Schwindler hatte auch die Unterschrift des Sparers zur Verfügung, er brauchte sie nur vom Kontenblatt zu kopieren. Ebenso jene der Bankangestellten. Auch das Losungswort und die Personalien derjenigen Person, die ebenfalls abheben durfte, war bekannt.

Der Justiz unterlief aber ein Fehler: Trotz des Millionenschadens, den der «Perückenmann» angerichtet hatte, wurde er bis zu Beginn der Gerichtsverhandlung gegen Gelöbnis auf freien Fuss gesetzt. Der Herr Papa hatte nämlich eine beträchtliche Kaution hinterlegt.

Der Tunichtgut aber hatte während der kurzen Untersuchungshaft einen Mordplan gefasst. Er fürchtete, der Freund könnte ihn bei der Hauptverhandlung belasten. Der «Perückenmann» nahm einen Leihwagen und lud den ahnungslosen Freund zu einer Spazierfahrt ein. Auf einer einsamen Strasse, eine halbe Stunde von der Grossstadt entfernt, tötete er ihn mit einem Genickschuss und versteckte die Leiche auf einem Schuttabladeplatz.

# Mord ohne Leiche

Ein Mann wurde ermordet – von der Leiche aber fehlt jede Spur. Gegen den mutmasslichen Täter richten sich verschiedene schwerwiegende Verdachtsmomente. Es gibt erdrückende Indizien, der schlüssige Beweis jedoch steht aus, denn man hat das Mordopfer noch nicht gefunden.

Mörder glauben besonders schlau zu sein. Möglichkeiten gibt es genug: Der eine zerstückelte den Toten, verkohlte mit einem Schneidbrenner dessen Fingerkuppen, um die Fingerabdrücke zu zerstören und somit die Identität des Opfers zu verschleiern. Ein anderer Verbrecher löste die Toten im Salzsäurebad auf. Die Mafia wiederum betonierte ihre Opfer in leeren Benzinfässern ein und versenkte die Tonnen im Ozean. Andere wiederum verscharrten die Ermordeten im Wald.

«Nichts ist so fein gesponnen, dass es nicht komme an das Licht der Sonnen!» – sagt ein altes Sprichwort. Je schlauer und klüger der Täter sich dünkt, je mehr Fehler unterlaufen ihm. Den Zufall kann er nicht einkalkulieren – die unberechenbare Kleinigkeit, über die er stolpert. Jener Ganove, der seinen ehemaligen Komplizen kaltblütig liquidierte, ihn in viele Teile zerstückelte und die Papillarlinien der Fingerkuppen mit dem Schneidbrenner zerstörte, machte die Rechnung ohne den Fingerabdruckspezialisten des Erkennungsdienstes: Der Daktyloskop löste nämlich in mühsamer Kleinarbeit die verkohlte oberste Hautschicht und konnte somit wenigstens einen Fingerabdruck photographieren. Nach tagelanger Suche hatte er über die Verbrecherkartei den Namen des Mordopfers eruiert, von dem nur ein blutiger, zerfetzter Torso, der überdies wochenlang im Schotterteich gelegen hatte, übriggeblieben war. Der Tote war nun namentlich bekannt. Er war kein unbeschriebenes Blatt gewesen – im Erkennungsdienst gab es über ihn eine umfangreiche Akte.

Man wusste nun, dass der Mann wegen verschiedener Straftaten im Zuchthaus gesessen hatte. Auch die Namen seiner Zellengenossen waren bekannt. Nach seiner Entlassung hatte er mit

Mit dem Abschrauben der Auto-Kennzeichen allein ist es nicht getan. Um den wahren Besitzer eines Fahrzeugs zu verschleiern, werden oft die in den Motorblock und in den Fahrgestellrahmen eingestanzten Nummern mit Schleifscheiben entfernt und andere Nummern eingestanzt. Für den Täter ein hoffnungsloses Unterfangen: Mit Hilfe verfeinerter Untersuchungsmethoden wird die alte Nummer sichtbar. Sie lautet: 427734. Mit Hilfe der Datenverarbeitung kann der Autobesitzer ausgeforscht werden.

diesen Genossen mehrere Einbrüche verübt. Dann war es der Beute wegen zum Streit gekommen: man fürchtete, der Abtrünnige würde nun den Rädelsführer bei der Polizei verraten. Sorgsam wurde das Netz geknüpft; der Untersuchungsrichter stellte einen Hausdurchsuchungsbefehl aus. Die Kriminalisten wurden fündig:

Im Kanonenofen einer kleinen Schlosserei stellte man Hautfetzen und die verkohlten Reste eines Schädels fest. Die Komplizen wurden verhaftet, der Rädelsführer verübte Selbstmord durch Erhängen.

Jener britische Modearzt, der seine Patienten, nachdem er sie mit Überdosen von Schlafmitteln zu Tode gepflegt, beerbt, und dann im Salzsäurebad beseitigt hatte, stolperte über ein kleines Indiz. Auch der in der Öltonne einbetonierte Gangsterboss konnte gefunden werden – mit elektronischen Suchgeräten hatte man das Fass auf dem Meeresgrund aufgespürt; Taucher brachten es wieder ans Tageslicht.

Es geht die Mär um, dass der unbequem gewordene Mitwisser im Fundament einer Staumauer oder im tragenden Betonklotz einer Autobahnbrücke einbetoniert worden sei – auch in einem solchen Fall wäre ein Beweis möglich, denn ein Hohlraum im Beton lässt sich mit Spezialgeräten feststellen. Das Mordopfer im Wald einzugraben, ist auch nicht immer zielführend, denn die Füchse spüren die Leiche auf und zerren sie in ihren Bau.

Der Müllabladeplatz scheint ebenfalls kein sicheres Versteck für alle Ewigkeit. Ein Sexualtäter ermordete ein junges Mädchen, zerstückelte das Opfer, steckte die Leichenteile in Pakete und verstaute sie in mehreren Mülltonnen. Schon in den nächsten Stunden sollte die Müllabfuhr kommen. Der Inhalt der Mülltonnen wurde in den Wagen geschüttet, der stählerne Stempel presst den voluminösen Inhalt auf einen riesigen kompakten Klotz zusammen, der dann am Rande der Grossstadt auf einen Abfallplatz gekippt wird.

Eine solche Zentraldeponie muss man gesehen haben: Vom Morgengrauen bis in die sinkende Nacht karren die aus allen Teilen der Grossstadt kommenden Mülltransporter ihre Fracht über die Halde, und erst nach Tagen findet man zwischen Emballagen, alten verrosteten Küchenöfen, kaputten Kühlschränken, alten, ausgedienten Radioapparaten, Zahnpastatuben, Asche, Papier, Plastik, Fragmenten von Mobiliar und zerquetschten Konservendosen die sorgsam verpackten Leichenteile. Es ist dann unmöglich, den Namen des Opfers zu eruieren. Der nicht einzukalkulierende Zufall, der Glücksfaktor, kommt dem Kriminalisten zu Hilfe: Jener Sexualverbrecher, der das zerstückelte Mädchen in den Abfalltonnen versteckte, rechnete nicht mit dem obdachlosen Landstreicher, der auf Jagd nach Alteisen war und in den Mülltonnen im Hinterhof die grossen, verschnürten Pakete fand. Die Polizei konnte sofort zuschlagen, der Tatort schien eingegrenzt. Nur einer der Hausbewohner kam als Täter in Frage. Als man routinemässig die Portierwohnung näher unter die Lupe nahm, wurden Blutspuren und die Tatwaffe gefunden. Unter der Last der Indizien brach der Mann zusammen und legte ein Geständnis ab. Er wurde zu lebenslänglichem Kerker verurteilt und endete gleichsam «standesgemäss»: ein anderer Mörder spielte sich als Rächer auf und erwürgte seinen Zellengenossen.

Wie die Praxis zeigt, ist das Beseitigen der Mordopfer keine einfache Sache. Über dieses Problem ist auch jener Bankbetrüger, der sich den «Perückentrick» ausgedacht hatte, gestolpert. Auch er wollte klüger als die Kriminalisten sein. Er war auf freiem Fuss und fürchtete, dass ihn sein Freund bei der Hauptverhandlung belasten würde. Wenn der ehemalige Komplize aber spurlos verschwunden war, könne er sich auf den Freund ausreden: nur der andere sei der Anstifter, die Triebfeder für dieses Verbrechen gewesen. Er sei mit der Bankbeamtin befreundet gewesen, er allein habe den Plan ausgeheckt. Auch die Idee mit der Perücke stamme von seinem Freund. Ausschliesslich der Komplize

---

Auch Manipulationen in den Fahrzeugpapieren sind nicht zielführend. In dieser behördlichen Zulassung war radiert worden. Die Nutzlast mit 4000 Kilogramm stimmte nicht – der helle Fleck zeigt, dass die ursprüngliche Eintragung mit einer chemischen Substanz entfernt worden ist. Der Text oder die Zahl konnte nicht mehr rekonstruiert werden, doch aufgrund der Vorhalte kam es bald zu einem Geständnis.
a) ohne UV-Licht
b) mit UV-Licht

| | |
|---|---|
| Zulässiges Gesamtgewicht | 8.145 kg |
| Nutzlast | 4.000 kg |
| ahl der Sitzplätze | ./. |

a

| | |
|---|---|
| Zulässiges Gesamtgewicht | 8.145 kg |
| Nutzlast | 4.000 kg |
| zahl der Sitzplätze | ./. |

b

trage die Hauptschuld, er selbst sei in den Fall unglücklicherweise hineingeschlittert...

Auf teuflische Weise war das feige Kapitalverbrechen konstruiert worden. Bei der Durchführung glaubte der «Perückenmann» besonders schlau zu sein: Er vereinbarte telefonisch mit seinem Komplizen einen Treffpunkt, holte den Freund mit dem Auto ab, fuhr mit ihm etwa 30 Kilometer zu einem Truppenübungsplatz, liess ihn unter einem Vorwand aussteigen und liquidierte ihn durch Genickschuss. Der Tote wurde dann ins Auto verfrachtet und bei Nacht und Nebel auf einem unbewachten Müllabladeplatz über die Halde gekippt.

Wieder aber war es der unberechenbare Zufall: Ein heftiger Regen hatte den lehmigen Boden bei der Schutthalde so sehr aufgeweicht, dass der Wagen steckenblieb. Bei jedem Anfahrversuch gruben sich die Räder tiefer ein, bald sass die Karosserie auf. Mit Hilfe des Wagenhebers versuchte der Mörder das Auto wieder flottzubekommen. Alle Bemühungen waren umsonst – im wahrsten Sinne des Wortes war der Karren hoffnungslos verfahren!

Da es sich um einen vom nahen Flughafen gecharterten Leihwagen handelte, montierte der Täter die Nummerntafeln ab und flüchtete. Der Leihwagenfirma erklärte er, dass das Fahrzeug gestohlen worden sei. Das Mietwagenunternehmen erstattete nun die Diebstahlsanzeige, und kurze Zeit später wurde eine rote Limousine auf dem Müllabladeplatz gefunden. Über Motor- und Fahrgestellnummer konnte auch das Kennzeichen eruiert werden.

Mittlerweile wurde aber auch eine zweite Anzeige erstattet: Der Komplize war nicht nach Hause gekommen. Die Freundin befürchtete einen Unfall. Bald war den Kriminalisten der Zusammenhang klar – die Hauptverhandlung war angesetzt, einer der beiden Angeklagten aber war spurlos verschwunden.

Zuerst wurde der «Perückenmann» nach dem Aufenthaltsort seines Freundes befragt. Er gab erst ausweichende Antworten und verwickelte sich in Widersprüche. Aber die Kriminalisten wussten, dass sie auf der richtigen Fährte waren. Das Muttersöhnchen wurde verhaftet und zur Polizeistation gebracht. Dort musste sich der junge Mann entkleiden, und auf der Hemdmanschette entdeckte man einen Blutfleck. Diese Blutspur musste untersucht werden. Vermutlich handelte es sich um die Blutgruppe des verschwundenen Komplizen.

Dem Mörder gelang es jedoch, diese Manschette vom Hemd zu reissen und in den Mund zu stecken. Der Verbrecher wusste, dass dieses Corpus delicti ihn schwer belasten würde. Nach diesem unappetitlichen Zwischenfall – der «Perückenmann» konnte den Stoffetzen nicht mehr schlucken – brach er zusammen und legte ein Geständnis ab. Er führte die Kriminalisten zum Tatort; der blutbefleckte Schnee wurde in Gurkengläsern verwahrt. Der Gerichtsmediziner konnte daraus die Blutgruppe bestimmen.

Noch aber fehlte das Opfer. Die Müllhalde hatte sich pro Tag um 15 Meter vergrössert, und sie musste abgebaut werden. Zwei Caterpillar waren rund um die Uhr im Einsatz, und es dauerte Tage, bis man auf den Toten stiess. Der Gerichtsmediziner stellte bei der Obduktion die Todesursache fest. Die Tatwaffe, ein Trommelrevolver, wurde im Flussbett in der Nähe des Müllabladeplatzes gefunden – die Akten lagen bald auf dem Tisch des Staatsanwaltes.

Sie konnten rasch geschlossen werden, denn das Urteil der Geschworenen lautete auf «lebenslänglich»! Mit dem «Perückentrick» hatte die Geschichte begonnen, mit dem Genickschuss wollte der Mörder alle Probleme beseitigen. Nur der Zufall hatte ihm einen Strich durch die Rechnung gemacht – der lehmige Boden war eine jener nicht einzukalkulierenden Tatsachen, die auch ein nahezu perfekt ausgeklügeltes Verbrechen unmöglich machen.

# Der Fingerabdruck

Vor etwa 100 Jahren schrieb der in der indischen Provinz Hoogly tätige britische Verwaltungsbeamte William J. Hershel an den Generalinspekteur der Gefängnisse von Bengalen folgenden Brief: «Hiermit übersende ich Ihnen eine Arbeit über eine neue Methode zur Identifizierung von Personen. Sie besteht aus dem stempelartigen Abdruck des rechten Zeige- und Mittelfingers. (Der Einfachheit halber werden nur diese beiden Abdrücke genommen.) Zur Herstellung der Abdrucke dient gewöhnliche Stempelfarbe... Das Verfahren, einen Abdruck zu nehmen, ist kaum schwieriger als die Herstellung eines Abdruckes von einem gewöhnlichen Bürostempel. Ich habe das Verfahren an Gefangenen, sowie im Standesamt und bei der Auszahlung von Pensionen nunmehr seit etlichen Monaten erprobt und bin auf keine praktischen Schwierigkeiten gestossen. Jede Person, die gegenwärtig in Hoogly ein Dokument amtlich ausfertigen lässt, muss ihr Fingerzeichen herstellen lassen. Bisher hat noch niemand die Prozedur verweigert. Ich glaube, wenn man das Verfahren allgemein einführen würde, wäre ein für allemal den Identitätsschwindeleien ein Ende gesetzt... Ich habe im Laufe der letzten 20 Jahre Tausende von Fingerabdruckblättern hergestellt und bin jetzt fast stets in der Lage, Personen auf Grund der Abdrucke zu identifizieren...»

Seit damals hat sich der Fingerabdruck seinen festen Platz in der Kriminalität erobert – um die Jahrhundertwende war der Daktyloskopie der grosse Durchbruch gelungen. Dieser Name stammt aus dem Griechischen und bedeutet «Fingerschau» (daktylos – Finger, skopein – schauen) und wurde erstmals vom Südamerikaner Juan Vucetich geprägt. Vucetich, ein gebürtiger Dalmatiner, war damals bei der Zentralpolizei in Buenos Aires tätig und hatte bereits im Jahre 1892 aufgrund einer blutigen Fingerspur einen Mörder überführt.

Um es mit Ben Akiba zu sagen – alles ist schon einmal dagewesen! Auch der Fingerabdruck. Assyrer und Babylonier hatten schon um das Jahr 2200 vor Christi ihre Fingerkuppen auf Tontafeln geprägt. Auf prähistorischen japanischen Töpferwaren, auf altrömischen Ziegeln und Bruchstücken von Vasen konnten Fingerabdrücke festgestellt werden. Nicht durch Zufall waren diese «prints» entstanden, sondern bewusst als Merkmal hatte man sie aufgedrückt. Sicherlich liess die technische Ausführung manchen Wunsch offen, denn die biologischen Unterschiedsmerkmale oder gar eine wissenschaftliche Auswertung waren noch nicht bekannt. Man frönte vielmehr dem Prinzip der persönlichen Berührung, oder eine Handlung wurde sanktioniert.

William J. Hershel war durch Zufall auf den Fingerabdruck aufmerksam geworden: Durch den ständigen Verkehr mit der einheimischen Bevölkerung bekam er Verträge zu Gesicht, die statt einer Unterschrift die Fingersiegel des Hindus aufwiesen. In diesen Abdrücken erkannte der britische Verwaltungsbeamte bald ein brauchbares Identifizierungsmerkmal. Um den Identitätsschwindeleien bei Rentenauszahlungen begegnen zu können, ordnete Hershel gleichsam als «Unterschrift» die Abdrücke von Zeige- und Mittelfinger an. Derart entstand eine umfangreiche Fingerabdruckkartei; sie sollte später die Grundlage für wissenschaftliche Untersuchungen bilden.

Zur gleichen Zeit hatte der in Japan tätige schottische Arzt Henry Faulds auf den Identifizierungswert der Fingerabdrücke hingewiesen. Auch er verfasste eine Anleitung zur Abnahme von Fingerabdrücken. Der berühmte britische Anthropologe Sir Francis Galton befasste sich ebenfalls mit dem Problem der «prints». Schon im Jahre 1888 hatte der Wissenschafter folgende Fakten herausgearbeitet:

- Die auf den Fingerbeeren vorhandenen Papillarlinienmuster und Merkmale sind bei jedem Menschen verschieden.
- Diese Merkmale sind von Natur aus unveränderlich.
- Die Muster sind so verschieden, dass eine Klassifizierung und Registrierung von Fingerabdrücken möglich ist.

A

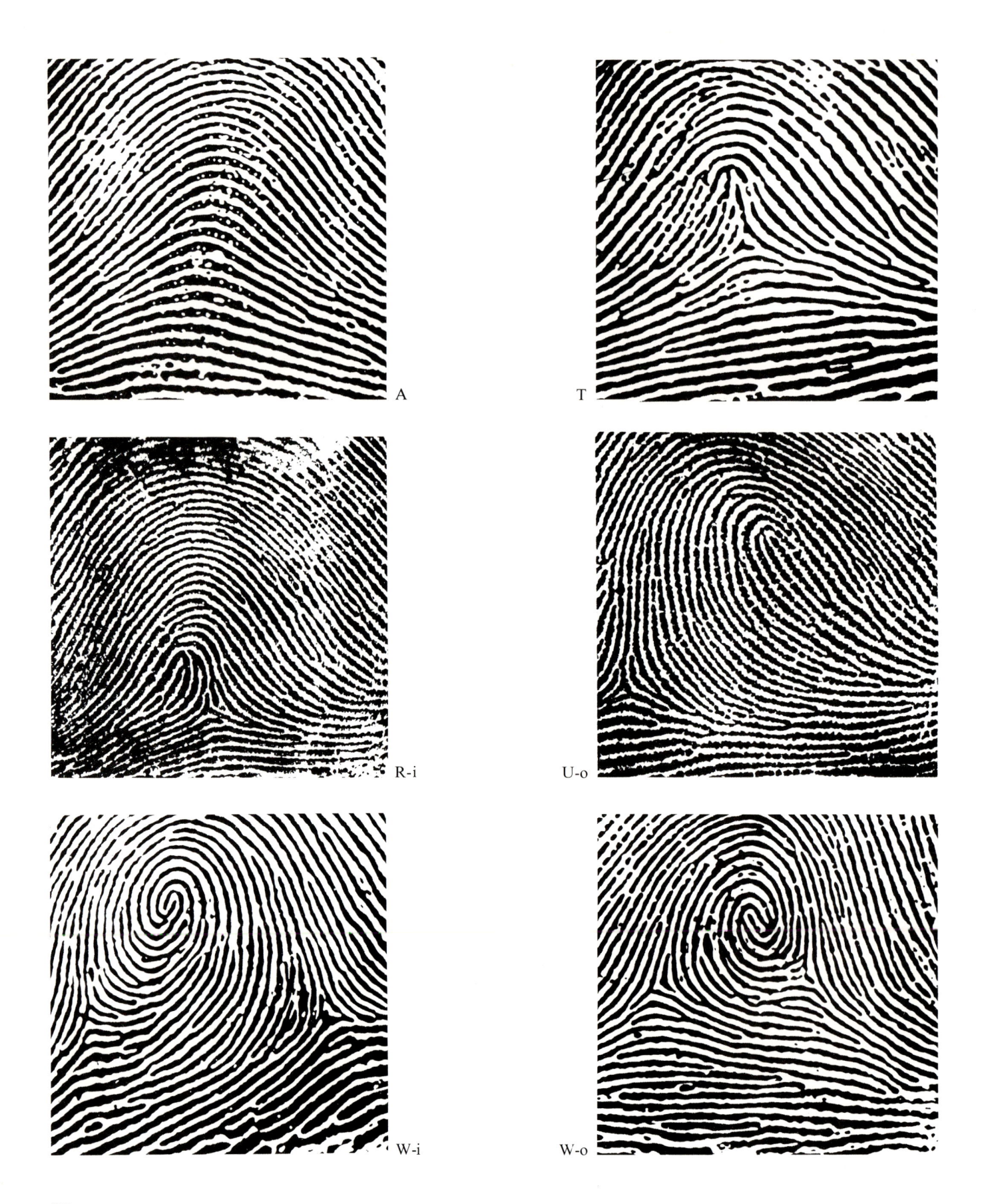

T

R-i

U-o

W-i

W-o

Edward Henry, ein Kollege und Nachfolger Hershels in Bengalen, hatte sich schon während seiner Dienstzeit in Indien mit den Forschungsarbeiten Sir Francis Galtons beschäftigt und ein zuverlässiges Klassifizierungssystem ausgearbeitet, das er im Jahre 1899 einer wissenschaftlichen Kommission vorlegte. Dieses Verfahren trat um die Jahrhundertwende seinen Siegeszug um die Welt an.

An den Grundlagen der Daktyloskopie hat sich bis heute nichts geändert. Die modernen Forschungsergebnisse bestätigen die Einmaligkeit des Papillarlinienbildes mit allen seinen anatomischen Merkmalen. Mit anderen Worten: es gibt keine zwei Menschen mit den gleichen Fingerabdrücken. Das Papillarlinienbild ist von der Geburt bis zum Tode des Menschen von Natur aus unveränderlich. Auch durch Verletzungen der Oberhaut, wie leichte Verbrennungen, Verätzungen, Blasenbildungen und Hautabschürfungen, wird es nicht verändert. Die Papillarlinien wachsen in der ursprünglichen Art wieder nach. Lediglich eine Verletzung der Keimschicht der Haut führt zur Narbenbildung und kann dadurch das Papillarlinienbild teilweise oder gänzlich zerstören.

Nur in der Frage, wie viele anatomische Merkmale neben dem Gesamtpapillarlinienbild in ihrer Erscheinungsform und Lage zueinander in den vergleichbaren Abdrücken übereinstimmen müssen, damit der Identitätsnachweis erbracht ist, gibt es verschiedene Auffassungen. In Mitteleuropa sind zwölf anatomische Merkmale in der Tatortspur und im Vergleichsabdruck erforderlich. In einigen wenigen Ländern genügen schon acht übereinstimmende anatomische Merkmale, in anderen Ländern, wie etwa in England, sind 16 übereinstimmende anatomische Merkmale notwendig.

Wie entsteht nun ein Fingerabdruck? – Jede Papille auf der Fingerbeere weist einen Kanal

Anatomie eines Fingerabdrucks: A = Arcus (Bogen-Muster), T = Tannen (T-Muster), R = Radialschlinge, U = Ulnarschlinge (rechte Hand) und W = Wirbel-Muster. Für das Zehn-Finger-System gibt es diese fünf Grundmuster.

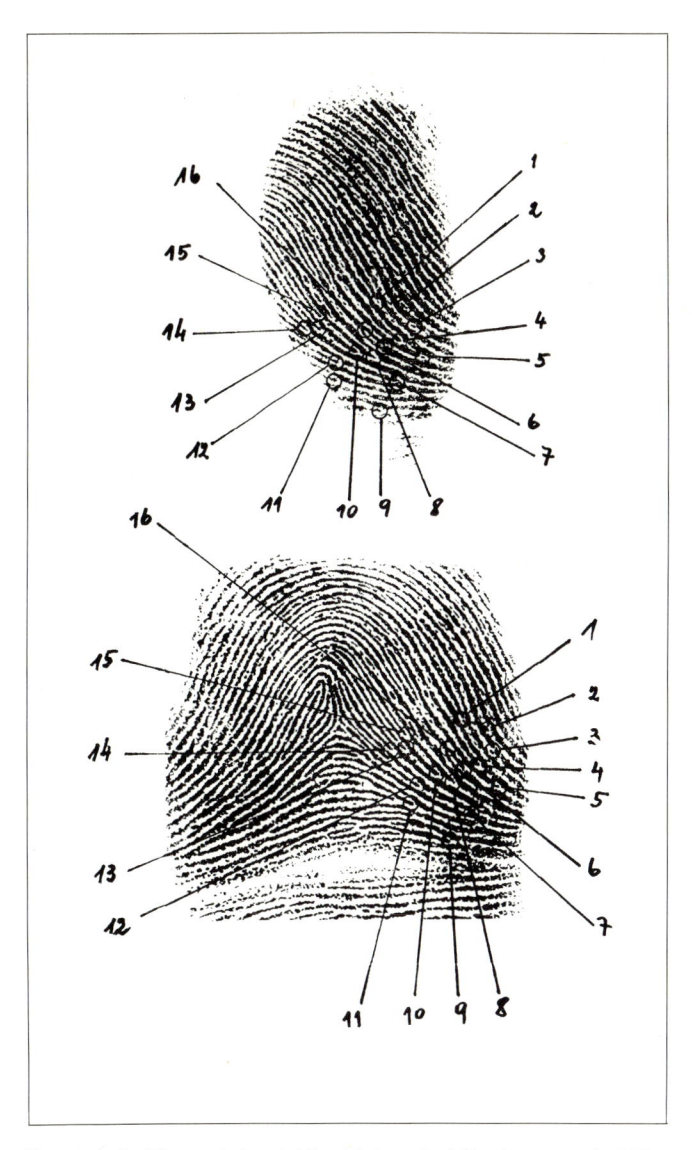

So wird ein Fingerabdruck klassifiziert. In Mitteleuropa sind 12 anatomische Merkmale neben dem Gesamtpapillarlinienbild in ihrer Erscheinungsform und Lage zueinander in Tatortspur und Vergleichsspur als Indiz erforderlich.

auf, der mit den Schweissdrüsen unter der Haut in Verbindung steht. Wird nun ein Gegenstand mit der blossen Hand berührt, erfolgt von den einzelnen Papillen eine Übertragung der Schweisspartikelchen auf diesen Gegenstand, und zwar in der Lage und Form der Papillarlinien mit ihren anatomischen Merkmalen.

Der Fingerabdruck kann auf einfache Weise sichtbar gemacht werden: Fettfreies, feinkörniges Pulver wird mit einem feinhaarigen Pinsel über jene Stelle gestrichen, wo man den Fingerabdruck vermutet. Dann wird «ausgepinselt», wie der Fachausdruck lautet. Das Pulver bleibt auf den abgesonderten Schweisspartikelchen haften; der Fingerabdruck wird sichtbar. Er wird mit einer Folie abgezogen und gesichert. Diese Folie wurde nach dem Ersten Weltkrieg von einem Wiener Daktyloskopen entwickelt. Hatte man früher beispielsweise an einem Fensterstock in Höhe der Oberlichte einen Fingerabdruck entdeckt, dann musste dieser «print» erst umständlich photographiert werden. Für die klobige, schwere Kamera wurde ein Gerüst mit einer Plattform aufgestellt, um den Fingerabdruck auf die Platte bannen zu können. Mit Hilfe der Folie aber wird der Fingerabdruck «abgezogen» – man kann die Tatortspur ins Laboratorium mitnehmen.

Viele Spuren sind daktyloskopisch unbrauchbar, weil sie nur als Schmutzspur oder Wischspur vorhanden sind. Für das Zehn-Finger-System gibt es fünf Grundmuster: A = Bogenmuster; T = Tannenmuster; R = Radialschlinge (Schlingmuster); U = Ulnarschlinge (Schlingmuster); W = Wirbelmuster. Bei der Klassifizierung bekommt jeder der zehn Finger einen bestimmten Zahlenwert zugeteilt. Daraus wird der Zahlenbruch errechnet und mit dem Original-Zehn-Finger-Abdruck in der Kartei abgelegt. In günstigen Fällen sind es nur wenige Blätter, die verglichen werden müssen; auf Anhieb ist dann der Täter zu identifizieren. Im ungünstigen Fall allerdings müssen Hunderte Blätter durchgesehen werden; eine Arbeit, die Wochen dauern kann. Oder man findet den Abdruck überhaupt nicht, weil der Täter in der Kartei noch nicht «einliegt» – er war erkennungsdienstlich noch nicht behandelt.

Wenn Ganoven «Klavier spielen» müssen. Der mit Druckerschwärze eingefärbte Daumen hat soeben sein Signalement dem Grundbogen aufgeprägt. Das mittlere Bild zeigt das Abnehmen des Mittelfinger-Abdrucks und nach diesem «Klavierspiel» sieht man jede Papillarlinie ganz genau. 1,2 Millionen solche Blätter sind bei der Wiener Polizei im Archiv. Und oft wird über Interpol ein solches Fingerabdruck-Photo über Ozeane und Kontinente gefunkt.

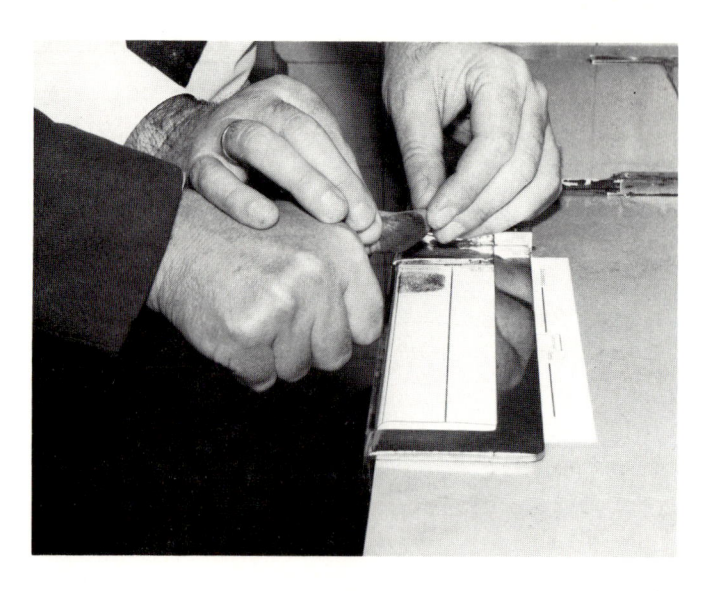

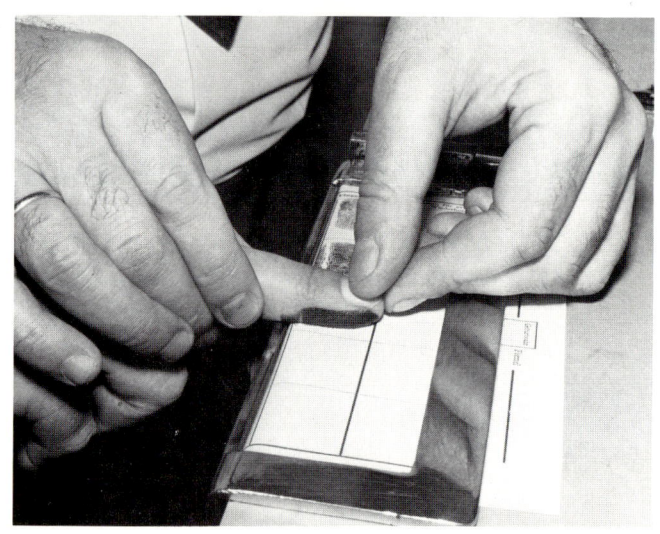

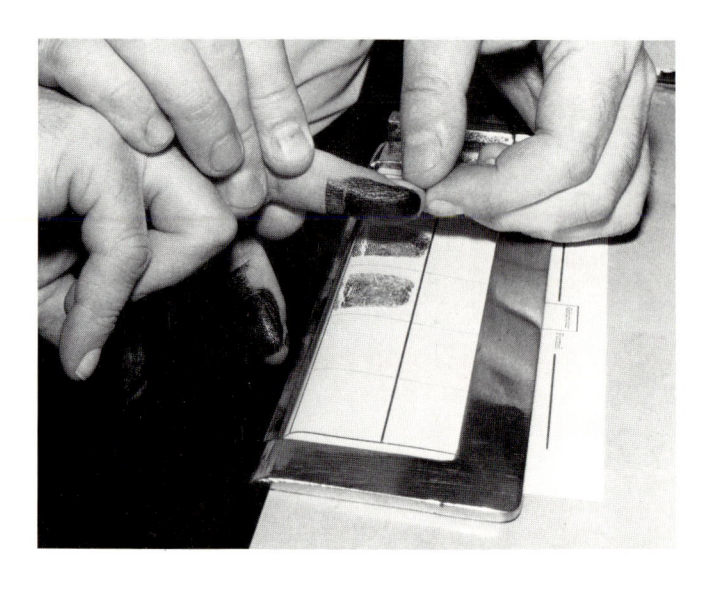

Die Experten verwenden ein Gerät, mit dem die Tatort-Abdrücke mit den «prints» aus der Kartei verglichen werden können. Die Abdrücke werden auf das Sechsfache vergrössert und auf einen Schirm projiziert. So entfällt die anstrengende Vergleichsarbeit mit der Lupe. Nächstens wird der Computer dem Fingerabdruckspezialisten die Suche erleichtern. Für die maschinengerechte Klassifizierung der Fingerabdrücke sind neue Computerprogramme erforderlich. Vermutlich mit einem Stichtag wird die elektronische Datenverarbeitungsanlage mit den Neuzugängen an «prints» und deren Kennziffern gefüttert werden. Kontinuierlich wird die elektronische Datenbank dann aufgestockt. Die «Stammkunden» natürlich werden dem Speicher bevorzugt eingegeben. So löst dann allmählich ein Archivierungssystem das andere ab...

Neben der Zehn-Finger-Kartei gibt es dann noch die sogenannte Mono-Kartei, die Einzelfinger-Sammlung. Diese zweite daktyloskopische Registratur dient der Erfassung eines oder mehrerer auf dem Tatort sichergestellter Einzelabdrücke. Für diese Einzelfingerabdruck-Sammlung werden auch die Abdrücke beider Handflächen abgenommen. Für die Klassifizierungsformel steht nur ein Finger zur Verfügung. Es ist an der Tagesordnung, dass bei wichtigen Fahndungen die Photos solcher Fingerabdrücke via Bildfunk über Grenzen und Kontinente geschickt werden.

Der Fingerabdruck ist das ideale Identifizierungsmerkmal. Erst kürzlich wurde in einem Nobelhotel in der Bundesrepublik Deutschland ein «Amerikaner» verhaftet, weil er die Zeche nicht bezahlen konnte. Der Mann sprach nur Englisch und gab keine Auskunft. Da der Unbekannte auch mit ungedeckten Schecks operiert hatte und über verschiedene Reisepässe verfügte, wurde er erkennungsdienstlich behandelt. Er musste «Klavier spielen»: Der Reihe nach wurden die «prints» genommen, und als man auf dem Karteiblatt den Zahlenbruch errechnet hatte und routinemässig in der Kartei Nachschau hielt, wurde mit einemmal sein Name offenkundig: Es handelte sich um einen vor Jahrzehnten nach Übersee ausgewanderten Mann aus Westfalen, der ein neues Leben begann und einen falschen Namen annahm.

So geschickt der Fälscher die Dokumente auch zurechtfrisiert haben mochte – der Fingerabdruck brachte Klarheit. Selbst eine Vielfalt falscher Namen nützt nichts. Die charakteristischen Merkmale, die Lage der Schlingen, Wirbel und die sonstigen unveränderlichen Charakteristika des wohl einmaligen Papillarlinienbildes mit allen seinen Anomalien und Besonderheiten lässt den Schwindel platzen – die zwölf anatomisch gleichen Merkmale erbringen den Beweis.

# Der «elektrische Stuhl»

Das Photoalbum ist die Chronik der Familie. Die Bilder sind mit Klebeecken versehen. Zu den entsprechenden Motiven gibt es schriftliche Erläuterungen. Vom rosigen, sich auf dem Bärenfell räkelnden Baby über die Taufe bis zum ersten Schultag, von der Konfirmation über Ferien, erste Jugendliebe bis zur Hochzeit spannt sich der Bogen. Kinder und Kindeskinder sind in diesem Album zu finden. Eine Lichtbildersammlung, die man immer wieder mit Interesse durchblättert. Generationen haben gerne vor der Photolinse posiert.

Für die «kriminelle Bildersammlung der Polizei» allerdings ist kein Posieren notwendig, denn es gibt nur drei Motive in Form eines dreiteiligen Bildes: Kopf im Rechtsprofil mit unbedecktem Ohr (auch bei Frauen); Kopf von vorne – Brillenträger sind bei dieser Aufnahme mit Brille zu photographieren – und Kopf im linken Halbprofil. Ohr und Nase, überaus wichtig für die Identifizierung, müssen gut sichtbar sein. Und damit diese drei Motive auch vollkommen zur Geltung kommen, gibt es den «elektrischen Stuhl in der Photozelle».

Es handelt sich dabei um einen Drehsessel, der über Zugseil und Rutschkupplung mit Knopfdruck bedient wird. Ein 0,25 PS starker Elektromotor dreht den Sessel jeweils in die gewünschte Richtung, und ein Streifen mit Ort, Datum und Nummer des Häftlings wird ebenfalls gleichzeitig in das Negativ einkopiert. Die Bilder sind deshalb anonym, damit niemand vom Namen beeinflusst werden kann. Nur der Kriminalbeamte hat Einsicht in den Grundbogen, der alle Personalien des Betreffenden enthält und umfassende Auskunft gibt.

Ein Photo, das einen «Kunden» in der Häftlingskluft zeigt, erfüllt kaum den Zweck, denn im Häftlingsanzug wird er kaum unterwegs sein und als Hochstapler auftreten. Deshalb darf der Untersuchungshäftling in ein weisses Hemd schlüpfen. Drei Krawatten stehen ihm zur Auswahl. An einer Schnur hängt ein Kamm; sonst könnte er verschwinden. Auch ein Elektrorasierer steht zur Verfügung. Da manche Ganoven nicht nur im Leben, sondern auch vor der Kamera eine schlechte Haltung haben, ist die Rückenlehne verstellbar: Man muss kerzengerade auf dem «elektrischen Stuhl» sitzen, ein daumendicker Pfropfen sorgt dafür, dass der Kopf nicht von der Lehne verdeckt wird. Die Form des Schädels muss deutlich sichtbar sein.

Vor etwa hundert Jahren hat der geniale Alphonse Bertillon diese «kriminelle Photographier-Methode» erfunden und ihr weltweit zum Durchbruch verholfen. Als Schreiber in der Pariser Polizeipräfektur nur geduldet, hat er später die Grundlage für die erkennungsdienstliche Behandlung geschaffen und die alten Erkenntnisse der Anthropologen, dass die Körpermasse eines Menschen mit den anderen nie übereinstimmen, in die Realität umgesetzt. Allerdings war für diese Methode ein millimetergenaues Messen erforderlich. Dafür hatte Bertillon ein eigenes Messkabinett eingerichtet. Seine Ganzheit-Messmethode wurde später durch die Daktyloskopie abgelöst...

Die Lichtbildersammlung aber ist geblieben. Man hat sie nach bestimmten Kriterien geordnet. Das Kategorienverzeichnis soll schlagwortartig über die Vielfalt der Delikte Aufschluss geben: Auslagendiebe; Auslageneinbrecher; Autodiebe; Automateneinbrecher; Banknotenfälscher und Falschgeldverbreiter; Betrüger; Stoffnepper; Trickbetrüger; Darlehens- und Kreditbetrüger; Diebe aus Bibliotheken, Museen und Ausstellungen; Autoeinbrecher; Einbrecher; Einbrecher-Mauerdurchbrecher; Einbrecher bei Juwelieren; Einmietebetrüger; Einmietediebe; Einschleichdiebe; Einsteigdiebe; Erpresser; Diebe in Eisenbahnzügen; Fahrraddiebe; falsche Amtsorgane; Falschspieler und Hasadeure; Fälscher; Fledderer; Gelegenheitsdiebe; Geschäftseinbrecher; Gewalttäter; Hehler; Heiratsschwindler; Hochstapler; Hoteldiebe; Kasseneinbrecher; KFZ-Beschädiger; Kellereinbrecher; Kioskeinbrecher; Kirchen- und Opferstockdiebe; Kofferdiebe; Ladendiebe; Mörder; Moped-, Motorroller- und Motorraddiebe; Räuber; Ratenbetrüger;

Scheckbetrüger; Tankstelleneinbrecher; Taschendiebe; Urkundenfälscher; Versicherungsbetrüger; Villeneinbrecher; Wilddiebe; Wohnungsbetrüger aller Art; Wohnungsdiebe; Wohnungseinbrecher; Zechpreller; Zuhälter und Kuppler; Exhibitionisten; Schänder und Sexualattentäter.

Das ist nur eine kurze Übersicht, die ich bei meiner Recherche notierte. Wird beispielsweise eine Frau in ihrer Wohnung überfallen und ausgeraubt, dann versucht man zuerst einmal über die Lichtbildersammlung weiterzukommen. Je genauer die Personenbeschreibung, desto schneller kommt man ans Ziel, denn jede Karte ist für sich wieder vielfach spezialisiert. Die Photos werden gesichtet, und in vielen Fällen kann der Täter eindeutig identifiziert werden. Das Weitere ist die Aufgabe der Fahndung. Es werden auch andere Steckbriefphotos ausgesucht und ins Spiel gebracht, aber so mancher «Verdächtige» hat ein perfektes Alibi – zur Zeit der Tat sass er im Kittchen und büsste wieder einmal eine Strafe ab. So erfüllt die Kartei gleich einen doppelten Zweck: Sie hilft mit, den Schuldigen zu überführen, beim Schuldlosen sorgt sie für die Rehabilitierung.

Der französische Anthropologe Alphonse Bertillon (1853–1914) ist der Vater der Verbrecher-Identifizierung. Um das Konterfei des Ganoven für die Lichtbildersammlung der Polizei möglichst einheitlich herzustellen, wird ein dreiteiliges Bild angefertigt. Kopf mit Rechtsprofil, Kopf von vorne und Kopf mit Linksprofil. Der Bertillonsche Stuhl wird auf Knopfdruck elektrisch gedreht.

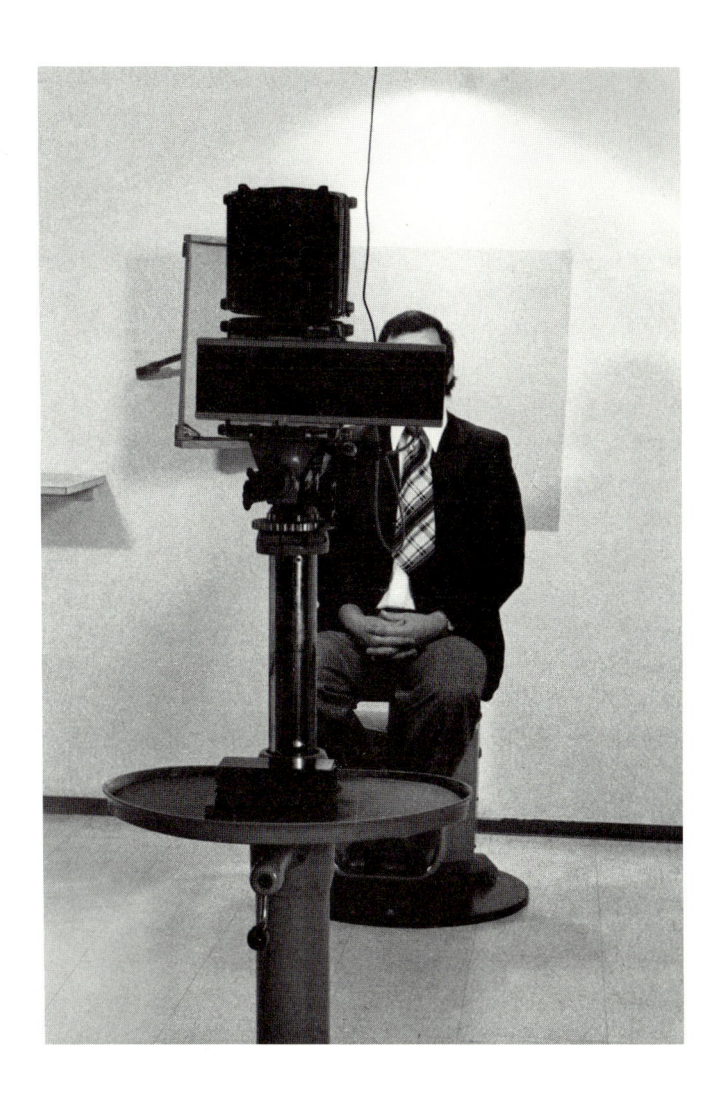

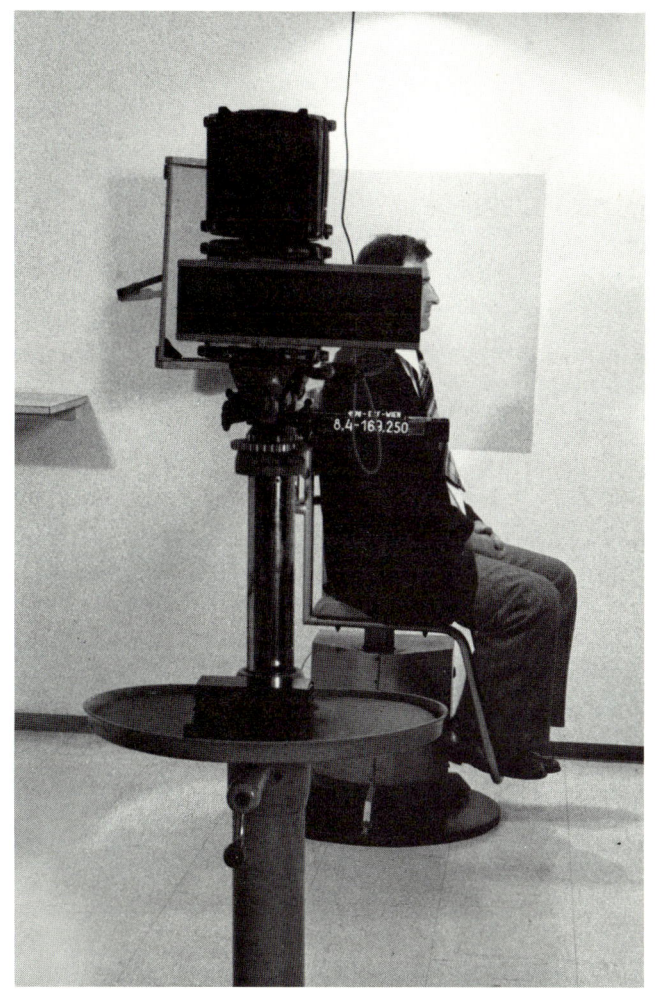

95

# Alcotest aus dem Computer

Die kreisrunde Plattform mit den vielen Ampullen rückt immer ein Stück weiter. Dabei macht die komplizierte Maschine einen tiefen Atemzug, und dieser «Schnaufer» entscheidet über manches Autofahrerschicksal. Jeweils 30 Blutproben werden mit unbestechlicher Gründlichkeit auf ihren Alkoholgehalt untersucht. Die Auswertung besorgt ein Computer, der erste der Welt, der diesen verantwortungsvollen Job durchführt. Dieser Blutproben-Roboter steht im Wiener Gerichtsmedizinischen Institut.

Die Automation ist aus dem Alltag nicht mehr wegzudenken. Auch in vielen Bereichen der Medizin hat sie ihren Einzug gehalten. Der «elektronische Bibliothekar» fingert mit Hilfe eines programmierten Schlagwortkatalogs jede gewünschte Publikation heraus, in der Intensivstation sieht der Computer nach dem Rechten, in der Neurochirurgie hat die Datenverarbeitung ihren festen Platz, und neuerdings hat sich auch der Elektronenrechner im Chemielabor etabliert.

Der wissenschaftliche Name dieser komplizierten Apparatur: Perkin-Elmer-F-40-Multifract-Gaschromatograph. Diese Maschine zerlegt die «eingeatmeten» Proben in ihre Bestandteile, und die Werte werden direkt automatisch aufgezeichnet, über den Computer gespeichert, dann umgerechnet und von einer elektrischen Schreibmaschine für die Analyse ausgedruckt.

Die Analyse ist das Protokoll. Keine Menschenhand hat dabei etwas zu tun. Nur die Namen müssen eingesetzt werden. Aber auch bei diesem Vorgang sind Verwechslungen ausgeschlossen.

Die Vorgangsweise: Der «Blutalkohol-Automat» zerlegt die Proben. Bis zu zehn Komponenten können nachgewiesen werden. In einem elektrisch aufgeheizten Wasserbad, bei der konstanten Temperatur von 60 Grad, verdampfen die im Blut befindlichen, flüchtigen Substanzen. Diese Bestandteile können nachgewiesen werden. Zuerst wird Acetaldehyd «flügge» und dieses Stoffwechselprodukt des Alkohols der Menge nach bestimmt. Bei Diabetikern werden manchmal grössere Mengen Aceton nachgewiesen. Zum Schluss verdampft der Alkohol.

Auch Fäulnisalkohole können bestimmt werden; nur zu oft müssen tote Verkehrsteilnehmer auf ihren Promillegehalt untersucht werden. Wenn die Ampullen aber zu lange in den Schreibtischladen der Polizei liegen, kommt es zu Bildung von Fäulnisalkohol. In manchen Fällen gibt der Roboter auch darüber Auskunft, ob der «Delinquent» (bei dem mitunter echte Erinnerungslücken auftreten) Schnaps, Cognac, Bier oder Wein getrunken hat. Dies wird an den Aromastoffen festgestellt.

Im Detektor werden die gemessenen Werte in elektrische Signale umgesetzt, der Computer sucht und filtert diese Signale heraus: Ununterbrochen, zehnmal in der Sekunde, fragt er ab, speichert, sortiert und registriert jeweils den höchsten Wert des Schreiberausschlages. Der Elektronenrechner ist nicht grösser als ein Handkoffer, ein kompakter Klein-Computer der dritten Generation, geradezu ideal für die Arbeit im Labor. Über die elektrische Schreibmaschine kann man mit der Anlage ein Frage- und Antwortspiel abführen; das Gerät eignet sich auch für die Untersuchung von Schlafmittelvergiftungen. Der Vorteil liegt auf der Hand: Das Ergebnis muss binnen weniger Minuten vorliegen, wenn geholfen werden soll.

Der österreichische «Promille-Schnaufer» behandelt alle Proben gleich; er kennt keine Unterschiede. Sollte ein Fläschchen schlecht gefüllt sein, schlägt der Computer Alarm. Für jeden Arbeitsgang sind mannigfaltige Sicherungskontrollen eingebaut. Mit anderen Worten: Bei seiner verantwortungsvollen Tätigkeit guckt er sich selbst auf die Finger. Irrtümer sind ausgeschlossen.

Der bekannte Wiener Gerichtschemiker Universitätsprofessor Dr. Gottfried Machata ist der geistige Vater dieser neuen Untersuchungsmethode: Er gab der Industrie die entscheidenden Denkanstösse für die Konstruktion des «Promille-Schnüfflers». Bald hatte die Apparatur die Serienreife erreicht. Die CSSR führte nach der

Wiener Alcotest-Premiere als erstes Land dieses Verfahren als offizielle Methode ein. Seither arbeiten in vielen Staaten – man kann sagen weltweit – die automatisierten Alcotestgeräte.

«Der steigende Arbeitsanfall hat mich auf diesen Gedanken gebracht», erzählte Professor Machata. «Es waren immer die gleichen Handgriffe, die man machen musste. Der Gedanke für die Automatisierung lag nahe. Der Grad der Alkoholisierung zeigt leider steigende Tendenz. Für Mitteleuropa kann man den Wert von 1,7 Promille annehmen!»

Derzeit werden etwa 5000 Blutproben im Jahr untersucht; die Maschine aber hat eine Kapazität von 12000 «Schnaufern». Die Ergebnisse werden immer kreuz und quer gerechnet, jedesmal gibt es die mehrfache Gegenprobe. Leider braucht sich der Apparat über Arbeitsmangel nicht zu beklagen.

Die Polizei hat dem Alkohol im Strassenverkehr den Kampf angesagt – ohne betrunkene Kraftfahrer würde die Unfallbilanz ein anderes Gesicht haben. Durch Alkohol wird die Gefahr unterschätzt, denn schon eine geringe Beeinträchtigung verändert das Persönlichkeitsbild. Mit anderen Worten – die Tätigkeiten des Kraftfahrers ändern sich in wichtigen Punkten:

- Das subjektive Leistungsgefühl steigt deutlich.
- Das Auffassen von Sinneseindrücken sowie die Verarbeitung der Sinneseindrücke wird stark beeinträchtigt.
- Das Anpassen an wechselnde Situationen wird schwieriger und erfordert mehr Zeit.
- Bewegungsdrang, Leichtsinn, Sorglosigkeit und Risikobereitschaft erhöhen sich in gefährlicher Art und Weise.
- Die Fähigkeit, sich über einen längeren Zeitraum zu konzentrieren, geht stark zurück. Es fehlt an der Bereitschaft zur im Strassenverkehr nötigen Ernsthaftigkeit.
- Das Erkennen mehrerer gleichzeitig ablaufender Vorgänge und das Koordinieren sowie das

Der Alco-Test-Computer. Links der Gaschromatograph, in dem die Proben automatisch untersucht werden. In der Mitte die Elektronik und rechts der mit der Maschine gekoppelte Protokolldrucker.

richtige Einschätzen dieser Geschehnisse wird nicht mehr bewältigt.
- Eine Verlängerung der Reaktionszeit tritt ein – bei einem Promille schon um 100 Prozent.
- Bewegte Gegenstände können durch die nicht mehr exakte Beweglichkeit der Augen nur mehr ungenau erkannt oder fixiert werden.

Die Gefahr steigt in beträchtlichem Masse mit der zunehmenden Alkoholisierung. Bei 0,5 Promille etwa die doppelte Gefahr, bei 0,8 Promille die vierfache Gefahr, bei 1,0 Promille etwa die siebenfache Gefahr, bei 1,2 Promille die neun- bis zwölffache Gefahr, bei 1,3 Promille die elf- bis fünfzehnfache Gefahr, bei 1,4 Promille die etwa dreizehn- bis zwanzigfache Gefahr und ab 1,5 Promille die etwa sechsunddreissigfache Gefahr. Ab 0,5 Promille steigt das Risiko in einer steilen Kurve an, das zeigt die mittlerweile berühmt gewordene, in der Stadt Grand Rapids (200 000 Einwohner) im amerikanischen Bundesstaat Michigan durchgeführte Studie. Ihre Aussage:

11 Prozent aller Fahrer waren betrunken. Sie verursachten jedoch 20 Prozent aller Unfälle. 3 Prozent aller Lenker fuhren mit mehr als 0,5 Promille, verursachen jedoch 15 Prozent aller Unfälle. 1 Prozent aller Lenker hatte ein Promille Blutalkohol, verursachen jedoch nahezu 10 Prozent aller Unfälle. Nur 0,15 Prozent aller Fahrer weisen einen Alkoholspiegel von mehr als 1,5 Promille auf: Diese Minderheit aber verursachte jedoch 6 Prozent der gesamten Unfälle.

Aus diesem Licht betrachtet, kann der Kampf der Polizei gegen den alkoholisierten Lenker gar nicht hoch genug eingeschätzt werden. Die Exekutive hat die Aufgabe, diese gemeingefährlichen Fahrer aus dem Verkehr zu ziehen. Den Grad der Alkoholisierung bestimmt der Automat, und aufgrund des vielfach abgesicherten Programms und der verfeinerten Untersuchungsmethode ist der Alcotest unentbehrlich. Sein Ergebnis gibt den Juristen und der Verwaltung die Möglichkeit, dem Betreffenden den Führerschein abzunehmen.

## Die Pistole in der Handtasche

Das Bild, das man sich im allgemeinen von der Kriminalbeamtin macht, ist meist falsch. Die Polizistin im eleganten Frühjahrskostüm betreut nicht nur Minderjährige und versucht, aus tatverdächtigen Kindern die Wahrheit herauszubekommen. Sie wird vielmehr in die wesentlichsten Aufgaben des Kriminaldienstes integriert und ist aus dem modernen Polizeibetrieb nicht mehr wegzudenken.

Es hat sich gezeigt, dass weibliche Kriminalbeamte bei der Fahndung nach anarchistischen Gewaltverbrechern ausgezeichnete Erfolge haben. Seit Wochen ist die Kommune untergetaucht. Ein Banküberfall, zwei geplünderte Kassen in einem Supermarkt, vier Autodiebstähle und noch einige andere Delikte sind verübt worden. Von der Bande fehlt noch jede Spur. Der jungen Kriminalbeamtin aber blieb es vorbehalten, den verlorenen Faden wieder aufzunehmen. Sie hat die Verhältnisse in dem Wohnblock ausgekundschaftet und sogar Kontakte mit einem jungen weiblichen Bandenmitglied geknüpft. Dass die Kripo, unterstützt von Einheiten des Bundesgrenzschutzes und der Polizei-Alarmabteilung im Morgengrauen die Bande ausheben konnte, ist eigentlich ihr Verdienst.

Auch in der Rauschgift-Kriminalität hat die Frau Kollegin Lorbeeren verdient. Sie schleuste sich geschickt in den Kreis der Konsumenten ein, konnte die Bekanntschaft mit einer drogenabhängigen Oberschülerin machen und wird für komplizierte Observationsaufgaben eingesetzt. Dass man dann nicht nur die Letztverbraucher und die kleinen Händler, sondern auch das mittlere Management mit den internationalen Drahtziehern fassen konnte, ist ihrem Geschick zuzuschreiben.

Das Geheimnis dieses Erfolges liegt vielleicht in der weiblichen Psyche: «Dieser jungen Frau werde ich mich anvertrauen; bei ihr wird es so schlimm nicht sein!» mag sich mancher Straftäter gedacht haben…

Spezialisierte Damen sind im Einsatz, wie beispielsweise jene junge Frau Kommissar aus der Bundesrepublik Deutschland, die einige Jahre zuvor als Wirtschaftstreuhänderin gearbeitet hatte und dann zur Kriminalpolizei übergewechselt war. Sie bearbeitet jetzt Insolvenzen, klärt erfolgreich Subventionsvergehen auf, entlarvt vorzüglich getarnte Scheinfirmen und überführt Steuerflüchtige. Den Sinn ihrer kriminalpolizeilichen Tätigkeit umreisst sie mit folgenden Worten: «Wir müssen jenen Leuten auf die Schliche kommen, die volkswirtschaftlich viel schädlicher sind als Ladendiebe!»

So mancher heimlicher Buchmacher ist von der Kriminalbeamtin überführt worden. Und auch

Das starke Geschlecht elegant mit dem Judo-Griff auf die Matte geworfen – und nicht einmal die Frisur ist dabei in Unordnung geraten. Sowohl mit dem «Fräulein Inspektor» als auch mit der Kriminalbeamtin ist nicht gut Kirschen essen.

der gerissene Heiratsschwindler, der den männlichen Kollegen immer wieder geschickt durch die Netze schlüpfte, wurde von der bezaubernden jungen Dame, der er den Hof machte und schliesslich an ihr Bankkonto heranwollte, entlarvt. Von jener Frau, die ihn nach einem Fluchtversuch mit zwei Karateschlägen ausser

99

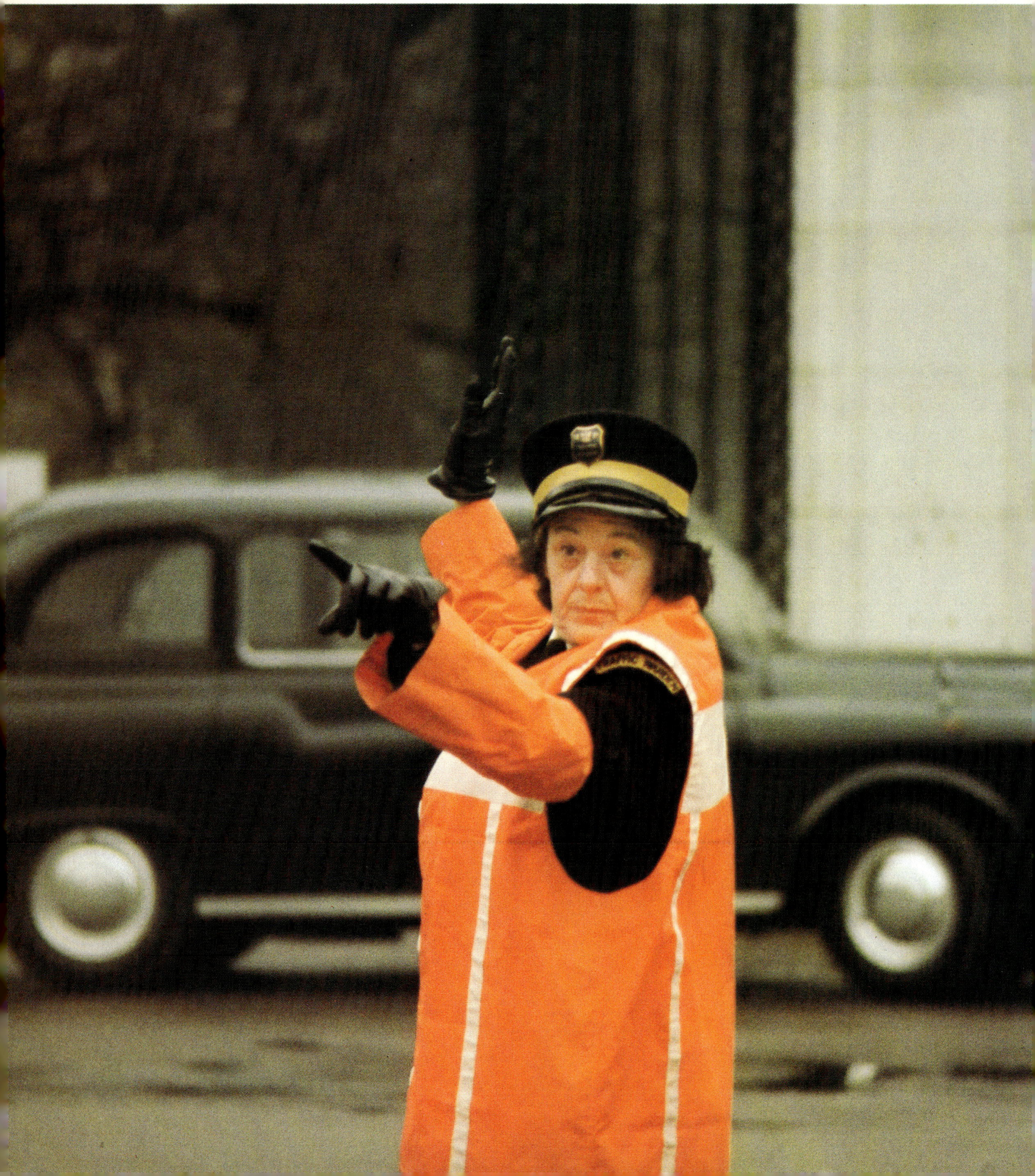

Strasse frei für den kleinen Mann...

◁ Die «Politessen» sind hauptsächlich zur Verkehrsüberwachung eingesetzt.

▷ Mit viel Charme löst sie ihre Aufgaben...

Auch undankbare Pflichten gehören in ihren Aufgabenbereich...

Gefecht setzte und bei der nächsten Polizeistation ablieferte.

Sie trägt die Pistole in einem Seitenfach ihrer Handtasche, und neben Lippenstift und Puderdose hat der Tränengas-Spray seinen Platz gefunden. Die Kriminalbeamtin ist sportlich durchtrainiert; im Schiessstand trifft sie meist ins Schwarze. Zur Schusswaffe hat sie eine eigene Beziehung: «Ich fühle mich nicht als Flintenweib», sagte sie in einer Diskussion. «Wenn wir aber mit unseren männlichen Kollegen eingesetzt werden, können wir ihnen nicht zumuten, uns zu schützen!»

Eine Studie aus den Vereinigten Staaten zeigt, dass die Kripo-Damen über gutausgeprägte Menschenkenntnis verfügen. Weibliche Beamte nehmen zwar weniger Verhaftungen vor als Männer; die von den Kolleginnen vorgenommenen Festnahmen führen jedoch annähernd zur selben Anzahl von Verurteilungen. Mit anderen Worten: Frauen verhaften seltener bei Bagatelldelikten.

Bei der Aufklärung von Sexualdelikten gibt es für die Kriminalbeamtinnen eine besonders hohe Erfolgsquote. Die Kripo-Dame vermag sich besser in die Psyche des Opfers zu denken. Von Frau zu Frau spricht es sich in den intimen Details oft besser. Manchmal spielt die Kriminalbeamtin den Lockvogel – das ist mitunter sehr gefährlich.

Die Kollegen vom starken Geschlecht helfen dabei. Die Kriminalbeamten werden vom Schminkmeister zurechtgemacht, modisch toupierte Perücken verdecken die Glatze, und die «Freundinnen» schlendern zu später Abendstunde durch den nur spärlich erleuchteten Park. Die Vorhut bildet die Kriminalbeamtin mit dem kleinen Sprechfunkgerät; wenn dann die Übermacht der Rocker-Bande zuschlägt, ist wenigstens annähernd das Gleichgewicht wiederhergestellt.

Wenn man von der überaus wichtigen weiblichen Kripo-Arbeit absieht – gemeingefährliche Gewalttäter ausser Gefecht zu setzen, bleibt den starken Männerfäusten vorbehalten…

# Der Polizei-Hubschrauber

Als im Sommer 1961 der von einer mächtigen, fünffach gekuppelten tschechischen Dampflokomotive gezogene Sonderzug des damaligen sowjetischen Ministerpräsidenten Chruschtschow im Schrittempo über die Grenzbrücke nach Österreich rollte, kurvte bereits ein Hubschrauber über der Szene. Der Helikopter blieb eine Viertelstunde in seiner Warteposition. Nach dem Lokwechsel setzte sich der Train wieder Richtung Wien in Bewegung. Gleichzeitig zog auch der Hubschrauber weg. Mittlerweile hatte ein anderer Helikopter im Drei-Minuten-Abstand vor dem Sonderzug die Strecke überflogen. Der Flugbeobachter stand mit dem Sicherheitsbeamten in ständiger Sprechfunkverbindung.

Und als der sowjetische Parteichef Breschnjew einige Jahre später bei einer Fahrt durch das landschaftlich reizvolle Donautal der Wachau fuhr und ausser Protokoll den Wunsch äusserte, ein altes Weinbauerhaus zu sehen, brach das sorgfältig ausgeklügelte Sicherheitsprogramm zusammen. Der Hubschrauber war nun der «fliegende Feldherrenhügel», von dem aus der Staatsgast überwacht wurde.

Auch bei der Verkehrsregelung spielt der Hubschrauber eine wichtige Rolle: Der rote Sportwagen, der trotz Überholverbot den Kolonnen vorpresst und die Geschwindigkeitsbeschränkungen verletzt, wird aus dem Verkehr gezogen. Der Helikopter schraubt sich tiefer, über den Lautsprecher wird der Lenker angewiesen, an den rechten Fahrbahnrand zu fahren. Die weitere Amtshandlung übernimmt die Besatzung des Funkstreifenwagens, die über Funk über den Tatbestand informiert worden war.

Bei Grossveranstaltungen entflicht die Hubschrauberbesatzung das Verkehrsproblem. Die Einsatzzentrale wird über Fahrzeugfrequenzen informiert. Man kann besser disponieren, denn es ist bekannt, wie lang die Kolonnen sind. Grossräumige Umleitungen sind rechtzeitig möglich. Bei Demonstrationen wird die Lage mit Hilfe des Hubschraubers besser beurteilt. Schon im Ansatz ist zu erkennen, dass zwei

Marschkeile die behördlich genehmigte Strecke nicht einhalten und einen anderen Weg einschlagen wollen. Es können noch rechtzeitig Umgruppierungen der Exekutive vorgenommen werden.

Ein Sprengstoffanschlag auf einen auf der Autobahn fahrenden Botschaftswagen wird verübt. Die Experten des Erkennungsdienstes und der Sprengstoffsachverständige müssen so rasch als möglich an Ort und Stelle gebracht werden. Die Verkehrsspitze in der Stadt hat den Höhepunkt erreicht – der Hubschrauber ist das ideale Transportmittel. Von seiner Einsatzbasis am Rande der Metropole fliegt er in nur vier Minuten in die City, setzt auf dem Dach des Polizeipräsidiums auf, die Experten gehen an Bord, und dann nimmt der Helikopter Kurs Richtung Autobahn. Zwanzig Minuten später hat er sein Ziel erreicht, die Spurensicherung kann beginnen. Dem Grossstadtverkehr ist ausgewichen worden, am Tatort ist noch nichts verändert worden, ohne wesentliche Verzögerung läuft die Fahndung an.

Ein Banküberfall wird verübt. Man weiss, dass die Täter einen gestohlenen gelben Fluchtwagen benützen, von dem aber weder Type noch Kennzeichen bekannt sind. Ein gelber Wagen, der auf einem Feldweg abseits der Strasse parkt, wird wenige Minuten nach dem Überfall entdeckt. Das Fahrzeug scheint soeben verlassen worden zu sein. Die Täter sind zu Fuss in den Wald

Start zur Verkehrsüberwachung. Eine gutfunktionierende Kommunikation ist dabei Grundbedingung. Der Motorradfahrer kann mit dem Hubschrauberpiloten ebenso in Verbindung treten wie mit den Patrouillenwagen und der Zentrale.

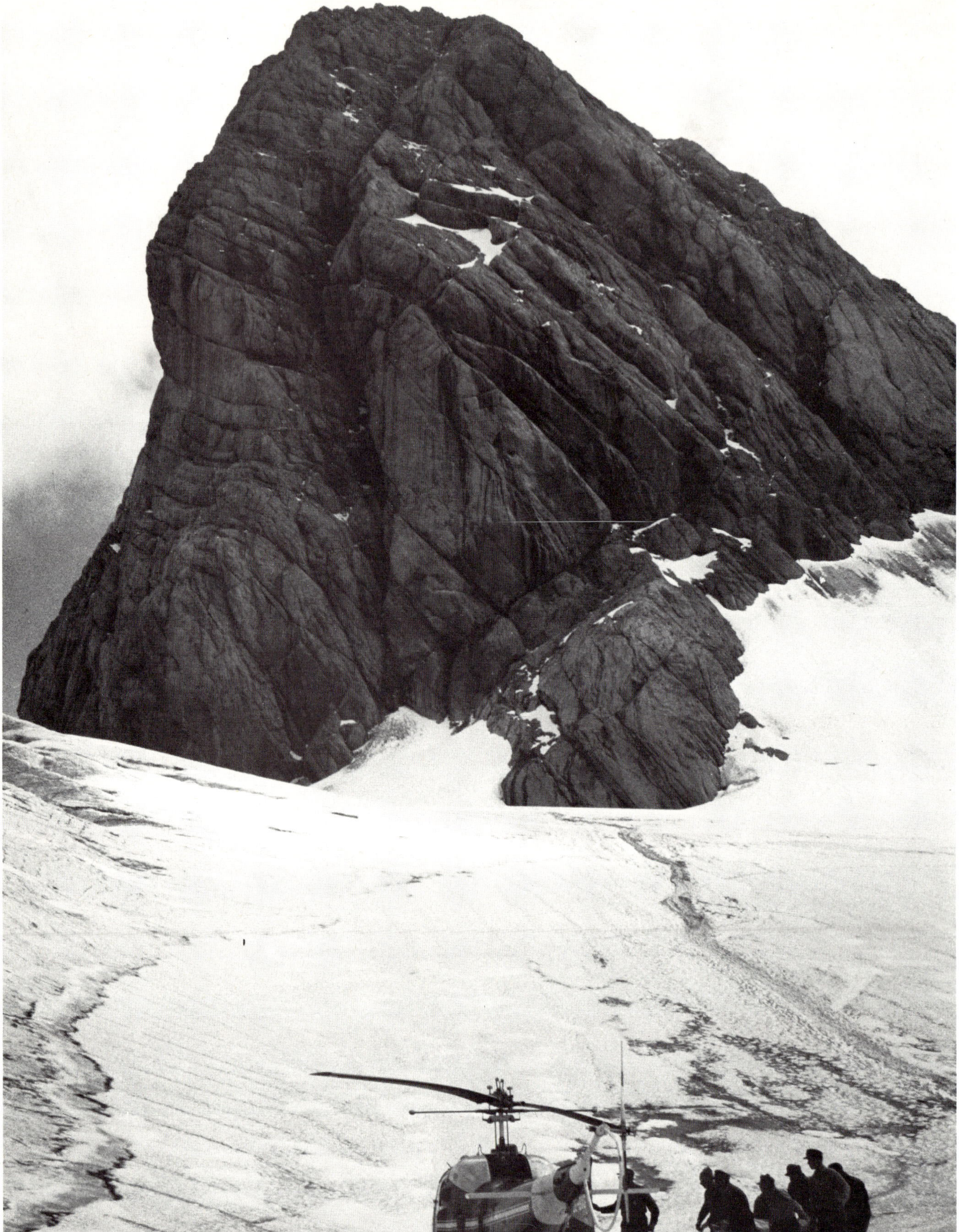

Alarm! Ein Kletterer ist in einer unzugänglichen Felswand abgestürzt. Die Bergung ist nur mit dem Hubschrauber möglich – mit der Seilwinde wird der Verletzte geborgen, da es selbst für den Helikopter keine Landemöglichkeit gibt.

◁ Die Hilfe kommt aus den Lüften: Der Polizei-Hubschrauber ist soeben auf dem Gletscher gelandet. Der Schwerverletzte wird zur Maschine gebracht, und schon eine Viertelstunde später liegt er auf dem Operationstisch des Krankenhauses. Für das Fliegen im Hochgebirge ist eine jahrelange Erfahrung erforderlich. Der Pilot muss seine Maschine perfekt beherrschen.

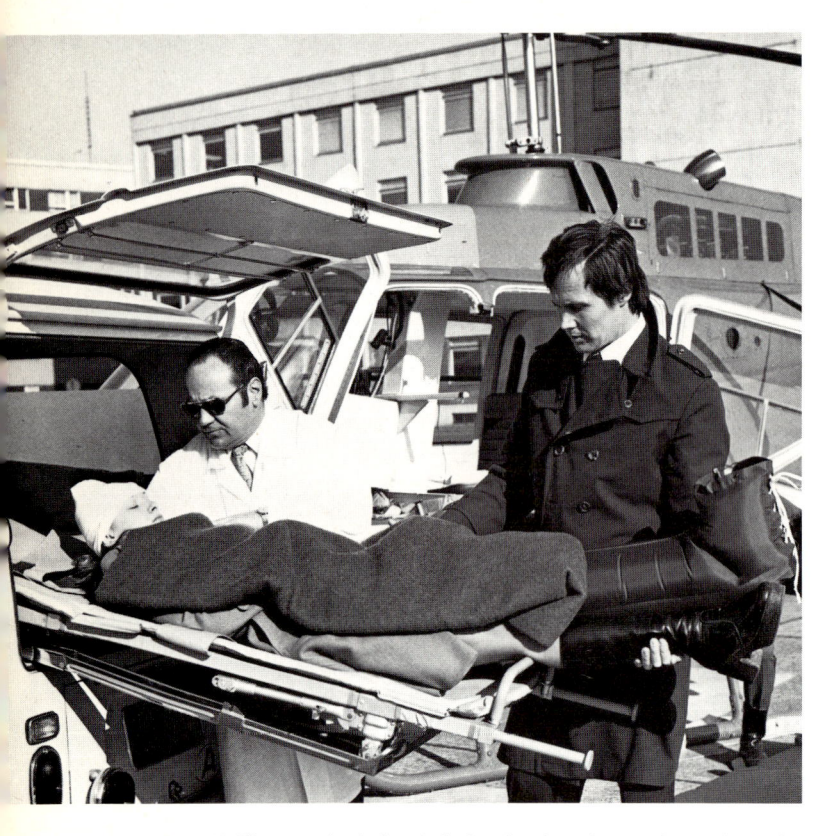

Der Helikopter ist beim Spital gelandet, der Verletzte kann in die Notfallstation des Spitals eingeliefert werden und es kann ihm sofort ärztliche Hilfe zuteil werden. Viele moderne Spitäler verfügen heute in unmittelbarer Nähe über besondere Helikopter-Landeplätze, damit Verunglückte und Kranke sofort in den Notfallstationen Aufnahme finden können.

geflüchtet. Der 100-Kilometer-Sperrkreis kann gelockert werden, die Suchmannschaften legen eine dichte Sperrkette um diesen Wald. Eine Stunde später ist die Bande mitsamt der Beute gefasst.

Oder ein Mörder hat sich in einem Kornfeld versteckt. Systematisch wird das Feld abgeflogen, und bald hat man den Mann entdeckt. Die geknickten Halme sind aus der Vogelperspektive sofort zu erkennen. Dem Beobachter an der Plexiglaskanzel bleibt auch der einsame Wanderer auf dem tief eingeschnittenen Feldweg nicht verborgen. Und sollte der Verdächtige sich im Hochgebirge verstecken – die Almhütten werden sofort durchsucht. In einer Luftbrückenaktion war eine Gruppe Alpin-Gendarmerie auf den Berg geflogen worden.

Schon seit einigen Jahren ist der Hubschrauber mit der Durchführung aussergewöhnlicher flugpolizeilicher Aufgaben betraut. Da gibt es zunächst die grosse Radrundfahrt. Es ist keineswegs einfach, das oft weit auseinandergezogene Feld der Radfahrer gegen begeisterte Fans, undisziplinierte Fussgänger und sorglose Autofahrer zu schützen. Das Rennen wird auf stark frequentierten Bundesstrassen ausgetragen. Der Verkehr darf nicht zu lange blockiert bleiben. Vor dem Feld fährt ein weisser Porsche mit dem leitenden Offizier. Er hat zwei Kraftradfahrer (Kradfahrer) zu seiner Unterstützung, die er jederzeit losschicken kann. Sollte beispielsweise der Hubschrauberbeobachter melden, dass 4 Kilometer vor der Spitzengruppe ein Traktor die Fahrbahn blockiert, dann sprintet ein Kradfahrer los. Er klärt unverzüglich die Lage und gibt Vollzugsmeldung über den Sprechfunk. Der Hubschrauberbeobachter meldet grosse Menschenansammlungen, Verkehrsstockungen und Verkehrsunfälle. Manchmal fliegt er mit dem Feld mit, zieht rasch nach vorne und setzt sich an den Strassenrand. Der Beobachter steigt aus und wartet, bis das Feld vorbeikommt. Dann «kämmt» der Beobachter das Feld aus: Die zahlreichen Zaungäste und Sportfans, die sich in den Tross der Begleitfahrzeuge eingeschlichen haben, müssen auf den Randstreifen fahren und warten.

Bei der Grossglockner-Etappe ist der Hubschrauber besonders wichtig: Er fungiert als «fliegende Ambulanz». Es würde nämlich viel zu lange dauern, bis man einen Verletzten mit dem im Tross mitfahrenden Rotkreuzauto über die Serpentinenstrecke ins Spital gebracht hätte. Ausserdem kann bei der Abfahrt selbst die motorisierte Spitzengruppe der Polizei nicht mithalten. Die Radler rasen im Höllentempo zu Tal, schneiden haarscharf die Kurven an und erreichen auf der Geraden oft 120 Stundenkilometer und noch mehr. In diesem Fall wird der Polizei-Hubschrauber als fliegende Ambulanz eingesetzt. Er bringt einen Verletzten Radfahrer binnen weniger Minuten ins Krankenhaus.

# Die Zivilstreife

Es ist wenige Minuten nach 2 Uhr früh. Zwei junge Burschen schlendern betont langsam durch die nur spärlich beleuchtete Strasse. Der eine geht auf dem linken, der andere auf dem rechten Gehsteig. Die abgestellten Fahrzeuge scheinen es den beiden Nachtschwärmern angetan zu haben: Jedes Automobil wird in Augenschein genommen, die Burschen prüfen, ob die Fahrzeuge versperrt sind.

Eine motorisierte Zivilstreife der Stadtpolizei München kommt durch diese Strasse. Als die beiden Polizisten die Burschen sehen, fahren sie mit normaler Geschwindigkeit weiter. In die nächste Seitenstrasse wird eingebogen. Ein Polizist steigt aus und beobachtet mit dem Fernglas die beiden Verdächtigen. Noch haben die unbekannten Burschen keine Straftat begangen – aber es scheint sich eine anzubahnen.

Vor einem Amtsgebäude setzen sich die Burschen auf eine Bank und beobachten den Eingang. Plötzlich sind sie verschwunden. Über Funk wird eine zweite Zivilstreife angefordert, die den Komplex von der anderen Seite beobachtet. Nach einigen Minuten taucht das Duo wieder auf. Einer der Verdächtigen trägt einen unter seinem Mantel verborgenen schweren Gegenstand. Nun tauchen von beiden Seiten die Zivilstreifen auf, und die Burschen werden angehalten. Sie hatten eine Schreibmaschine, andere Gegenstände und Geld gestohlen. Als die Einbrecher im Kittchen abgeliefert wurden, war es mittlerweile 04.15 Uhr geworden. Ein lohnender Einsatz, der überdies nur zwei Stunden gedauert hatte.

In einem Geschäftsviertel wird der PKW in einer Parklücke abgestellt. Die beiden Polizisten bleiben im Fahrzeug sitzen und beobachten routinemässig die Szene. Nach einer Weile fährt ein anderes Auto vor und parkt vor dem Portal eines Radiogeschäftes. Die Zivilstreife bleibt unbemerkt. Nach einigen Minuten fährt der fremde PKW wieder weg, kehrt aber bald darauf wieder zum Geschäft zurück. Einer der beiden Insassen steigt aus und bleibt interessiert vor der Auslage stehen. Kurz darauf folgt der andere und geht auf dem anderen, gegenüberliegenden Gehsteig auf und ab. Er hat somit seine Tätigkeit als Aufpasser aufgenommen.

Die beiden Beamten hätten nun eingreifen können. Nach der Kontrolle aber hätten sie die verdächtigen Männer wieder laufenlassen müssen. Damit wäre der Einbruch aber nicht verhindert worden; zu anderer Zeit an einem anderen Ort hätte man die Tat ausgeführt. Man muss die Täter in flagranti erwischen. Die Zivilstreife fordert nun einen Funkstreifenwagen an, der in einer Seitenstrasse unauffällig parken soll. Ehe dieser Wagen eintrifft, klirrt die Schaufensterscheibe. Sekunden später sind die Einbrecher überwältigt und können den uniformierten Kollegen übergeben werden.

Ein anderes Beispiel: In einem Uhrengeschäft in der Innenstadt ist eingebrochen worden. Die um die Häuserviertel patrouillierenden Funkstreifenwagen können jedoch die Täter nicht entdecken. Der Polizeihund schnüffelt vergebens. Schliesslich beordert man zwei Zivilstreifen zum Tatort. Die beiden Fahrzeuge schieben sich unauffällig in Parklücken, und die Besatzungen warten ab. Die uniformierten Beamten ziehen ab, und nach 20 Minuten glauben die Einbrecher, dass die Luft rein sei. Sie holen die Beute aus einem Versteck, und als sie die Uhren und Juwelen in ihrem in einer Seitenstrasse geparkten PKW verstauen wollen, werden sie von den Zivilstreifen überrascht. Als die Ganoven in vier Pistolenläufe blicken, geben sie auf.

Das sind nur einige Beispiele vom Einsatz der Zivilstreifen, die sich im Sicherheitswesen gut etablieren konnten. Auch die Meinung der Öffentlichkeit hat sich gewandelt: Sprach man früher von «Heckenschützenmethoden», so ist man heute überzeugt, dass es keine bessere Methode gibt, die rücksichtslosen Verkehrsteilnehmer herauszufiltern. Wenn beispielsweise ein Polizist auf der Strasse steht, wird der notorische Verkehrssünder kaum das Überholverbot missachten. Vor der Bergkuppe wird er nicht eine lange Kolonne überholen. Auch die Stoptafel vor der Vorrangstrasse wird respektiert. Mit anderen Worten: Überall dort, wo die polizeiliche Präsenz spür- und sichtbar ist, wird er sich mustergültig verhalten.

Auch Auslageneinbrecher und Strassenräuber werden keine Straftaten begehen, wenn der uniformierte Polizist seine Runde macht. Sittlichkeitsattentäter entpuppen sich als Musterknaben, aber nur so lange werden die jungen Mädchen nicht überfallen, als man den Polizisten sieht.

Wie sehr die Zivilstreifen für die öffentliche Sicherheit sorgen, zeigt die über das Jahr 1974 von der Polizeidirektion München veröffentlichte Bilanz. 43 744 Kraftfahrer wurden in diesem Zeitraum überprüft und dabei 23 196 Beanstandungen durchgeführt – das ist mehr als die Hälfte. Bei Routinekontrollen der uniformierten Polizei gibt es eine Beanstandungsquote von höchstens 10 Prozent. 723 Autofahrer ohne Führerschein wurden erfasst. 479 Autofahrer hatten keinen Versicherungsschutz. 126 Autofahrer standen unter Alkoholeinfluss. 5229 Mängel an Kraftfahrzeugen wurden angezeigt. Und 137 Rechtsbrecher konnten bei diesen Kontrollen von den Zivilstreifen festgenommen werden.

Diese imponierenden Zahlen zeigen, dass die Zivilstreifen mit viel Geschick und Fingerspitzengefühl operieren. Sie beobachten unauffällig potentielle Straftäter und verdächtige Personen und sind so der Schrecken der Räuber, Sittlichkeitsverbrecher, Automatenmarder und Autodiebe.

Nur kerngesunde, sportlich durchtrainierte Männer kommen für diesen ebenso gefährlichen wie auch aufreibenden Dienst in Frage. Mindestens neunmal in 28 Tagen steht ein Nachtdienst auf dem Dienstplan, und mitunter muss der Einsatz an drei aufeinanderfolgenden Nächten erfolgen. Zur Ausrüstung zählt neben dem modernen, schnellen und unauffälligen Fahrzeug eine Funkanlage, Einsatzmappe, Anhaltestab, Handleuchte, Tränengassprühdose, Pistole, Nachtsichtglas, Schlagstock, Armbinde, Visitenkarte, Dienstausweis und Fahndungsunterlage.

Was die Kleidung betrifft: Der «goldene Mittelweg» liegt zwischen schäbig und elegant, und im Wagen werden auch zusätzliche Kleidungsstücke mitgenommen. Um nicht aufzufallen, wird oft der Schlips abgenommen und ein Pullover angezogen: Der Zivilfahnder muss in jedem Milieu daheim sein.

# Die harte Droge im Vormarsch

Organisierte Verbrecherbanden schleusen immer mehr Heroin in die Bundesrepublik. Hauptmarkt in Westeuropa ist Amsterdam, der grösste Umschlagplatz Frankfurt am Main. Geschäftstüchtige Dealer vermitteln meist gratis die ersten Prisen, die schnell zu dauerhafter Abhängigkeit führen und lukrative Absatzmärkte sichern. Im internationalen Rauschgifthandel hat man es mit «potentiellen Mördern» zu tun, denn im fortgeschrittenen Stadium vermögen die Süchtigen der Drogenabhängigkeit nicht zu entrinnen. Darüber hinaus zieht die Drogenszene wie ein Magnet das Verbrechen an. Man spricht von der Begleit- und von der Folgekriminalität.

Die Süchtigen sind zum willfährigen Werkzeug geworden – sie tun alles, um zu ihrem «Stoff» zu kommen. Ein Beispiel ist die Prostitution. Früher prügelten die Zuhälter ihre Mädchen oft bis zur Bewusstlosigkeit, um Geld aus ihnen herauszupressen. Heute gibt es sanftere, aber wirksamere Methoden, um die «Pferdchen» auf die Strasse zu schicken. Man gibt den Mädchen Heroin, dann müssen sie «verdienen», um weiterleben zu können. Im wahrsten Sinne des Wortes sind sie auf das Rauschgift fixiert, bis zum bitteren Ende.

Dass man mit den harten Drogen Millionen verdienen kann, zeigt ein Preisvergleich: Der getrocknete Milchsaft des Schlafmohns, der in den geheimen Giftküchen von Hongkong zu feinem Heroin verarbeitet wird, verteuert sich am Weg von der Erzeugerstätte bis zum Letztverbraucher oft um 1000 Prozent und noch mehr. Der Marktwert in Mitteleuropa bewegt sich um etwa 100 000 Mark pro Kilogramm.

Immer mehr Süchtige greifen zur härtesten Droge, zum Heroin. Haschisch und Marihuana sind im Rückgang begriffen. Allein im Stadtgebiet von Frankfurt sind 2500 Süchtige registriert – mehr als ein Drittel davon sind Frauen. Laut einer Statistik des Bundeskriminalamtes haben sich im Jahre 1974 im Bundesgebiet 139 Drogensüchtige zu Tode gespritzt.

Die Dunkelziffer dürfte um das Doppelte höher sein. Die Ärzte haben die Heroinabhängigkeit des Patienten oft nicht gekannt und als Todesursache «Herz- oder Kreislaufversagen» diagnostiziert. Schon die Mädchen gehen den Händlern auf den Leim. Von der Schule führt der Weg zur Wohnung des Dealers, wo bei Cognac und Whisky die Droge gratis verabreicht wird. Eine sechzehnjährige Oberschülerin war vom Heroin derart abhängig, dass sie für ein Briefchen mit dem weissen Pulver mit dem ihr unsympathischen Mann schlafen ging.

Schon heute ist dieses Mädchen rettungslos verloren. Die Sechzehnjährige braucht diese Droge,

*Im Zeitalter des Massentourismus ist eine genaue Kontrolle der Reisenden unmöglich. Nur eine Zahl mag diese Dimensionen aufzeigen: Jedes Jahr passieren etwa 26 Millionen Menschen auf Schiene und Strasse die Grenze am Brennerpass. Stichproben, mit grosser Gründlichkeit durchgeführt, sind überaus erfolgreich. Dieser auf Haschisch abgerichtete Hund führt seinen Herrn sofort zum raffiniert angebrachten Versteck. Selbst geringe Mengen werden aufgespürt.*

sie bekommt das Pulver nicht mehr umsonst, sie muss für jeden Schuss viel Geld bezahlen. Der Drogensüchtige ist von hohen Einkünften abhängig, und schon deshalb ist der Weg in den Abgrund vorgezeichnet: Er führt vom Strip-Lokal in den Massagesalon und von dort ins Eros-Center. So hat eine 24jährige Prostituierte innerhalb von vier Jahren ihrem ebenfalls süchtigen Zuhälter 250 000 Mark abgeliefert.

Meist sind nur die letzten Glieder der Rauschgiftkette greifbar. Der Kleinhändler, der die Diskotheken abklappert und am Zahltag vor den Kasernen der amerikanischen Soldaten auftaucht, ist meist selbst drogenabhängig. Er muss sein Quantum an den Mann oder an die Frau bringen, um weiterleben zu können. Freilich ist der Stoff auch schon lange nicht mehr das, was er einmal war: Zur «Aufbesserung» wurde er beim Verpacken durch Zusätze vermischt. Der Süchtige wird auch noch betrogen...

Ehe das Heroin an den Letztverbraucher herangebracht wird, macht man nochmals einen Schnitt: Der kostbare weisse Staub wird mit Traubenzucker, Milchpulver und Strychnin «gestreckt». In geringen Dosen wirkt Strychnin als Aufputschmittel. Eine grössere Menge allerdings kann der Körper nicht verkraften. Das Gift zeigt eine fatale Wirkung: Steife in den Kau- und Nackenmuskeln, Zittern und schliesslich der Starrkrampf, der mit einem qualvollen Tod endet.

In den USA ist auf dem Heroinmarkt eine Stagnation eingetreten – mit dem Abzug der Truppen aus Vietnam hatte man auch ein gewinnträchtiges Absatzrevier verloren. Die Drogenszene verlagerte sich nach Mitteleuropa. Sie wird von generalstabsmässig organisierten international zusammengesetzten Banden gesteuert. In die Hierarchie ist kaum vorzudringen, als Drahtzieher fungieren einflussreiche Persönlichkeiten. Die Struktur dieser marktbeherrschenden Organisationen ist mit einer Pyramide zu vergleichen. Die breite Basis wird von den Dealern gestellt. Sie kennen üblicherweise ihre Mittelsmänner nur über einen Vornamen – der meist falsch ist – und erst über etliche Telefonnummern kommt man eine Etage höher. Die nächstfolgende Ebene ist wieder abgesichert. Bis zu sechs solche «Absicherungen» sind eingebaut. Man weiss vom anderen nicht viel oder überhaupt nichts. Die Geschäftsführer der Branche meiden die Basis: Sie treffen einander in feinen Restaurants oder in Appartements von Luxushotels. Die gutbürgerliche Atmosphäre wird vorgezogen.

Die Rauschgiftwelle schwappt von der Grossstadt auf das Land, wo sich nun häufiger kleine Gruppen bilden. Um für den notwendigen Nachschub zu sorgen, muss die Basis stetig verbreitert werden: Vor der Schule, in der Diskothek, im Hinterzimmer einer zwielichtigen Bar, im Espresso, im Bahnhofsviertel und am Zahltag vor der Kaserne tauchen die Händler auf. Bei einem geheimen Treff vor einigen Tagen haben sie die Ware gegen Bargeld erhalten. Die Dealer sind die feinsten Verästelungen in diesem grossaufgezogenen Vertriebsnetz.

Der in der nächsten Etage sitzende Vertriebsleiter für den untersten Bereich hat den Stoff von einem ihm telefonisch mit Codewort avisierten Zubringer bekommen. Dieser Zubringer wiederum war viel kapitalkräftiger als sein Unterlieferant. Er übernahm 200 Gramm Heroin per cash nach einer Probe: Er verabreichte sich selbst eine Injektion, um das Pulver zu testen. Dieses Geschäft geht Zug um Zug – hier die Ware, hier das Geld!

Leider gelingt es der Polizei nur selten, zur höchsten Spitze dieser Pyramide vorzudringen. Man sichert sich ab. Das Rauschgiftgeschäft wird mit modernen Managementtechniken praktiziert. Der Schmuggel geschieht im grossen Stil: Mit dem 28 Tonnen schweren Silo-Transporter beispielsweise, der in seinen Treibstofftanks zusätzliche Behälter für den «Stoff» eingebaut hat. Oder in der dick isolierten Zwischenwand eines Kühlwagenzuges. Nur wenn konkrete Hinweise vorliegen, wird man so einen riesigen Sattelschlepper entladen und seine Aufbauten in Augenschein nehmen.

Auch dieser Hund ist auf die Haschischsuche abgerichtet und im Begriff, das Versteck im Auto aufzuspüren.

Der internationale Tourismus hat es den Schmugglern leicht gemacht. So passieren beispielsweise 26 Millionen Menschen auf Schiene und Strasse jährlich den Brenner. Die Behörden können sich daher nur auf Stichproben beschränken. Wenn es aber zu einer Stichprobe kommt, dann wird gründlich gearbeitet. Um nun ein verdächtiges Fahrzeug genau kontrollieren zu können, wird eine hydraulische Hebeplattform verwendet: Im Nu ist das Fahrzeug hochgeliftet, auf Anhieb kann man erkennen, ob das Automobil einen doppelten Boden hat, ob nichtserienmässige Umbauten vorgenommen worden sind oder ob die Kotflügel innen einen heimlichen Unterschlupf für Rauschgift aufweisen. Die Zollfahndung verfügt über komplett eingerichtete Fahrzeughallen, in der verdächtige Fernlaster fachgerecht zerlegt und wieder zusammengebaut werden.

Um das aus Südostasien stammende Heroin zu den Verbrauchermärkten zu schaffen, bedient man sich raffinierter Transportmethoden. So kam eine aus 16 Personen bestehende chinesische Reisegruppe – es handelte sich um eine Sippe – aus dem Fernen Osten im Langstrecken-Jet nach Wien, um von der österreichischen Bundeshauptstadt mit dem Zug nach Amsterdam weiterzufahren. Zoll und Grenzpolizei aber waren auf diese eigenartige Reiseplanung aufmerksam geworden: Weshalb denn nicht direkt mit dem Flugzeug aus Südostasien nach Amsterdam? Doch es war vorerst nichts Auffälliges zu finden. Es handelte sich um eine in Kuala Lumpur wohnende Grossfamilie, die eine einigermassen aufwendige Weltreise unternehmen wollte.

Ein weinendes Kind machte den Grenzpolizisten aufmerksam: Das aus dem Schlaf gerissene Mädchen, vom langen Flug und dem Klimawechsel ermüdet, presste einen aus Nylon gefertigten Pandabären an sich. Als man das Stofftier näher untersuchte, wurde in seinem Bauch ein Kilogramm Heroin gefunden. An die Mittelsmänner in Amsterdam aber kam man nicht heran. Ebenso bleibt der Auftraggeber in Malaysia im dunkeln. Er hatte einen Chinesen in einem Teehaus in Kuala Lumpur angesprochen und ihn gebeten, den Pandabären einem Freund in Amsterdam zu übergeben. Als Belohnung durfte er seine Sippe mitnehmen. Sowohl der Transportleiter als auch seine Sippe sind Analphabeten.

Die kurze Reiseunterbrechung in Wien mit dem Umsteigen auf die Schiene hätte den niederländischen Zoll unterlaufen sollen. Eine Gruppe aus Malaysia kommender Chinesen hätten auf dem Amsterdamer Flughafen Schiphol Verdacht erregt. Wären die Leute aber mit dem Zug eingereist, hätte man an der deutsch-niederländischen Grenze kaum auf Rauschgift getippt.

«Passagier in New York, Koffer in Frankfurt!» – solche Pannen sind in der Verkehrsluftfahrt an der Tagesordnung. Als vor einigen Jahren ein irregeleiteter, herrenloser Koffer auf dem Förderband des Rhein-Main-Flughafens übrigblieb, wurde ein Mann vom Rauschgift-Dezernat stutzig: Das Gepäckstück hatte eine eigenartige Form, das Schild wies keinen Eigentümer aus. Der Koffer wurde durchsucht, und man fand einen doppelten Boden, in dem sich Rauschgift befand.

Ein kurioser Zwischenfall ereignete sich an der österreichisch-jugoslawischen Staatsgrenze bei Spielfeld. Eine Regierungsstelle wollte für die Rauschgiftbekämpfung einen Lehrfilm drehen. Thema: Wo werden die Drogen versteckt? Ein Suchhund sollte ebenfalls ins Bild kommen, doch der Vierbeiner sträubte sich: Er stand bei einem türkischen Sattelschlepper und schnupperte um den Treibstofftank. Als man den Behälter untersuchte, wurden nicht nur die Fahnder, sondern auch das Filmteam fündig: 8 Kilogramm vorzügliches Haschisch wurde sichergestellt und einige Tage später «aus zollrechtlichen Gründen» unter behördlicher Aufsicht im Ofen verbrannt...

# Die Schusswaffe als stummer Zeuge

Mörder wollen immer besonders klug sein. Sie planen ihr Vorhaben bis in die kleinsten Einzelheiten, lassen keine Eventualitäten unberücksichtigt und sind davon überzeugt, ein perfektes Verbrechen durchzuführen. Ein perfektes Verbrechen gibt es aber nicht, und so mancher «perfekte Mörder», der wegen der Fingerspuren seinem Opfer nachträglich die Schusswaffe in die Hand gedrückt hatte, konnte entlarvt werden. Keineswegs Zauberei, sondern gründliche Arbeit bei der Tatbestandsaufnahme.

Einen Menschen zu erschiessen und ihm dann sozusagen die Pistole nachträglich in die Hand zu drücken – ein solch plumper Trick verfängt nicht, wenn er auch im Krimi immer wieder serviert wird. Erfahrene, langjährig gediente Kriminalisten berichten übereinstimmend, dass es zur Seltenheit zählt, wenn der «Selbstmörder» auch noch im Tod die Waffe in der Hand hält. Meist liegt das Tatwerkzeug neben dem Opfer.

Mit Hilfe der modernen Chemie kann man eindeutig feststellen, ob der Selbstmörder geschossen hat oder nicht. Die sogenannte «Schusshandbestimmung» erfolgt durch die Abnahme der Schmauchspuren von der Hand des Schützen mittels Diffusion einer in zehnprozentiger Essigsäure gequollenen Cellophanfolie. Nach dem Trocknen wird die Folie mit zehnprozentiger Natriumsulfidlösung besprüht. Diese Methode basiert auf dem Nachweis von den im Schmauch rauchloser Munition befindlichen Schwermetallspuren, besonders Blei. Die an der Hautoberfläche der Schusshand abgelagerte Bleiverbindung wird als Bleiacetat gelöst und auf die Folie übertragen, in der Blei nach dem Besprühen mit Natriumsulfid als schwarzes oder dunkelblaues Bleisulfid sichtbar wird.

Diese Bleisulfidflecken können zu Kontrollzwecken auch noch emmissionsspektographisch oder röntgenfluoreszenzanalytisch überprüft werden; so findet in der Folie der kleinste dunkelbraune bis schwarze punktförmige, oft nur stecknadelgrosse Flecken seinen Niederschlag. Solche Bleispuren werden an der Hand des Schützen entdeckt...

Es gibt aber auch noch andere Hinweise. Bei Schüssen mit angesetzter Laufmündung werden durch die in die Wunde eindringenden Explosionsgase winzige Gewebeteilchen nach rückwärts geschleudert, so dass sehr oft die feuernde Hand an der Streckseite der Finger mit Blut, Fettpartikelchen und anderen Gewebeteilchen bespritzt wird. Vom sogenannten Paraffintest ganz abgesehen, der den Pulverschmauch erst sichtbar macht.

Jede Schusswunde erzählt ihre Geschichte. Man sondiert die Schusskanäle. Die Verlängerung dieser Schusskanäle wird mit bunten Stäbchen angedeutet. Aus Schusswinkel und Entfernung kann man auf den Standort des Täters schliessen. Als vor einigen Jahren ein mysteriöser Pistolenschütze herumballerte, konnte man nach der Lage der Einschüsse und der Schusswinkel darauf schliessen, dass der Schütze vom Dach eines Hochhauses sein Unwesen trieb. Das Gebäude wurde unauffällig überwacht: Der Pistolenheld konnte in flagranti ertappt werden. Aber auch die Schusswaffe hat ihre eigene «Handschrift» und «Pistolen-Zwillinge», die bis zur kleinsten Einzelheit einander gleichen, die gibt es nicht. Jede Pistole, die auf einem Tatort gefunden oder bei einer Razzia sichergestellt wird, muss routinemässig untersucht und klassifiziert werden.

Würde nun beispielsweise ein vor vielen Jahren durch Pistolenschüsse getöteter Mann aus dem Fluss gefischt und bei der Obduktion im Körper das Projektil gefunden, dann kann mit einer sogenannten «Beschussprobe» festgestellt werden, ob dieser tödliche Schuss mit der soeben bei einem Vagabunden sichergestellten Waffe verübt worden war. Der Waffenspezialist nimmt aus seinen Munitionsbeständen die entsprechende Vergleichsmunition und feuert mit der beschlagnahmten Waffe einen Schuss ab. Zielscheibe ist ein mit Watte gefüllter Kasten, in dem sich das Projektil verfängt und unbeschädigt bleibt. Alle Charakteristika, die ihm beim Abfeuern eingeprägt und mitgegeben wurden, sind ersichtlich.

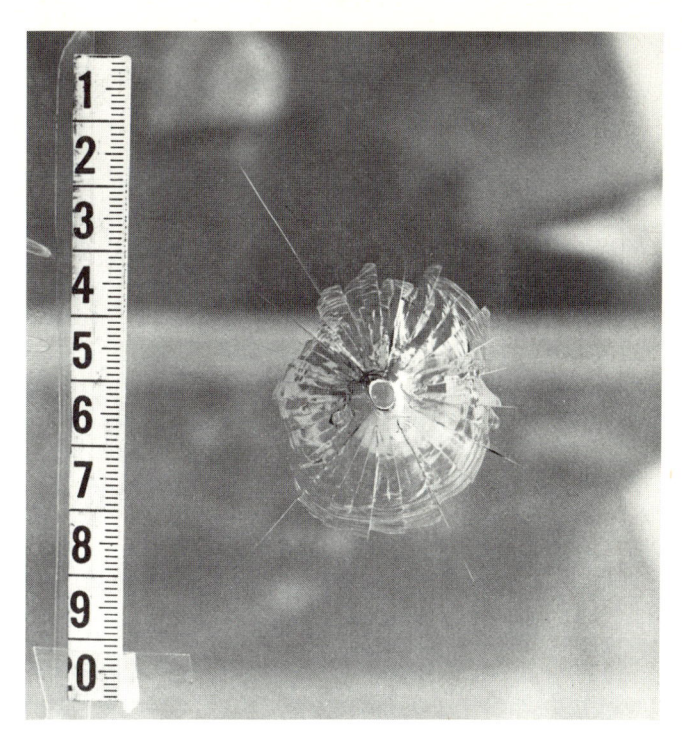

Attentatsversuch auf einen Geldboten – der Mann blieb unverletzt, aber eine Auslagenscheibe wurde durchschossen. Obwohl weder Projektil noch Hülse sichergestellt werden konnten, gab der Ballistikexperte wichtige Hinweise bezüglich Kaliber, Schussentfernung, Schussrichtung und Durchschlagskraft der Waffe. Die moderne Glastechnik ermöglicht die Produktion schusssicherer Gläser. Die meisten Bankschalter und auch die grossflächigen Fenster der Bankfilialen sind mit kugelsicheren Scheiben ausgestattet. Auch die Auslage des Juweliers besteht zumeist aus kugelsicherem Glas.

Mit Hilfe dieser Beschussplatte kann man die Durchschlagskraft einer Waffe genau testen. Aus verschiedenen Entfernungen wird mit verschiedener Munition auf diese mit Stahlblech überzogene Holzplatte gefeuert, und daraus lassen sich wichtige Erkenntnisse ableiten.

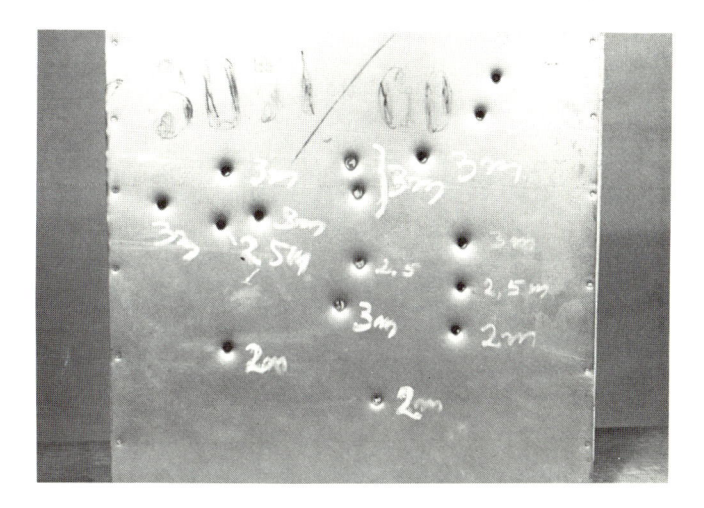

Die Patronenhülse am Tatort. Sie liegt neben dem Teppich, und aus ihrer Lage lassen sich Details für die Rekonstruktion ableiten. Oberster Grundsatz: Zuerst wird photographiert, und damit nimmt die Beweisführung ihren Anfang. Man kann auch auf die Art, das Kaliber und mitunter auch auf das Fabrikat der Waffe schliessen.

Unter dem Mikroskop im Labor beginnt diese Patronenhülse zu erzählen. So zeigt dieser Hülsenboden die charakteristischen Verfeuerungsmerkmale, so etwa die vom Stossboden der Waffe auf die Hülse übertragenen Einbuchtungen. Aus den Kratzern an der Hülse und den Spuren der Auszieherkralle selbst, aus den Stossbodenspuren und dem Schlagbolzeneindruck (Mitte) liest der Experte wie aus einem Buch.

Eine Waffe wird «beschossen», wie der Fachausdruck lautet. Jede Schusswaffe hat ihre eigene «Handschrift» und «Pistolen-Zwillinge», die bis zur kleinsten Einzelheit einander gleichen, gibt es nicht. Jede Schusswaffe, die auf einem Tatort gefunden oder bei einer Razzia sichergestellt wird, muss routinemässig untersucht und klassifiziert werden. Zielscheibe ist ein mit Watte gefüllter Kasten, in dem sich das Projektil verfängt und unbeschädigt bleibt. Über Tatwaffe, Tatprojektil und Beschussprojektil weiss man dann Bescheid.

Selbst auf dem Tisch des Gerichtsmediziners werden die «Stummen Zeugen» zum Sprechen gebracht. Ein Nahschuss wurde auf diese Frau abgefeuert. Der Pulverschmauch und die Einsprengungen rund um den Einschuss geben Hinweise auf die Entfernung der Waffe zur Zeit der Abgabe des Schusses. Überaus wichtig ist die Untersuchung der Kleidung. Aber auch an der Hand des Täters finden sich Spuren: Es ist einwandfrei feststellbar, dass er geschossen hat. Winzige Teile des Pulverschmauches können mit Hilfe von kriminaltechnischen Methoden nachgewiesen werden. («Schusshand»).

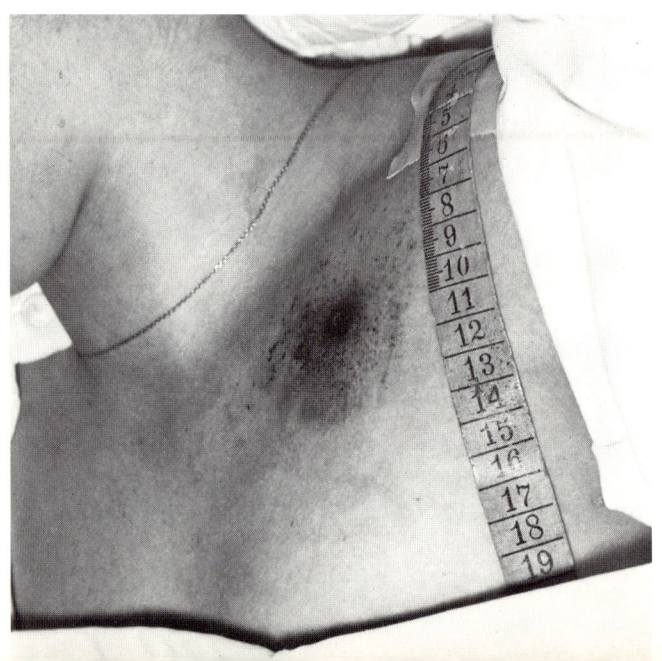

Das nun schon vor langer Zeit im Körper des Toten gefundene und sorgsam aufbewahrte Projektil wird nun mit dem aus der vermeintlichen Tatwaffe zu Vergleichszwecken abgefeuerten Projektil im Vergleichsmikroskop untersucht. Die beiden in der Haltevorrichtung steckenden Geschosse werden nun langsam gedreht, und man sieht, ob sich die winzigen Merkmale decken. Findet man auf dem Tatprojektil die gleichen Merkmale wie auf dem Beschussprojektil, dann steht einwandfrei fest, dass vor einigen Jahren mit dieser Waffe der Mord verübt worden war. So kommt es, dass auch Jahrzehnte zurückliegende Kapitalverbrechen geklärt werden können.

Ebenso verhält es sich mit den Patronenhülsen. Die Spuren der Ausziehkralle und des Auswerfers sind einmalig. Schlagbolzeneindruck und Stossbodenabdruck geben wichtige Hinweise. Der Kriminalist spricht von «charakteristischen Verfeuerungsmerkmalen auf der Tathülse und der Vergleichshülse». Ein Gutachten wird angefertigt, mit Photos untermauert und als Beweismittel dem Gericht zur Verfügung gestellt. Die Geschworenen haben das letzte Wort...

# Die Verkehrspolizei

Zweimal täglich tobt die «Schlacht» gleichsam global. Im Schneckentempo bewegen sich die motorisierten Heerscharen ihren Zielen entgegen. Hinter den Lenkrädern hocken Millionen abgespannte, gereizte und feindselige Menschen. Die schrillen Dissonanzen der Hupkonzerte gellen durch die Häuserschluchten. Stunden sind die Menschen zu ihren Arbeitsplätzen und Wohnstätten täglich unterwegs.

Die Strassen können den Verkehr nicht mehr verkraften. Der Regen verschärft das Chaos. Die Scheiben laufen an, die rutschige Fahrbahn vergrössert die Unfallgefahr, der Rückstau ist undurchsehbar, und dennoch fahren viele in den Kreuzungsbereich ein, obwohl sie wissen, dass diese Verkehrsfläche nicht mehr rechtzeitig geräumt werden kann. Die Ampel hat ihren Sinn verloren, denn es gibt nichts mehr zu regeln. Die Stauung breitet sich weiter aus, wie ein Stein, der in den See klatscht und seine Kreise weiter zieht. Andere Stadtviertel werden paralysiert, der Verkehr ist hoffnungslos zusammengebrochen.

In solchen Situationen steht die Polizei auf verlorenem Posten: Sie kann den zusammengebrochenen Spitzenverkehr nicht mehr entflechten, auch für Umleitungen ist es zu spät. Erst in den späten Abendstunden haben sich die Verhältnisse allmählich wieder normalisiert. Die automatischen Lichtanlagen erfüllen ihren Zweck, die grüne Welle hat jetzt die richtige Amplitude, sie schleust die motorisierten Verkehrsströme mit optimalem Effekt durch die engen Häuserschluchten.

Obwohl die meisten Ampelanlagen automatisiert sind, weiss man in der Verkehrsleitzentrale über die jeweilige Situation jederzeit Bescheid: Der motorisierte Alltag spielt nämlich eine Live-Sendung in diesen mit TV-Monitoren voll gespickten Befehlsstand, und die auf den Kreuzungen installierten Elektronenaugen vermitteln einen grossräumigen Überblick.

Der Computer hält den Verkehr flüssig. Er schaltet diese Ampeln nach logischen Gesichtspunkten. Der Grundgedanke: Die Grünphase muss nahezu hundertprozentig ausgenützt wer-

1
2
3
4

116

1 Die rollende Pyramide zählt nach wie vor zu den Attraktionen der Polizei-Sportveranstaltung.

2 Obwohl in vielen Ländern die Kavallerie bereits zur Geschichte gehört, gibt es noch in einigen Staaten eine berittene Polizeitruppe. Hier sehen wir eine Abordnung der argentinischen Polizei auf Europa-Tournee.

3 Der Sprung durch den Reifen erfordert viel Mut und grosse Geschicklichkeit.

4 Berittene englische Polizei im Einsatz

5 Wettkampfmässige Schiessübung

6/7 Nur die Uniformen haben sich geändert – der Ton ist der gleiche geblieben. Das Wiener Polizei-Musik-Korps vor 30 Jahren und im Düsenzeitalter ...

Diese Bildfolge zeigt den Ablauf einer Radar-Geschwindigkeitskontrolle.
a) Geschwindigkeitskontrolle mit freistehendem Radargerät.
b) Geschwindigkeitskontrolle mit Radargerät, das am Polizeifahrzeug fixiert ist.
c) Ein Teil der Radaranlage mit dem sog. «Printer», welcher mittels Lochkarten Datum und Geschwindigkeit festhält. Hier erfolgt die sofortige Auswertung der Geschwindigkeitsübertretungen.
d) Die Automobilisten, die die vorgeschriebene Geschwindigkeitsgrenze überschritten haben, werden aus dem Verkehr genommen.

den. Dies ist nur dann möglich, wenn die Fahrzeuge, ohne wesentlich beschleunigen oder bremsen zu müssen, mit weitgehend gleichbleibender Geschwindigkeit dahinrollen.
Unter den Kreuzungen sind Detektoren eingebaut; das sind unter die Strassendecke verlegte, empfindliche Sonden, die jedes darüberfahrende Auto registrieren und dem Speicher des Elektronenrechners zusätzlich noch besondere charakteristische Daten geben. So erhält der Computer gleichsam ein Röntgenbild der augenblicklichen Verkehrssituation. Ständig melden die Sonden die Verkehrsfrequenz.
Diese Sonden entpuppen sich als elektronische Schwerarbeiter: Jede Autokarosse verursacht einen Messausschlag. Je schneller die Pulks unterwegs sind, desto kürzer werden die Impulse, man kann also die Geschwindigkeit erkennen.

Mischen sich unter diese stossweisen, knapp ausgeprägten Avisos zeitlich längere Impulse, dann deutet dies darauf, dass soeben Grossraumautobusse oder Fernlaster diese elektronischen Spione passiert hatten.
Werden die Impulse länger, dann heisst das: Die Fahrzeuge müssen bremsen, eine Stauung beginnt sich abzuzeichnen. So weit lässt es der Computer aber nicht kommen. Er disponiert um, die Ampeln zeigen ein «evergreen», es gibt genug Platz für die Abbieger, und zwar so lange, bis die Kolonne passiert hat.
Zu den Spitzenzeiten ist aber auch dieses System überfordert: Der Querschnitt der Strasse ist zu eng, es nützt nichts, wenn auf andere Ampelprogramme umgeschaltet wird. Die Funkwagen der Verkehrspolizei kommen nicht mehr durch, und nur Kradfahrer haben eine Chance, denn sie können sich zwischen den im zähflüssigen Tempo bewegenden Kolonnen durchschlängeln. Dann springt der Verkehrspolizist in die Bresche und versucht, mit Handzeichen wenigstens einigermassen das Chaos zu entflechten. Freilich eine nur unbefriedigende Massnahme, denn der Mann weiss ja nicht, wie es in seinem Nachbarbezirk aussieht.
Mag in einem aussergewöhnlichen Fall eine «Feuerwehr-Aktion» nützlich sein – generell ist grundsätzlich zur Verkehrsregelung von Hand nein zu sagen: Sie ist gefährlich, personalaufwendig, wenig effektiv und gesundheitsschädlich. Es wird versucht, mit solchen Einsätzen die Kreuzungen freizubekommen, damit Rettung, Feuerwehr und Einsatzfahrzeuge der Polizei leichter durchkommen.
Man braucht den zentralen Überblick, der durch die moderne Nachrichtentechnik bestimmt wird: Ein weitverzweigtes System von fix installierten, schwenkbaren und individuell steuerbaren Fernsehkameras spielt das aktuelle Verkehrsgeschehen in den Kommandoraum. Während der Morgenspitze weiss man über die überlastete Einfallstrasse Bescheid, und ehe sich die ersten Stockungen abzuzeichnen beginnen, wird auf ein für diese Situation massgeschnei-

Die Verkehrspolizei wird zentral gesteuert. Man braucht die grosse Übersicht. Auf dem Leitstand der Polizei München regiert die verfeinerte Nachrichtentechnik.

Auch auf den grossen Flüssen und Strömen sind die Verkehrspolizisten im Einsatz. Auf der Donau stoppt ein Boot der Wasserpolizei einen jugoslawischen Schleppzug und überprüft die Papiere der Matrosen.

Mit Bordmitteln muss ein Defekt behoben werden. Auf dem Wasser gibt es keine Pannenhilfe. Zu Lande, in der Luft, im Kanalsystem der Grossstadt und auf dem Wasser ist die Polizei einsatzfähig.

Eine Patrouille der Metropolitan Police im Einsatz auf der Themse in London.

dertes Ampelprogramm geschaltet. Der in Richtung City fliessende Verkehr bekommt noch mehr Priorität, man kann Umleitungen aktivieren und an einige Verkehrsposten telefonische Anweisungen durchgeben. Zahlreiche Kreuzungen werden trotz weitgehender Automatisierung noch immer vom Polizisten überwacht. Der dort stationierte Mann kann jederzeit ordnend eingreifen.

Dieses Fernsehsystem mit den vielen Monitoren, die auf Wunsch Dutzende verschiedene Strassenzüge und Kreuzungen hereinspielen, hat noch weitere Vorteile: Man fragt beispielsweise das Verkehrsgeschehen nach einem bestimmten Schema ab und kann auf Anhieb sagen, wie weit sich die augenblickliche Situation von der jeweiligen Norm abhebt. Der Chef in der Leitzentrale weiss, ob die Abfahrt der Abertausenden Sportfans, die soeben im Stadion ein Fussballspiel gesehen haben, reibungslos abgewickelt wird. Er kann Massnahmen gegen eine Stauung bei einer Baustelle ergreifen.

Er informiert sich, ob der vor der Autobahnauffahrt umgestürzte Sattelschlepper vom Kranwagen der Feuerwehr wieder flottgemacht worden ist, schlägt unverzüglich Alarm, weil er auf einer Brücke eine Massenkarambolage gesehen hat. Noch lange bevor der Notruf eintrifft, sind Feuerwehr und Sanität in Marsch gesetzt. Er weiss, in welchem Stadtteil Nebel liegt und wo die Sonne scheint. Ihm entgeht auch nicht jener Verkehrssünder, der trotz Überholverbot einer Kolonne vorgefahren ist.

Der Verkehrspolizist von heute ist zum Regisseur einer Live-Sendung geworden. Er hat zwar keine Macht über die motorisierten Akteure, ihm entgeht aber nichts. Er spielt sich die jeweilige Situation ins Studio und trifft dann seine Entscheidungen. Sein oberstes Ziel lautet: Der starke Verkehr muss zügig weitergebracht werden.

Taucherausbildung der Kantonspolizei Bern am Bielersee

# Der Knochen als Indiz

Der berühmte englische Gerichtsmediziner Sir Sidney Smith arbeitete noch in Kairo, als eines Tages ein versiegeltes Päckchen abgegeben wurde. Es enthielt lediglich drei Knochen, die man in einem alten Brunnen gefunden hatte. Sir Sidney untersuchte diese drei Knochen und erklärte: «Es handelt sich um eine etwa 25jährige Frau. Sie war klein und schlank. Vermutlich war sie schon einmal schwanger gewesen. Ihr linkes Bein war kürzer als das rechte, so dass sie hinkte. Als Kind hatte sie Kinderlähmung gehabt. Sie wurde mit selbstverfertigter Munition durch einen Gewehrschuss getötet, und zwar war der Schuss aus etwa 3 Meter Entfernung, von unten schräg nach oben, abgegeben worden. Sie starb ungefähr sieben bis zehn Tage nach der Verwundung, vermutlich an einer durch den Schuss ausgelösten infektiösen Bauchfellentzündung!»
Man könnte nun an einen aufgelegten Schwindel glauben. Doch der Gerichtsarzt hatte lediglich Fakten festgestellt und daraus kombiniert. Die Skeletteile bestanden aus den beiden Beckenknochen und dem Kreuzbein. Zusammengesetzt bildeten sie das Becken. Sir Sidney konnte also feststellen, dass es sich um eine Frau handeln musste. Da die Knochen klein und leicht waren, musste die Frau auch zierlich gewesen sein. Die Verwachsung war noch nicht abgeschlossen, deshalb die Bestimmung des Alters. Winzige Gewebespuren an einem Knochen gaben ihm die Auskunft: Die Frau war mindestens drei Monate tot. Auskehlungen an den Knochen zeigten, dass sie schon ein Kind geboren haben musste. Zudem war der rechte Hüftknochen grösser und schwerer als der linke; er musste das Hauptgewicht des Körpers tragen. Folgerung: Die Frau war einmal an Kinderlähmung erkrankt.
Im rechten Hüftknochen entdeckte Sir Sidney ein Schrotkorn. Es hatte unregelmässige Kanten und war nicht in einer Fabrik erzeugt worden. An einem anderen Teil dieses Knochens fand der Arzt eine längliche, tiefe Einkerbung sowie eine dreieckige Fraktur. Der Abstand der Verletzungen zeigte die Streuung an. Die Kombination: Der Schuss dürfte aus nächster Nähe, vielleicht aus etwa nur 3 Metern Entfernung abgegeben worden sein. Einige Knochenerosionen waren das charakteristische Zeichen für Eiterung. Also musste die Frau noch einige Tage lang gelebt haben...
Der Fall konnte geklärt werden. Die Unglückliche war von ihrem Mann angeschossen und später in den Brunnen geworfen worden. Alles stimmte, nur in einem Punkt hatte sich Sir Sidney geirrt: Die Frau konnte kaum gehen, denn die Kinderlähmung hatte sich auf beide Beine ausgewirkt.
Eine geradezu unwahrscheinliche Kombination, ein Paradefall aus dem Bilderbuch, wie er alle hundert Jahre nur einmal vorkommen mag. Er würde ein ideales Skript für einen Reisser abgeben. Sogar aus dem Skelett, den kleinsten Knochen oder gar undefinierbaren Bruchstücken liest der Sachverständige wie aus einem Buch. Selbst dann, wenn eine gar zu schlaue Mörderin ihr Opfer im Backofen verbrannt haben sollte, können noch Relikte gefunden werden: Teile des Beckens und die massiven Oberschenkelknochen lösen sich nicht so schnell in Rauch und Asche auf.
Als der Gerichtsarzt Professor Dr. Norbert Wölkart einen saubergefegten Backofen besichtigte, liess er von einem Kriminalbeamten die Fugen zwischen den einzelnen Ziegeln mit scharfen Werkzeugen auskratzen. In den Fugen fanden sich tatsächlich winzige Knochenstücke. Mit ihnen konnte man allerdings nicht viel anfangen. Ein anderes Überbleibsel, etwa der vordere Abschnitt des Unterkiefers – die Kinnspitze – wurde aber der Mörderin zum Verhängnis.
Aus einem Skelett kann man folgende Tatsachen erkennen:
– Die Identität des Opfers wird eruiert. Besonders aus der Beschaffenheit des Beckens stellt man fest, ob es sich bei dem Toten um einen Mann oder um eine Frau handelt.
– Der Schädelumfang gibt über das Alter Auskunft.
– Knochenbrüche können wichtige Hinweise

über die Identität eines Toten geben. Eine Oberschenkelnagelung wird unter Umständen einen Kriminalfall klären, ebenso ein bei einem Skiunfall gebrochener Knöchel. Röntgenaufnahmen aus den alten Krankengeschichten untermauern den Befund.
- Missbildungen erleichtern die Ermittlungen. Dies gilt etwa für eine Hammerzehe, auch das Karteiblatt aus der Ordination des Orthopäden hilft weiter.
- Die Zahnformel ist mitunter entscheidend. Die Polizei hat erhoben, dass beim Zahnarzt X im Januar 1973 zwei Amalgamfüllungen links oben und eine Goldbrücke rechts unten gemacht wurden. Sollten auch viele andere Charakteristika und Hinweise zutreffen – dann hat man unter Umständen bei einem Verbrechen den «falschen» Toten einbezogen...

Die Wissenschaft hat ungeahnte Möglichkeiten. Ein alter, ausgebleichter Oberschenkelknochen wurde zersägt und das gesammelte Knochenmehl untersucht. Aus dem 22 Jahre im Metallsarg gelegenen Knochen konnte die Blutgruppe festgestellt werden: AB. Die «Sägespäne» hatten Gewissheit gebracht – man hatte einen anderen Toten begraben.

Ein Mann wurde seiner Frau überdrüssig und vergiftete sie mit einer Überdosis Schlafmittel. Die Tote wurde tief im Garten vergraben. Erst nach vielen Jahren – der Mörder hatte erklärt, seine Frau sei zu ihren Verwandten nach Übersee gefahren – wurden die Leichenteile exhumiert. Dabei stellte sich heraus, dass das Opfer zerstückelt worden war. Der Täter aber leugnete noch immer und erklärte, es handle sich gar nicht um seine Frau. Das Skelett wurde nun in mühsamer Arbeit zusammengefügt, die Oberschenkelknochen waren ein dutzendmal zersägt worden. Bei dieser Rekonstruktion stellte sich später heraus, dass dieses Skelett charakteristische O-Beine hatte – ebenso wie die Frau des Täters. Nun brach der Mörder zusammen und legte ein Geständnis ab.

Eine Anarchistenbande in der Bundesrepublik

Mit Hilfe verfeinerter Methoden lässt sich selbst aus einem viele Jahre alten Knochen die Blutgruppe bestimmen. Der Knochen wird zersägt, und diese makabren «Sägespäne» – das Knochenmehl – werden untersucht. Dazu ist eine langjährige Erfahrung notwendig. Es könnte sich auch um den Rest eines Tierknochens handeln. Deshalb die Feststellung: Menschenblut oder Tierblut. Auch bei den Tieren kann man noch eingrenzen: Vogel- oder Reptilienblut, Blut von Säugetieren, vom Pferd, Rind, Schwein, Hund, Hammel, Reh oder von einer Katze. Beim Menschenblut wiederum kann festgestellt werden, ob es sich um ein Baby oder um einen Erwachsenen handelt; das sogenannte fötale Hämoglobin kann erkannt werden. Neben den vier klassischen Blutgruppen – A, B, AB und Null – hat der Lebenssaft noch viele andere Eigenschaften, die aufgrund langer Versuchsreihen zu bestimmen sind. Das geschieht aufgrund der Serumeigenschaften sowie der Blutuntergruppen.

Deutschland beseitigte ein Bandenmitglied, weil man befürchtete, es könnte «umfallen» und der Polizei im Hinblick auf mildernde Umstände wichtige Hinweise geben. Die skelettierte Leiche einer jungen Frau wurde am 15.Juli 1973 von Spaziergängern im Hohenkirchener Forst bei München gefunden.

Bis zum Frühjahr 1975 konnte man die Tote aus dem Wald, die unbekleidet unter Reisig und Laub verscharrt worden war – ein Sexualmord sollte vorgetäuscht werden –, nicht identifizieren. Die Leiche war 1,60 bis 1,65 Meter gross, die vermisste Anarchistin 1,61 Meter. Beide hatten den gleichen Körperbau, beide die gleichen langen dunkelblonden nachblondierten Haare.

Ein Münchner Kriminalist gewann schliesslich mit der Methode der photographischen Schädelidentifizierung Gewissheit. Lichtbilder des Totenschädels und des Kopfes – im Idealfall ein exaktes Profilphoto – dienten zur Feststellung der Übereinstimmungen und der Nichtübereinstimmungen. Die beiden Photos wurden allmählich massstabgetreu aufeinanderprojiziert. Dabei stellte sich heraus, dass das Profilphoto des Mädchens und der Totenschädel nicht nur in den Konturen der Gesamtfiguration, sondern auch in allen anderen Messpunkten, wie etwa an den Nasenwurzeln oder in der Augenhöhle, gewissermassen deckungsgleich waren. Wie man also in der Praxis sieht, erzählen Knochen eine interessante Geschichte und helfen der Polizei bei ihrer schwierigen Arbeit.

## Das Verkehrsunfallkommando

Die Polizei führt einen erbitterten Kampf gegen den gefährlichsten, skrupellosesten und hinterhältigsten Massenmörder unseres Jahrhunderts: den Verkehrstod. Er ist ein menschenfressender Moloch, der in seiner Produktivität, Grausamkeit und Phantasie sogar einen Schwerverbrecher weit in den Schatten stellt. Bei der Aufklärung von Verkehrsunfällen ist eine motorisierte Bereitschaftstruppe eingesetzt – das Verkehrsunfallkommando. Diese Experten in Sachen Unfallerhebung liefern dem Strafrichter die Entscheidungshilfen.

Aus den unscheinbarsten Details lesen die Experten wie aus einem Buch. Die Fachleute wissen, dass der verchromte Scheinwerferring nur vom linken Oberschenkel des getöteten Radfahrers deformiert werden konnte. Es sind nur Einbuchtungen, ohne zackige Ränder, ohne Risse und ohne Kratzer zu sehen. An der Radkappe des Autos entdeckt man eine deutliche Schleifspur in Form eines Kegelstumpfes. Sie stammte vom Pedal des betreffenden Fahrrades. Viele Indizien ergeben das Gesamtbild. Obwohl sich der tödliche Unfall bei Nacht und Nebel auf offener Landstrasse ereignet hatte und keine anderen Verkehrsteilnehmer Zeugen dieses Zwischenfalles waren, konnte innerhalb weniger Stunden der fahrerflüchtige Lenker ausgeforscht werden. Die «stummen Zeugen» waren vom Verkehrsunfallkommando gesichert, dem Kriminaltechnischen Labor übermittelt und dort zum Sprechen gebracht worden. Die Rekonstruktion deckte sich haargenau mit dem Obduktionsergebnis des gerichtsmedizinischen Sachverständigen.

Der Kombiwagen des Verkehrsunfallkommandos ist für diese umfangreiche Beweissicherung massgeschneidert worden. So verfügt er unter anderem über eine Dach-Plattform. Von dieser mobilen Tribüne aus kann die Unfallstelle aus verschiedenen Blickrichtungen photographiert werden. Schleifspuren, Bremsspuren, Blockierspuren und Schleuderspuren werden nach bestimmten Normen mit weisser Kreide markiert, auf den Zentimeter genau ausgemessen und im

Der Tod auf der Strasse ist zur Pest des 20. Jahrhunderts geworden. Verkehrsunfälle fordern mehr Opfer als Kriege, und selbst die grossen Seuchen des Mittelalters können nicht mithalten. In der Statistik steht der Verkehrsunfall an erster Stelle.

Protokoll festgehalten. Zeit, Strassenzustand und Sichtverhältnisse zum Zeitpunkt des Unfalles werden ebenfalls in die Skizzen eingetragen. Bei Nacht wird die Szene mit starken Scheinwerfern ausgeleuchtet. Fahrtrichtung der beteiligten Fahrzeuge, Bewegungsrichtungen der Fussgänger, Stellung der Fahrzeuge nach dem Unfall sowie die Lage des verletzten Fussgängers – alle diese Fakten und noch vieles andere mehr werden auf der im Massstab 1:200 gezeichneten Unfallskizze vermerkt.

Die Beweissicherung hat höchste Priorität. Beim entgleisten und umgestürzten Strassenbahntriebwagen wird zuerst die Stellung des Fahrschalters photographiert. Damit ist ersichtlich, ob beschleunigt oder gebremst worden war. Beim tonnenschweren Sattelschlepper, der nach einem Platzregen infolge Aquaplaning ins Schleudern geraten und auf den Gehsteig gerast war, werden die profillosen, teilweise bis auf die Leinwand abgefahrenen Zwillingsreifen der Zugmaschine photographiert. Anschliessend wird das Fahrzeug für die Staatsanwaltschaft beschlagnahmt.

Als ein betrunkener junger Mann einmal nächtlicherweise einen abgesperrten 28 Tonnen schweren Silo-Transporter aufbrach, um mit dem grossen Fahrzeug eine Spazierfahrt zu unternehmen, betrug die Fahrstrecke nur 832 Meter. Vierzehn vorschriftsmässig am Strassenrand parkende Fahrzeuge wurden von dem entfesselten Gefährt gestreift und grösstenteils zu Schrott gefahren, ehe der Silo-Transporter eine Hausmauer rammte und in einem Geschäftslokal endlich zum Stillstand kam.

Diese Unfallskizze war eine der wichtigsten Grundlagen für die Erhebung der Anklage. Der Täter war zwar nicht vernehmungsfähig und musste zur Ausnüchterung von der Funkstreife in den Arrest gebracht werden – aber jene acht Zeugen, die mit Gruseln diesen Unfall miterlebt hatten, deponierten bei der Befragung im Kombiwagen ihre Aussagen. Mit Hilfe der Lautsprecheranlage hatte der Einsatzleiter die Zeugen

125

aufgefordert, sich beim Verkehrsunfallkommando zu melden.

Die von den Experten des Verkehrsunfallkommandos am Unfallort praktizierte Tatbestandsaufnahme ist der einfachste und optimale Weg zur Wahrheitsfindung. Die Zeugen werden unmittelbar nach dem Unfall vernommen. Das mit der Schreibmaschine verfasste Protokoll wird nach dem Vorlesen vom Zeugen an Ort und Stelle unterschrieben. Es gibt keine Unklarheiten – im Zweifelsfall wird der Betreffende mit Spuren und Indizien konfrontiert. Dasselbe gilt für alle Beteiligten. Sollten diese Personen nicht vernehmungsfähig sein, wird nach Rücksprache mit dem Arzt das Protokoll im Krankenhaus aufgenommen.

Fazit: Die Prozessabwicklung wird vereinfacht.

*Das Verkehrsunfallkommando bei einer Demonstration seiner Arbeit. Wichtig ist die Absicherung der Unfallstelle. Eine Puppe markiert das Unfallopfer. Der Polizist (rechts) zeichnet mit einem Gerät die Positionen auf, damit diese besser im Bild festgehalten werden können. Auch Brems-, Blockier- und Schleuderspuren werden aufgezeichnet. Auf dem Dach des Kombi-Fahrzeugs hat der Photograph Stativ und Kamera aufgebaut. Sowohl in Farbe als auch in Schwarzweiss werden die Aufnahmen gemacht. Im Fahrzeug selbst werden die Einvernahmen durchgeführt, die Protokolle mit der Schreibmaschine geschrieben und von den Zeugen und von den Beteiligten unterzeichnet.*

Es ist einigermassen schwierig, all das abzustreiten, was man nach dem Unfall selbst zu Protokoll gegeben und auch unterzeichnet hat. Auch der gefinkeltste Anwalt hat bei seiner Interpretation Schwierigkeiten, wenn ihm der Staatsanwalt das Photo von den abgefahrenen Reifen zeigt oder den Fahrtschreiber präsentiert, der klipp und klar aussagt, dass der LKW-Fahrer nun schon 14 Stunden ohne Pause am Steuer gesessen und vor dem Zusammenstoss das Tempolimit erheblich überschritten hatte...

Die Praxis zeigt leider, dass die Justiz nicht immer so prompt arbeitet. Oft werden nach vielen Jahren von Staatsanwalt und Verteidigung gleichsam aus der untersten Schublade Zeugen mobilisiert, die sich an prozessentscheidende Details nach bestem Wissen und Gewissen nicht mehr erinnern können. Der Richter kommt in eine schwierige Situation – wie soll er urteilen, wenn viele Jahre zuvor die Beweise nur spärlich oder überhaupt nicht gesichert worden waren?

Die vom Verkehrsunfallkommando durchgeführte geradezu pedantisch genaue Tatbestandsaufnahme ermöglichte beispielsweise die Aufklärung eines Kriminalrätsels. Ein PKW war im 120-Stundenkilometer-Tempo von der Strasse abgekommen und hatte frontal einen Apfelbaum gerammt. Das Rote Kreuz brachte die beiden verunglückten Insassen ins Krankenhaus, wo einer von ihnen – es handelte sich um einen Gendarmerie-Inspektor – später starb, ohne zuvor das Bewusstsein wiedererlangt zu haben.

Das Verkehrsunfallkommando photographierte die Unfallstelle und sicherte die Spuren. Unter anderem war einige Meter neben dem Wrack ein Schuh gefunden worden. Dieser Schuh sollte sich bald als Kronzeuge gegen den Autobesitzer entpuppen. Der Autobesitzer hatte immer wieder erklärt, dass nicht er, sondern der Gendarmerie-Inspektor am Steuer gesessen habe. Den Gendarmen konnte man nicht mehr befragen, denn er war schon tot. Andererseits konnten die Angaben des Autobesitzers der zum Zeitpunkt

des Unfalles alkoholisiert war, nur schwer widerlegt werden.
Der Gerichtsmediziner wurde eingeschaltet. Er untersuchte das Corpus delicti: einen linken braunen Sportschuh, der an der Sohle eingerissen war. Ein 8 Zentimeter langer und 2 Zentimeter breiter Spalt klaffte im Leder. Dieser Schuh gehörte einst dem Gendarmen. Er hatte aber auf dem Beifahrersitz gesessen, und der Sachverständige konnte nachweisen, dass durch den Anprall des rechten vorderen Kotflügels der Schuh zerrissen worden war. Ausserdem war der Gendarm am linken Fuss schwer verletzt.
Bei der Gerichtsverhandlung brach der Autofahrer zusammen. Er gab zu, das Fahrzeug zum Zeitpunkt des Unfalles gelenkt zu haben. Ausserdem wollte er das Wrack anzünden; der zertrümmerte Wagen hatte jedoch nicht Feuer gefangen. Der Kraftfahrzeugsachverständige erklärte, dass das Wrack mit Benzin übergossen worden sei. «Das Feuer ist durch äussere Einwirkung entstanden!» lautete der Kernsatz des Gutachtens. Der Autofahrer wurde verurteilt, und von einem Toten war der Makel genommen worden. Das Verkehrsunfallkommando hatte die Beweise gesichert.

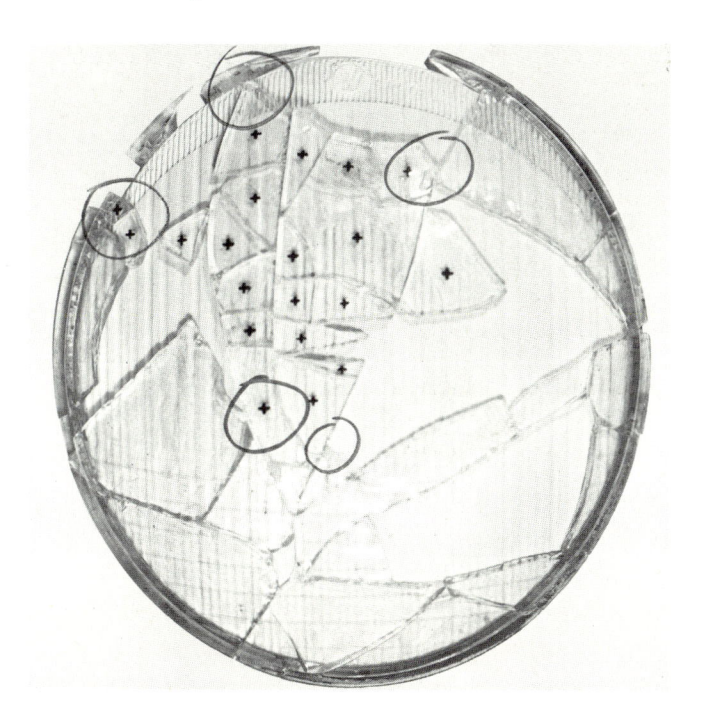

Diese Bildfolge zeigt in drei Aufnahmen die Arbeit der Polizei nach einem Verkehrsunfall. Während die erste Abbildung die Unfallsituation zeigt mit der Befragung von Augenzeugen und der sofortigen Sicherung vor dem übrigen Verkehr, zeigt das nächste Bild die Unfallspurensicherung (im Polizeijargon «Gipser» genannt), während auf Bild 3 die Unfallsituation durch eine Stereophotoaufnahme festgehalten wird.

Mit Hilfe von zersplittertem Scheinwerferglas konnte eine Fahrerflucht geklärt werden. Die mit einem Kreuz bezeichneten Glassplitter stammen von der Unfallstelle. Der Wagen mit dem kaputten Scheinwerfer konnte in einer Garage sichergestellt werden. Entscheidende Indizien sind die eingerahmten Splitter an den «Nahtstellen» – eindeutig konnte bewiesen werden, dass die an der Unfallstelle gefundenen Splitter von diesem Scheinwerfer stammen.

127

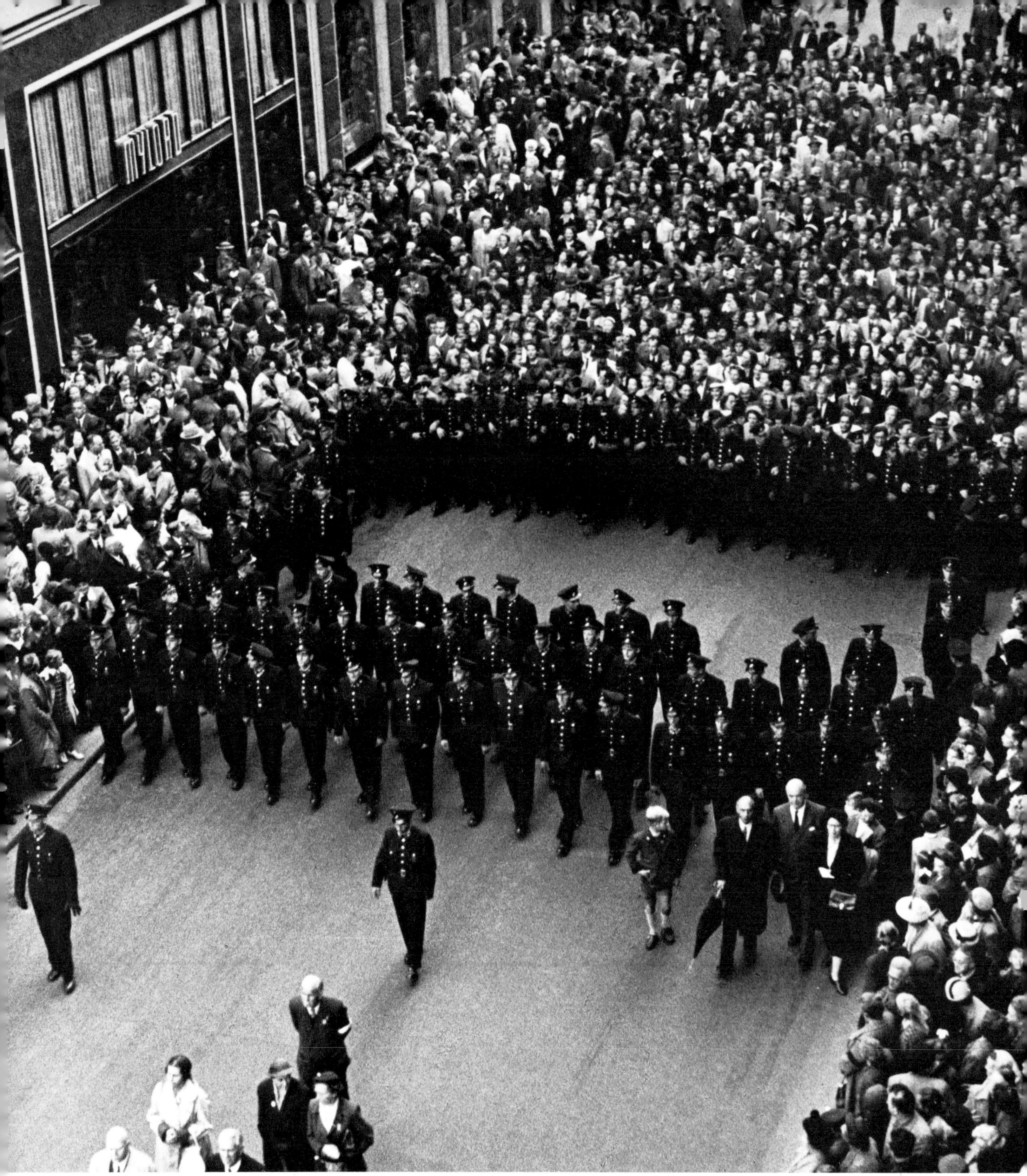
MYLORD

# Die Demonstration

Die Polizisten sind schwer bewaffnet. Jeder Mann trägt einen Stahlhelm, der Gesichtsschutz mit dem fingerdicken Plexiglas-Visier wurde heruntergeklappt, das Vorkommando ist mit kugelsicheren Westen bekleidet. Zur Ausrüstung zählt die Tränengasschutzmaske. Die Männer tragen überdies noch Schilder aus Kunststoff, um sich gegen Steinwürfe und Molotow-Cocktails schützen zu können. Die nackte Gewalt triumphiert. Demonstranten und Polizisten sind in Linien tief gestaffelt, es kommt zur erbitterten Schlacht. Man hat den Eindruck, als würden Kohorten aufeinandertreffen – es tobt ein harter Kampf.

Ein Funke genügte, und die Explosion hatte die Dämme der Vernunft gesprengt. Eine an sich harmlos scheinende Demonstration entwickelte sich binnen Sekunden zur Strassenschlacht, das Chaos griff um sich, Häuser wurden in Brand gesteckt, unbeteiligte Passanten verprügelt, Telefonzellen zerschlagen und Autos umgeworfen. Die Polizei war nicht mehr Herr der Lage, die Regierung setzte Militär ein, ein lückenlos durchgeführter Generalstreik paralysierte die Nation – ein Volk stand am Abgrund. Der Bürgerkrieg war ausgebrochen.

Wie die jüngste Geschichte zeigt, ist die Eskalation von der Demonstration zum Standrecht keine Utopie. In einer Diktatur mag es nicht schwierig sein, eine Demonstration zu sprengen. Es ist keine Kunst, ein Häuflein stumm marschierender Protestierer mit Brachialgewalt von der Strasse zu entfernen, um kurzen Prozess mit ihnen zu machen und sie mit drakonischen Strafen zu belegen.

In einer demokratischen Gesellschaft hingegen kann man sich dieses Vorgehen nicht leisten. Das heisst aber nicht, dass es zu keinen Demonstrationen kommt, weil man sie behördlich verbietet. Man setzt sich vielmehr vor Beginn der Demonstration mit den Initiatoren an einen Tisch und versucht im Gespräch, die Fronten abzustecken.

In Österreich beispielsweise muss jede Demonstration («Kundgebung unter freiem Himmel») mindestens 24 Stunden zuvor der Behörde gemeldet werden. Dabei wird über die vermutliche Teilnehmerzahl, die teilnehmenden politischen Organisationen, über den Sammelpunkt, die Marschroute und über die Kundgebung gesprochen. Vor allem wird ein detaillierter Zeitplan einvernehmlich festgelegt.

Eine solche Verhandlung endet meist mit einem Kompromiss. Es beginnt schon bei der Marschroute. Es geht nicht an, dass eine Minderheit von Demonstranten den Verkehr in der City lahmlegt und deshalb Abertausende Menschen einige Stunden später nach Hause kommen. Andererseits sind aber die Absichten und Ziele der Demonstranten zu respektieren. Die Grundregeln, wie sie der Wiener Polizeipräsident Dr. Karl Reidinger formuliert, lauten: «Beide Partner müssen sich an die Spielregeln halten. Damit sind wir in Österreich immer gut gefahren. Wir haben beispielsweise drei Wasserwerfer – keiner war bisher eingesetzt. Als wir im Hochsommer einen Wasserwerfer der Strassenreinigung zur Verfügung stellten, ging dieses Photo um die ganze Welt!»

Die Respektierung der Partnerschaft dürfte der Schlüssel zu diesem international beachtlichen Erfolg sein. Der Polizist stammt aus derselben Stadt wie der Demonstrant, beide sprechen dieselbe Sprache. Der Polizist ist im Ordnungsdienst eingeteilt, der Demonstrant macht von seinen gesetzlich verankerten staatsbürgerlichen Grundrechten Gebrauch. Es stehen sich also keine «Feinde» gegenüber, die Situation ist von Anfang an nicht emotionsgeladen, man geht auf die Strasse und hält sich an die vereinbarten Spielregeln.

Bei allen Demonstrationen ist die für die innere Sicherheit verantwortliche Staatspolizei dabei. Der diensthabende Konzeptbeamte, ein Jurist,

*Doppelt hält besser – der Sperriegel bei einer Demonstration. Nicht immer geht es so friedlich aus. Oft genügt ein winziger Funke, und die Massen geraten ausser Kontrolle. Auf beiden Seiten – sowohl bei den Verantwortlichen des Demonstrationszuges als auch bei der Polizei – liegt grosse Verantwortung.*

ist für die Abwicklung der Demonstration verantwortlich. Ihm untersteht der Polizeioffizier. Er wiederum ist für den taktisch richtigen Einsatz seiner Mannschaft verantwortlich. Er führt lediglich Befehle aus, die «politischen Entscheidungen» trifft der Jurist. Nur der Polizeijurist darf die Anweisung geben, wann der Knüppel gezogen werden muss. Und der Knüppel darf nur zur Selbstverteidigung der Polizei in Aktion treten, oder es handelt sich um Notwehr.

Lautsprecherwagen, Polizeiaufgebot, eine ständige Funkverbindung zur Zentrale, Kriminalbeamte entlang der Marschroute und ständiger Kontakt mit der Führungsspitze der Demonstration – das sind nur einige der vielen Dinge, die für eine ordnungsgemäss durchgeführte Aktion unerlässlich sind. Die Demonstranten haben Ordner eingesetzt. Diese Leute sind an ihren Armbinden erkenntlich. Die Ordner sorgen dafür, dass alles reibungslos abläuft. Ein psychologisches Motiv wird damit ins Spiel gebracht: Es ist nicht dasselbe, ob nun ein stahlhelmbewehrter Polizist einem Demonstranten eine Weisung gibt oder ob der Demonstrant diese Order nur von seinem mit ihm befreundeten Gesinnungsgenossen erhält.

Dass so viele Demonstrationen ohne Blutvergiessen über die Bühne, sprich Strasse, gehen konnten, ist dem Einfühlungsvermögen der verantwortlichen Polizeibeamten und der staatsbürgerlichen Reife der Demonstranten zu danken. Die Polizei ist laut Abkommen über «Sicherheit und Würde der Botschaften» gezwungen, fremdes Eigentum zu schützen. Man wird deshalb nicht unbedingt bei einer gegen einen bestimmten ausländischen Politiker gerichteten Demonstration die aufgebrachten Marschierer neben der Botschafter-Residenz vorbeiziehen lassen, sondern gleichsam eine Sicherheitszone dazwischenlegen. Botschaften und Konsulate, Fluggesellschaften, Reisebüros, Firmen und Schulen, die mit diesem Land in Verbindung stehen, müssen zusätzlich geschützt werden. Das gleiche gilt für durchfahrende Reiseautobusse aus dem betreffenden Land und für

Ein Wasserwerfer. Man beachte den glattflächigen Karosserieaufbau. Oben die Monitore. Das mit schusssicheren Pneus ausgerüstete Spezialfahrzeug soll möglichst wenige Angriffsflächen bieten. Der Wasserwerfer ist mit Funk ausgerüstet; darüber hinaus verfügt der Kommandant noch über ein Sprechfunkgerät.

Die drei Wasserwerfer der Wiener Polizei bei einer Übung. Vor zehn Jahren wurden diese Spezialfahrzeuge angeschafft. Als dieses Buch geschrieben wurde, standen sie noch immer im Depot. Man brauchte sie glücklicherweise bei Demonstrationen nicht einzusetzen.

Verkehrsflugzeuge, die eine Zwischenlandung einlegen. Vorbeugen ist besser als heilen...

Die bereits zitierten Wasserwerfer sind in die Vorsorgemassnahmen einzubeziehen. Wasser kann eine Waffe sein, eine ernüchternde Waffe sogar, die im wahrsten Sinne des Wortes die erhitzten Gemüter abkühlt. Wenn sich die Demonstranten nicht an die vereinbarten Spielregeln halten und beispielsweise einen anderen Weg als den abgesprochenen einschlagen und sich als Vandalen betätigen – dann könnte der Wasserwerfer in Aktion treten.

Ein 20 Tonnen schweres, auf kugelsicheren Spezialreifen rollendes Gefährt mit einem glattflächigen Karosserieaufbau, aus dem nicht einmal eine Türschnalle herausragt. Nur mit dem Spezial-Vierkantschlüssel lassen sich die Türen öffnen. Die Fenster sind mit Stahldraht-Maschengitter geschützt, Bierflaschen oder Steine als zweckentfremdete Wurfgeschosse können keinen Schaden anrichten.

Der Wagen verfügt über Funk und ist binnen weniger Minuten imstande, 8000 Liter Wasser aufzutanken. Zwei Mann steuern die beiden um 360 Grad schwenkbaren Strahlrohre. Eine Motorpumpe sorgt für den erforderlichen Druck. Der Strahl lässt sich genau dosieren; man kann vortrefflich mit ihm zielen. Ein dünner Strahl trifft den Demonstranten viel stärker als ein dicker Wasserschwall. Man kann das «Kaliber» gewissermassen dosieren.

1975 stand nur noch ein Wasserwerfer in der Wiener Polizeikaserne. Die beiden anderen Spezialfahrzeuge waren an das Militär verliehen worden. Mit ihnen werden Flächenbrände auf Truppenübungsplätzen bekämpft. Aus Wartungsgründen muss aber von Zeit zu Zeit auch der übriggebliebene Wasserwerfer in Aktion treten. Das geschieht – meist zum Wochenende –, wenn auf dem Kasernenhof leere Parkplätze gesäubert werden müssen.

## Wo gemordet werden darf!

Eine der seltsamsten Wohnungen befindet sich im zweiten Stockwerk einer Polizeidienststelle im Zentrum der grossen Stadt. In dieser Wohnung werden die schwersten Verbrechen verübt, ohne dass der polizeibekannte Mieter aber eine Strafe zu befürchten hätte. Tag für Tag suchen in diesem kleinbürgerlich eingerichteten Heim, das überdies dem Staat gehört, die Kriminalisten nach Spuren. Fingerabdruckspezialisten sind ebenso am Werk wie die Experten des Einbruchsdezernats. Man photographiert den Tatort aus verschiedenen Blickwinkeln, der Zeichner hält auf seiner Übersichtsskizze die Charakteristika dieser Wohnung fest: Vorzimmer, Gang, Schlafraum, Büro und Wohnzimmer, Küche und Bad. Der Standort der Polsterbank wird genau festgehalten, ebenso scheinen der umgestürzte Tisch mit der zerbrochenen Cognacflasche und auch der geknackte, einigermassen bejahrte Panzerschrank in dieser Skizze (Massstab 1:50) auf.

Diese Wohnung ist gleichsam das Klassenzimmer für den Kriminaltechniker. Anhand eines erdachten Kriminalfalles kann man Spuren setzen, die Tatortsituation immer wieder beliebig verändern. Oberstes Ziel: Die Spuren sollen dort gesucht werden, wo ihr Vorhandensein aufgrund der Sachlage auch vermutet werden kann.

Als der Autor die «Mordwohnung» besuchte, lag folgender konstruierter Fall vor: Ein vorbestrafter Fälscher und Kasseneinbrecher war vor einigen Jahren Komplize des Wohnungsinhabers, und sein ehemaliger Kumpan wollte ihn mit gefälschten Wechseln erpressen. Da der Wohnungsinhaber sich im Ausland befand, wollte er diesem unguten Zustand ein Ende bereiten und sich bei einem Einbruch die belastenden Papiere wieder aneignen.

Doch die Aktion lief mit einigen Schwierigkeiten ab. Als der Fälscher mit einem Nachschlüssel die Wohnungstür öffnen wollte, brach der Schlüsselbart ab und blieb im Schlosskasten liegen. Erst mit einem Sperrhaken gelang es, die Türe zu öffnen. Zuerst überzeugte sich der Eindringling, ob die Wohnung leer sei. Bei seinem Rundgang

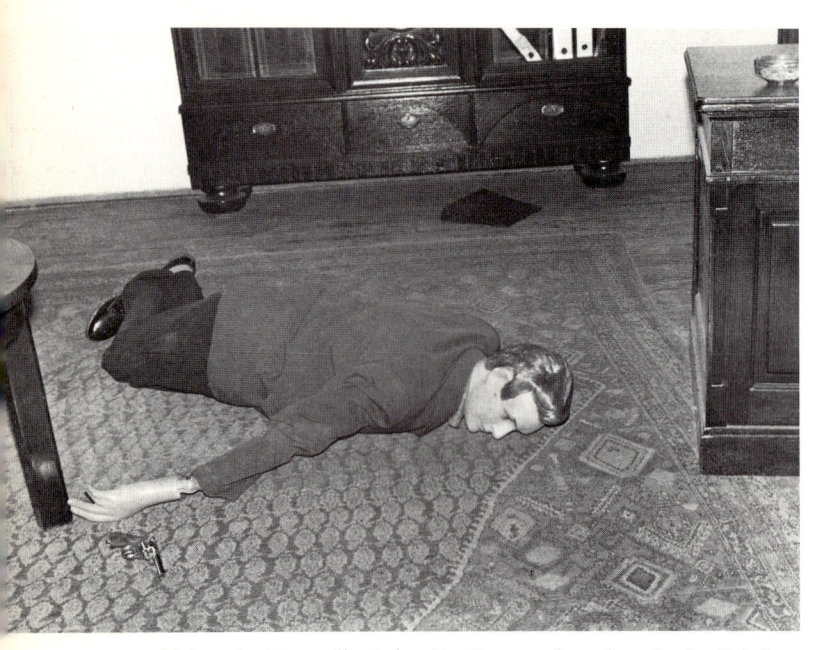

Neben der Puppe liegt ein alter Trommelrevolver. In der Schule wird gelehrt, wie nun eine solche Tatwaffe kriminaltechnisch behandelt wird. Die Tatbestandsaufnahme wird minutiös durchgeführt. Spurensicherung hat Vorrang. Vor allem geht es um die Sicherung von Fingerabdrücken. Trittspuren, Schiessspuren, Blutspuren usw. müssen gesichert werden.

Derselbe Tatort, aber nur aus einem anderen Blickwinkel photographiert. Trinkglas und Aschenbecher auf dem Schreibtisch werden unter die Lupe genommen, der umgestürzte Stuhl wird ebenfalls untersucht. In dieser Wohnung darf «gemordet» werden. Sie erlaubt einen variablen Aufbau der Szene.

hinterliess er auf dem Fussbodenbelag in der Küche einige Tritte – eine Schuhspur konnte man später auswerten.

Nun begann er die Wohnung nach den gefälschten Wechseln zu durchsuchen. Er durchwühlte sämtliche unversperrten Kasten und Laden. Dabei stellte er fest, dass nur die Laden des Schreibtisches versperrt waren. Im Schlafzimmerkasten, unter einem Stoss Wäsche versteckt, fand er eine versperrte Kassette.

Die Kassette wurde aufgebrochen, doch in ihr waren die gefälschten Wertpapiere nicht aufbewahrt. Auch der Schlüssel zum Panzerschrank wurde nicht gefunden. Mit Hilfe einer elektrischen Bohrmaschine bohrte er den Safe im Bereiche des Zentralschlosses an. Mit einem Reisser, einer stählernen Stange mit geschliffenen und spezialgehärteten Schneiden, brach er schliesslich den Safe auf. Als der Reisser – seine Wirkung basiert auf dem Hebelprinzip – einmal nicht fasste und abrutschte, verletzte sich der Einbrecher an der rechten Hand. Er zog den Handschuh aus, einige Blutstropfen fielen auf den Boden, und im Badezimmer wurde dann die Blutung mit einem Handtuch gestillt. Die Mullbinde stammte aus dem Verbandkasten. Die Papierschleife der Mullbinde warf der Ganove im Badezimmer in den Papierkorb. Wie sich später herausstellen sollte, enthielt sie den einzigen verwertbaren Fingerabdruck: Spuren vom linken Zeigefinger.

Endlich konnte der Einbrecher den Safe öffnen; er fand die gefälschten Wechsel. Dabei fiel ein Blatt Papier zu Boden, auf dem abermals eine Schuhspur hinterlassen wurde. Damit wurde auch die erste, auf dem frisch gewachsten Küchenboden sichergestellte Schuhspur «heiss» – dieser Abdruck stammte nicht von einem zufälligen Besucher, sondern ebenfalls vom Einbrecher.

Die Freude über die endlich ergatterten Wechsel war gross. Der Mann vergass alle Vorsicht, schlüpfte mit der Linken aus dem Handschuh und wischte mit der Hand den Schweiss von der Stirn. Dann griff er zur Cognacflasche und tat einen herzhaften Schluck. Von einem Schokoladeriegel biss er ein Stück ab – ohne dabei zu ahnen, dass sein Gebiss eine eindeutig verwertbare Spur hinterliess.

Nun ging er zum Ofen, um die gefälschten Wechsel zu verbrennen. Doch mit den Handschuhen liess sich nur schwer Feuer machen: Der Einbrecher konnte das Zündholzbriefchen nicht halten. Nochmals wurde der linke Handschuh ausgezogen, und als die Flamme endlich auflöderte und die gefälschten Wechsel verzehrte, hörte der Ganove, wie jemand die Eingangstür aufzusperren versuchte. Er liess die Wechsel in den Ofen fallen, die aber nur teilweise verbrannten, weil die Flamme durch den Windzug verlöschte.

Der ehemalige Komplize war unerwartet zurückgekommen. Es entwickelte sich ein erbittertes Handgemenge. Der Wohnungsinhaber zog den Revolver und drückte zweimal ab. Doch die Projektile verfehlten ihr Ziel. Eines schlug in den Schlafzimmerkasten, das andere blieb im Türstock des Badezimmers stecken. Der Einbrecher zog ebenfalls die Pistole und drückte ab. Mit

Das ist die Wirklichkeit: Wertvoller Schmuck wurde bei diesem Einbruch in eine Luxusvilla erbeutet. Kostbare Pelze, Krokotaschen und Kleider liessen die Täter nicht mitgehen. Der Fall konnte aber bald geklärt werden: Mit einem Schraubenzieher waren die Schlösser gewaltsam geöffnet worden, und die Spitze dieses Werkzeugs hatte charakteristische Spuren hinterlassen. Als man bei einer Hausdurchsuchung in der Wohnung des Verdächtigen einen solchen Schraubenzieher fand, wurde er im Labor untersucht. Mit dem Vergleichsmikroskop, das die winzigen Schrammen viele hundertmal vergrösserte, wurde dann der Beweis erbracht und aufgrund der Indizien der Täter überführt.

einem Herzschuss brach der ehemalige Kumpan tödlich getroffen zusammen. In seltsam verdrehter Haltung, zwischen Schreibtisch und Sitzgarnitur, wurde er später von den Kriminaltechnikern gefunden.

Die soeben geschilderte Handlung konnte lückenlos aufgrund der sichergestellten Spuren rekonstruiert werden. Dann wurde die Wohnung wieder aufgeräumt, denn am nächsten Morgen wird in dieser Wohnung, in der gemordet werden darf, eine andere Story ablaufen. Sie ist als Hauptquartier einer Fälscherbande ausersehen, um in der nächsten Woche dann zur Absteige eines Heiratsschwindlers umfunktioniert zu werden.

In diesem Zimmer suchten die Einbrecher nach Bargeld. Sie hausten wie Vandalen. Auch in dieser heillosen Unordnung muss nach Spuren – hauptsächlich nach Fingerabdrücken – gesucht werden.

133

«Kalt» arbeiten: Mit einer elektrischen Trennscheibe ist dieser Tresor geöffnet worden. Viele Geldschrankknacker haben eine eigene Handschrift, ihre Arbeitsmethoden und vor allem der modus operandi des Eindringens in das Büro sind aktenkundig. Dieser aufgebrochene Safe war einem Meister seiner übrigens aussterbenden Zunft zum Opfer gefallen – eine präzise, saubere Arbeit! Die Aufnahme wurde von einer Leiter aus gemacht und zeigt die Draufsicht auf den Tresor. Zu Vergleichszwecken ein Zentimetermass: 63 Zentimeter ist dieser Safe hoch.

«Warm» arbeiten: Dieser Safe ist nach der letzteren Methode geknackt worden. Das Schweissgerät stammt von einer nahen Baustelle, denn ausgeliehene Gasflaschen haben eine Nummer und sind registriert. In den letzten Jahren aber ist die Tresortechnik den Knackermethoden in Siebenmeilenstiefeln davonmarschiert. Die Materialien werden immer besser. Ein moderner Safe lässt sich mit herkömmlichen Mitteln – oft nicht einmal mit Sprengstoff – kaum mehr öffnen. Ein im Betongewölbe befindlicher Banktresor wird nur noch im abendlichen Krimi aufgebrochen. Dazu kommt noch die eingebaute elektronische Alarmanlage, die kaum überlistet werden kann.

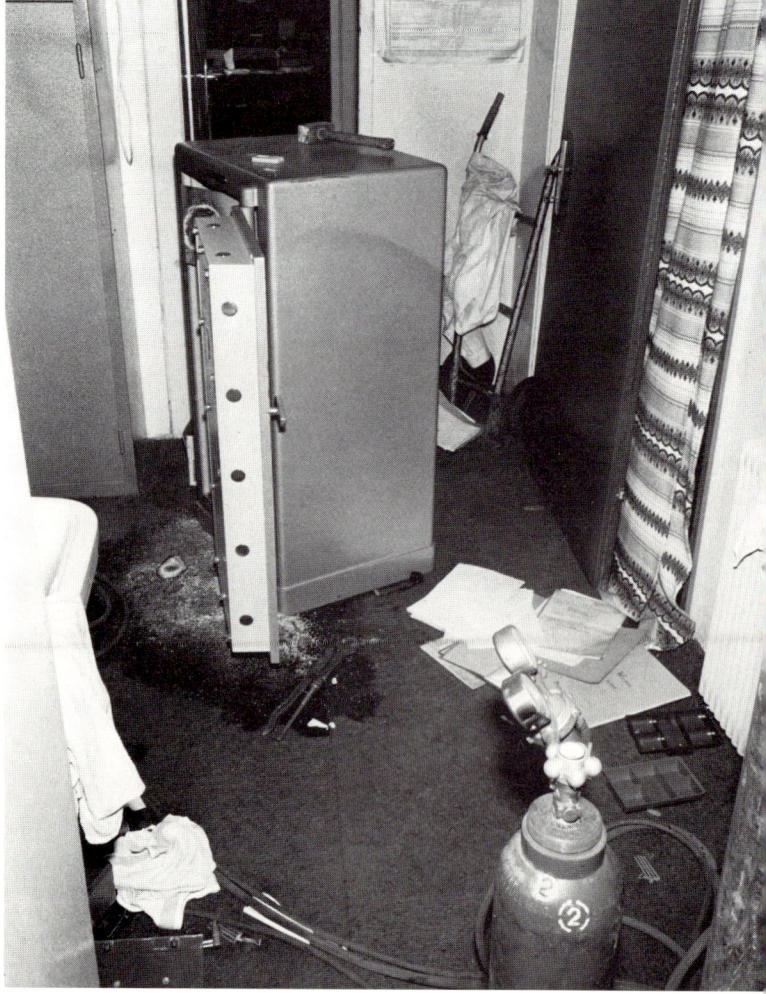

Schüsse durch die Haustür sollten den Hausbesitzer töten. Wiederum das Zentimeterband: Ein Einschuss befand sich in 48 Zentimetern Höhe, der andere in 69 Zentimetern Höhe. Dieses Bild von der Tatbestandsaufnahme war für den Staatsanwalt Beweis, dass der Täter auf den Unterkörper seines Widersachers gezielt hatte. Geklärt wurde der Fall erst nach einigen Jahren: Eine sichergestellte Hülse wurde aufbewahrt, und als man dann bei einem Gewaltverbrecher eine Pistole fand, konnte eindeutig nachgewiesen werden, dass mit dieser Waffe einige Jahre zuvor das Attentat verübt worden war.

Auch das gehört zu einer Tatbestandsaufnahme: Ein Sprengstoffattentat ist verübt worden – die Täter hatten ein Materialdepot in die Luft gejagt. Der Sprengstoffexperte konnte schon nach wenigen Stunden die Art und auch die Menge des Sprengstoffes bestimmen. Aus den bis zur Unkenntlichkeit verformten, verbrannten und ausgeglühten Trümmern konnte man einige angekohlte Papierfetzen sicherstellen – die Originalverpackung des Sprengstoffes. Die Spur wurde weiterverfolgt, und nach einigen Tagen sassen die Täter bereits in Haft.

135

# Staatsbesuch – und was dahintersteckt!

Das Auto mit den Touristen wurde von einer Polizei-Streifenwagenbesatzung angehalten. Der Polizist bedeutete dem Lenker, rechts an den Strassenrand zu fahren. Er wies ihn ein, und zwar so lange, bis das Fahrzeug schief im Graben stand. Aussteigen war verboten. Auskünfte wurden keine gegeben. Widerspruchslos hatte man das zu tun, was angeordnet wurde.

Nach einer Viertelstunde fuhr ein mit Soldaten besetzter LKW vor. Die Männer stiegen ab und nahmen in kurzen Abständen auf beiden Seiten der Strasse Aufstellung. Blickrichtung Wald, die schussbereiten Maschinenpistolen in den Händen, kehrten sie der Fahrbahn den Rücken zu. Die nächste Viertelstunde geschah nichts. Dann tauchte in der Kurve ein Motorradfahrer auf. Fünf Minuten später waren es deren fünf in Keilformation, gefolgt von zwei mit schwerbewaffneten Soldaten besetzten amerikanischen Kabrioletts. In kurzem Abstand kamen ein Rolls-Royce, dahinter abermals zwei offene, schwere amerikanische Wagen mit den Sicherungsmannschaften, dann ein mit Gepäck vollgepackter Kombi, ein leerer Cadillac als Reservewagen und ein mit Soldaten besetzter Jeep. Ein Motorradfahrer bildete das Schlusslicht.

Die Leibwache im Einsatz. Der Bedeckungswagen ist nahezu perfekt ausgerüstet. Er verfügt über Trittbretter und Halterungen am Dach, die Heckklappe ist als Sitzbank ausgebildet. Es würde allerdings der allgemeinen Sicherheit nicht dienlich sein, wenn man alles aufzählt, was zum Inventar dieses Fahrzeugs zählt...

«Weiterfahren!» herrschte mich der Milizionär an. Es kümmerte ihn nur wenig, dass ich mein in den Graben dirigiertes Fahrzeug nur mit grossen Schwierigkeiten wieder flottbekam. So sieht es eben aus, wenn in einer Volksdemokratie ein Staatsoberhaupt unterwegs ist...

In westeuropäischen Grossstädten sind solche Methoden verpönt. Trotzdem sind die Staatsoberhäupter besser geschützt als auf jener kurvenreichen Hauptstrasse, die kilometerlang von Soldaten abgeriegelt wurde. Die Polizei hat den Staatsbesuch im Griff, sie setzt durchwegs geschulte, erfahrene Kräfte ein. Auf junge, unerfahrene Soldaten, die selbst beim kleinen, harmlosen Zwischenfall ein Magazin nach dem anderen leerschiessen, kann verzichtet werden.

Schon lange vor dem geplanten Staatsbesuch wird das Protokoll studiert. Grundsätzlich hat sich der Sicherheitschef diesem Protokoll unterzuordnen. Der Sicherheitschef des ausländischen Gastes tritt mit der heimischen Polizei in Kontakt. Die Fahrrouten werden gemeinsam abgestimmt, und je näher der Besuchstermin rückt, desto häufiger finden Konferenzen statt. Die ausländischen Sicherheitsexperten haben nur beratende Funktion.

Die Sicherung beginnt schon beim Überfliegen der Staatsgrenze. Düsenjäger übernehmen das Geleit und eskortieren den Jet des ausländischen Staatsmannes. Die Luftstrasse ist für andere Verkehrsmaschinen gesperrt, für die Sondermaschine gibt es viel grössere Höhen- und Seitenstaffelungen. Auch die Einflugschneisen sind bewacht; denn ein Attentäter mit einer tragbaren Rakete könnte die Sondermaschine zum Absturz bringen.

Sobald das Flugzeug vor dem roten Teppich ausgerollt ist, beginnt die Verantwortung des heimischen Sicherheitschefs. In etlichen Arbeitsgesprächen mit der Botschaft war schon Tage zuvor vereinbart worden, wer in dem fähnchenwinkenden Spalier zwischen Ehrenkompanie und Sonderempfangsraum dabei sein darf. Dann setzt sich der Konvoi in Bewegung. Ein Motorradfahrer bildet die Vorhut, gefolgt von

einem Sicherungsfahrzeug und dem Bedeckungswagen – ein Spezialfahrzeug, das rundum mit Trittbrettern ausgerüstet ist und dessen Heckklappe sich öffnen lässt. Ein Schiebedach gewährt optimale Rundsicht.
Flankiert von Motorradfahrern folgt der Wagen mit dem Staatsgast, dann schliesst der Konvoi an. Der zu schützende Staatsmann bewegt sich gleichsam in einem Vakuum und wird solcherart in einem «wandernden Schutzraum» durch den dichten Grossstadtverkehr gelotst. Ohne anzuhalten erreicht die Kolonne die Residenz. Eine hermetische Abriegelung der ganzen Fahrtstrecke ist nicht notwendig, man ist bestrebt, so schnell wie nur möglich den attentatsgefährdeten Gast in sein Quartier zu bringen.
«In London hat man einmal bei einem Tito-Besuch ganze Stadtviertel hermetisch abgerie-

Eine imposante, historische Kulisse: Die Vorreiter stellen sich dem Pressephotographen. Im Schloss Schönbrunn geht mittlerweile das Staatsbankett in Szene. Schon Wochen zuvor hatte man das Bedienungspersonal unter die Lupe genommen. Die abgestellten Fahrzeuge sind streng bewacht.

gelt. Auch die Fenster entlang der Fahrtroute durften nicht geöffnet werden. So etwas wäre in Wien undenkbar», sagte Dr. Karl Reidinger, jener Mann, der viele Jahre für die Sicherheit zahlreicher prominenter Staatsgäste verantwortlich war und heute als Polizeipräsident der österreichischen Bundeshauptstadt fungiert. Vom Schah von Persien über Tito zu Sukarno und von Chruschtschow über Kennedy bis zur englischen Königin reicht der Bogen, will man nur die wichtigsten Persönlichkeiten aufzählen. Damals hielt sich Dr. Reidinger im Hintergrund und dirigierte seine Mannen unauffällig. Schon

Tage zuvor hatte er mit dem Hoteldirektor die Personalliste durchgegangen, die Küchenmannschaft in Augenschein genommen, peinlich überprüfen lassen und natürlich auch die Gäste gecheckt. «Im Hotel Imperial war damals der ‹Mussolini-Befreier› Otto Skorzeny abgestiegen. Es wäre nicht gut gewesen, wenn dieser Mann mit Tito unter einem Dach gewohnt hätte. Wir ersuchten ihn deshalb höflich, er möge für einige Tage sein Quartier wechseln. Er zeigte Verständnis dafür und machte keine Schwierigkeiten!»

Im Hotel hat man einen eigenen Raum eingerichtet, in dem sämtliche Geschenke für den Staatsgast unter die Lupe genommen werden; sogar der Blumenstrauss wird untersucht. Ein Durchleuchtungsgerät ist im Einsatz. Kriminalbeamte logieren im Haus. Selbst auf dem Weg von der Küche bis zur Präsidenten-Suite werden die Kristallschüssel mit dem Obst und das Glas Fruchtsaft nicht aus den Augen gelassen. Ständig ist ein Arzt anwesend, und auch die Blutkonserve mit der seltenen Blutgruppe des Staatsgastes liegt im Kühlschrank. Auf der anderen Strassenseite sind die Dächer besetzt. Mit Feldstechern wird der Komplex überwacht. Die Männer sind mit Sprechfunk ausgerüstet.

Die «Body-guard» bildet um den ausländischen Gast einen lebenden Schild: Es handelt sich um Männer mit blitzschnellem Reaktionsvermögen, die überdies ausgezeichnete Schützen sind. Zwei Judo-Lehrer befinden sich in dieser Truppe. Dazu Dr. Reidinger: «Als Präsident John Fitzgerald Kennedy in Wien war, lief eine alte Frau auf den Präsidenten zu. Ein Mann unserer Bedeckungsgruppe trat einen Schritt zur Seite, hob die alte Frau behutsam wie eine Puppe auf und stellte sie zurück ins Spalier. Nur wenige Menschen hatten diesen Vorfall bemerkt. Es handelte sich mit Sicherheit um keine Attentäterin, aber unser Sicherungsmann hatte richtig reagiert!»

Gefährlich sind die Aussenseiter. Kommt beispielsweise der Schah nach Wien, dann weiss man, wo gesiebt werden muss. Viele Hinweise kommen aus persischen Kreisen, potentielle Attentäter müssen beschattet werden: «Die Psychopathen machen uns die grössten Sorgen. Vor allem sind es die Einzelgänger, von denen man nichts weiss und die auch den ausländischen Behörden unbekannt sind!»

Im Laufe des Gesprächs kam Dr. Reidinger auf einen gefährlichen Zwischenfall zu sprechen. Als Marschall Tito in Wien auf Staatsbesuch war, erfuhr die Staatspolizei, dass ein jugoslawischer

Marschall Tito auf Staatsbesuch. Die Strassen vom Flugplatz in die Innenstadt sind abgeriegelt. Hubschrauber bilden die Vorhut und sind mit der Einsatzleitung in ständigem Kontakt. Schon einige Minuten vor dem Eintreffen des Konvois war die Strasse für den übrigen Verkehr gesperrt worden. Als Vorhut hatten Sicherungsfahrzeuge die Strecke abgefahren. Nun kommt der Konvoi: Er bildet sozusagen einen «rollenden Schild», einen Schirm, der ständig den Staatsgast umgibt. Hinter der Staatskarosse, gleichsam auf Tuchfühlung, folgt der Bedeckungswagen. Das Schlusslicht des Konvois bildet wiederum ein Sicherungsfahrzeug.

Attentäter nach Österreich eingereist sei, um auf den jugoslawischen Staatspräsidenten einen Anschlag zu verüben. «Wir wussten alles über diesen Mann. Seinen Namen, sein Alter, seine Herkunft, wir hatten sogar ein Photo. Es wurde hunderte Male kopiert und an die Polizisten weitergegeben. In der Opernpassage, dem unterirdischen Kreuzungsbauwerk, konnte dann der Mann verhaftet werden. Er war bewaffnet!»
Beim Chruschtschow-Besuch war diese Opernpassage Schauplatz ebenfalls eines Zwischenfalls, der sich später allerdings in Heiterkeit auflöste. Obwohl jeder Schritt, den der Staatsmann machte, zuvor abgesprochen war, stieg der lebendige Nikita vor dem Gala-Abend in der Wiener Staatsoper unvermutet aus seiner Limousine und verschwand über die Rolltreppe in der Opernpassage, um «mit dem Volk in Kontakt zu treten.»

Um aber ganz sicher zu sein, hatte man eine Stunde zuvor zwei Kompanien der Sicherheitswache mobilisiert. Der Einsatz musste flexibel sein, deshalb waren diesen jungen, durchtrainierten Männer allesamt in Zivil. Das Gros der Menschen in der Opernpassage stellte zu diesem Zeitpunkt die Kriminalpolizei und das ebenfalls in Zivilkleidung steckende Bereitschaftskommando der Sicherheitswache.
Als Chruschtschow plötzlich auf der Rolltreppe entschwand, musste die Leibwache rasch umdisponieren und dem sowjetischen Spitzenpolitiker folgen. Einige schier endlos währende Sekunden verstrichen. Als der Wiener Staatspolizeichef

Das war das Ende des sogenannten «Kalten Krieges»: Ost-West-Gipfel vom 2. Juni bis zum 5. Juni 1961 in Wien. Links von Präsident Kennedy ein amerikanischer Leibwächter, rechts von Ministerpräsident Chruschtschow ein sowjetischer Leibwächter. In der Mitte der Dolmetscher und Aussenminister Gromyko.

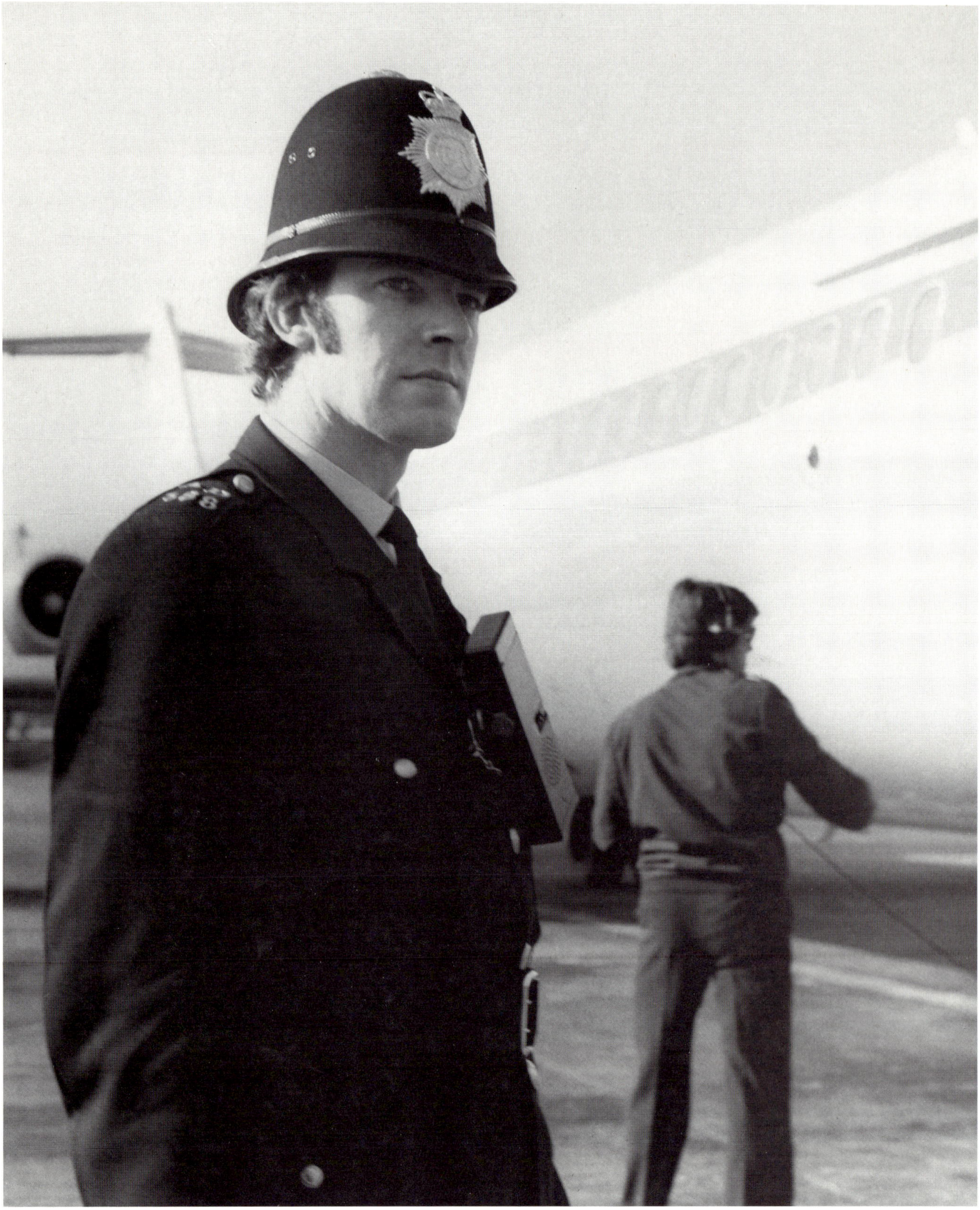

neben Chruschtschow aufkreuzte, wurde ihm leichter: Wohl schüttelte Nikita «dem Volk» die Hände, aber durchwegs den in Zivil steckenden Polizisten...

Diskretion ist oberstes Gebot. Als Ministerpräsidentin Golda Meïr in Wien war, wussten selbst die durchtriebensten Reporter nicht, wo die israelische Spitzenpolitikerin wohnte. Der ihr zur Verfügung gestellte Wagen war von Technikern und Staatspolizei untersucht worden. Aufgetankt und garagiert wurde das Fahrzeug – ebenso wie das Reservefahrzeug – in einer Polizeikaserne. Und als Fahrer fungierte ein junger Feuerwehrmann.

Wenn es bei Staatsbesuchen nicht immer klappt: Die Ursache ist in den unberechenbaren Zwischenfällen zu suchen. Besonders dann, wenn höhere Instanzen den geschulten Sicherheitsbeamten in die Quere kommen. So geschehen beim grossen Tito-Staatsbesuch in Wien. Der jugoslawische Staatspräsident war diesmal mit dem Sonderzug gekommen, und ein Mann aus der Führungsspitze der Österreichischen Bundesbahnen wollte selbst mit dem jugoslawischen Eisenbahnbeamten verhandeln. Er vergass dabei ein wesentliches Faktum: Er erkundigte sich nur oberflächlich nach den technischen Daten des Salonzuges. Die Frage der Heizung wurde völlig ausgeklammert.

In dieser bitterkalten Winternacht rollte die aus zahlreichen Salonwagen bestehende Garnitur in die jugoslawische Grenzstation, die beiden Dampfloks wurden abgekuppelt. Der Zug des Marschalls aber musste mit Dampf geheizt werden – die Strecke nach Wien aber war elektrifiziert. Vierachsige Heizwagen gab es zwar zur Genüge – aber sie waren in diesem Bereich nicht verfügbar.

Je weiter der Zug fuhr, desto mehr fröstelte den Marschall und seine Jovanka. In Graz wurde ein längerer Zwangsaufenthalt eingeräumt; das Chaos war perfekt. Schliesslich trieb man eine alte Dampflok – zulässige Höchstgeschwindigkeit 80 km/h – auf. Das Dampfross wurde an das Zugsende gekoppelt und als Heizgerät zweckentfremdet eingesetzt. Doch der Zug musste weiterfahren und die antiquierte Tenderlokomotive sollte das Schlusslicht bilden.

Die beträchtliche Verspätung musste eingebracht werden, denn in Wien wartete das Empfangskomitee. Die beiden nagelneuen E-Loks an der Spitze fuhren, was das Zeug hielt. Dieses Tempo aber konnte die Dampflok nicht mithalten. Ein Lager gab den Geist auf, eine Schubstange brach. Es bestand die Gefahr, dass die mitgeschleppte, defekte Lokomotive den Salonwagen aus den Schienen werfen würde. Der Lokführer gab mit der Dampfpfeife Notsignal und bremste. Auf freier Strecke, zwischen Graz und Bruck an der Mur, blieb der Sonderzug stehen.

Der letzte Vierachser – mit bewaffneten Gendarmen besetzt – wurde in diesem nächtlichen Chaos irrtümlich abgekuppelt und blieb mit der kaputten Dampflok zurück. Der Salonzug fuhr an und legte los, und nur einigen Männern gelang es, auf die Trittbretter aufzuspringen.

So geht's eben bei einem Staatsbesuch, wenn ein hoher Eisenbahnbeamter glaubt, den beiden Sicherheitschefs ins Handwerk pfuschen zu müssen!

Bewachung von Passagierflugzeugen vor möglichen Terroranschlägen ist heute eine traurige Selbstverständlichkeit geworden. Unser Bild zeigt einen Polizeioffizier auf dem Londoner Flughafen.

# Maigret und die Maschine

Kommissar Maigret mit der unvermeidlichen Pfeife, auch der allwissende Sherlock Holmes mit seinen genialen Geistesblitzen – so werden uns in Taschenbüchern und TV-Serien die Kriminalisten präsentiert. Die Wirklichkeit aber sieht ganz anders aus und ist eher alltäglich: Harte, manchmal sogar nerventötende Routinearbeit, die sehr viel Geduld erfordert, Erhebungen, Recherchen, viele vergebliche Einvernahmen, und vielleicht als einer der letzten Punkte erst kommt die vielgerühmte Spürnase. Wer aber glaubt, dass der Elektronenrechner der Mordkommission den Täter praktisch ins Haus liefert, irrt gewaltig. Einen kombinierenden, schöpferischen «Kommissar Computer» gibt es nicht, dürfte es auch in Zukunft kaum geben. Die Automatik kann nur das herausgeben, was der Mensch in sie hineinprojektierte. Dennoch leitet die elektronische Datenverarbeitung eine neue Ära in der Geschichte des Polizeiwesens ein.

Ein repräsentatives Beispiel: das österreichische EKIS, was soviel wie *E*lektronisches *K*riminalpolizeiliches *I*nformations-*S*ystem bedeutet. Es hat drei Ziele: Verbesserung der kriminalpolizeilichen Arbeit, vor allem der Fahndungsmethoden, rationellere Einsetzung des Personales und Raumersparnis.

Besonders im Fahndungswesen hat sich der Computer gut bewährt. Die zentrale Datenbank (1975 wurde noch eine Duplex-IBM 370/40 verwendet) kann rund um die Uhr von der Polizei und Gendarmerie in ganz Österreich abgefragt werden. Da das Fernschreibnetz der Exekutive einbezogen werden konnte, gibt es bei EKIS die grösste Terminaldichte Europas...

Im Düsenzeitalter und in der Ära der offenen Grenzen sind die Ganoven mobil geworden. Nur eine schlagkräftige, gleichsam blitzartige Fahndung hat Aussicht auf Erfolg. Die unhandlichen, dicken Fahndungswälzer sind schon zum Zeitpunkt ihrer Edition überholt. Mittlerweile hat der Scheckbetrüger schon längst den Namen gewechselt, der Bankräuber das Geld im Ausland verjuxt, der Raubmörder die Tatwaffe be-

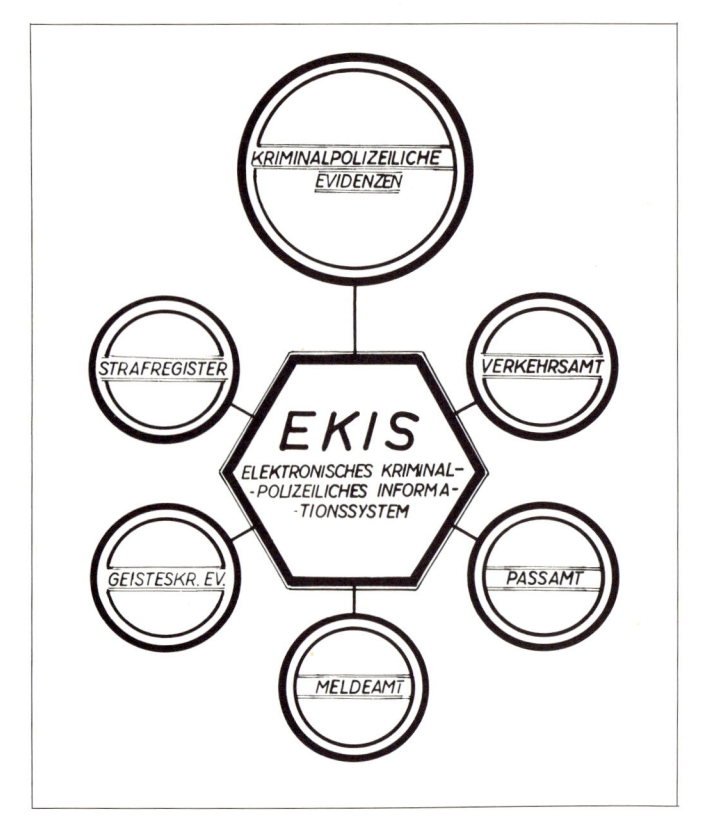

EKIS-Skizze

seitigt. Mit anderen Worten: Es gilt, den Zeitvorsprung der Übeltäter wenigstens einigermassen zu kompensieren.

Die zweimal jährlich erschienenen Fahndungsbücher gehören in Österreich schon längere Zeit der Vergangenheit an. Um aber den Beamten einen aktuellen Behelf in die Hand zu geben, wird in bestimmten kurzen Zeitabständen ein Computer-Magnetband der Staatsdruckerei übermittelt, welches eine automatische Setzmaschine füttert. Kleine, handliche Fahndungsbücher werden solcherart gedruckt, dank deren Existenz schon so mancher Gesetzesbrecher gefasst worden ist.

Eine Spezialität ist die Strafregisterauskunft. Sie ist automatisiert, und als ich EKIS den Puls fühlen und meine weisse Weste dokumentiert haben wollte, schob Computer-Chef Hofrat Dr. Helmut Ambrosi eine Kennkarte in die Leseeinrichtung und teilte somit seiner Maschine mit, dass er zu den wenigen Personen zählt, die an das Strafregister herandürfen. Fünf Sekunden später druckte die Maschine auf ein Formular: «Im Strafregister scheinen keine Verurteilungen auf!»

Dieses Programm hat kein vergleichbares Gegenstück auf der Welt. Für die automatisierte Strafregisterauskunft musste das Strafregistergesetz erneuert werden. Das Gesetz wurde für den Computer massgeschneidert. Es handelt sich dabei um das einzige Gesetz, das auch von einem Elektronenrechner vollzogen wird. Eine wohl einmalige Zusammenarbeit zwischen Gesetzgebung und Exekutive. Die Strafregisterauskunft darf nur befugten Personen oder Körperschaften gegeben werden, und darüber wird Protokoll geführt – ebenfalls auf einem Magnetband. Jede Auskunft scheint auf. Es verhält sich so wie bei einem gutorganisierten Geheimdienst. Jeder darf nur jene Dinge wissen, die er unbedingt wissen muss. Die verschiedenen Ebenen sind gut voneinander abgesichert.

Auch die Vorstrafen werden vom Computer getilgt. Mit dieser Massnahme wird einem wesentlichen Teil des Gesetzes Genüge getan: Ausgestandene und somit verbüsste Strafen dürfen dem Staatsbürger nicht vorgehalten werden, und Strafen, die zur Bewährung ausgesprochen worden waren, sind nach Ablauf der Bewährungsfrist automatisch getilgt. Auf den Tag genau löscht die Maschine diese Strafen aus dem Register. Somit können über getilgte und verjährte Strafen keine Auskünfte gegeben werden. Deshalb gibt der Computer dem Staatsbürger sozusagen die weisse Weste zurück.

Das Strafregister wird etwa 4500mal täglich abgefragt. Durch die Automatisierung konnte auch eine beträchtliche Personaleinsparung erzielt werden. Ausserdem wurden zwei Stockwerke eines Palais in der Wiener Innenstadt für andere Aufgaben frei.

Auch die Kraftfahrzeugfahndung kann sich sehen lassen. Nicht nur nach vollständigen Kennzeichen, Fahrgestell- oder Motornummern kann gesucht werden, sondern auch Fragmente dieser drei Begriffe oder die Kenntnis der Marke oder der Farbe oder des Baujahres genügen. Als ich die Probe aufs Exempel machte und die Fahrgestellnummer meines Wagens eintippen liess, erschienen auf dem Bildschirm prompt 14 Daten. Sie wurden auf Wunsch binnen vier Sekunden ausgedruckt. Je Sekunde 32 Anschläge...

Vom kriminalistischen Aspekt abgesehen: Das verlassene, ausgeschlachtete Autowrack kann identifiziert und der «Umweltverschmutzer» zur Kasse gebeten werden. Es ist auch möglich, bestimmte Fahrzeugmarken aus dem Wust der Abertausende Autodiebstähle herauszufiltern. Etwa sämtliche in einem bestimmten Zeitraum gestohlenen Mercedes-Modelle mit Zulassung 1974/1975. Für die Vorhalte beim Verhör ein wertvoller Behelf.

Auch die Kraftfahrzeugzulassung für die Bundeshauptstadt hat der Computer gespeichert. Es gibt viele Möglichkeiten, wie Kennzeichen, Fahrgestellnummer, Motornummer, Zulassungsbesitzer, Fragmente vom Kennzeichen, Marke/Type und Farbe. Es ist keine Hexerei, zu fragen, wann das Kennzeichen W-999.110 vergeben wurde. Vielleicht hatte im Jahre 1973 ein anderer Autofahrer dieses Kennzeichen zugeteilt erhalten. Der Reihe nach werden die Vorbesitzer dieses behördlichen Kennzeichens namentlich ausgedruckt. Oder der Altwagen wird sich bezüglich seiner Eigentümer zurückverfolgen lassen. Möglicherweise hatte er verschiedene Kennzeichen, die aber nach dem jeweiligen Verkauf immer abgemeldet wurden.

Dass die Kriminalistik für den Computer einer Milchmädchenrechnung gleichkommt, ist selbstverständlich: Die Abertausende Daten werden transparent, man kann rechtzeitig die Trends erkennen und die Massnahmen darauf abstimmen. Es werden Monatsstatistiken und Jahresstatistiken erstellt.

Diese Statistik hat eine ungemein wichtige Aufgabe. Beispielsweise bei der Analyse von Bankeinbrüchen. Früher musste in wochenlanger Arbeit umfangreiches Material gesichtet werden, und oft sind entscheidende Fakten übersehen worden. Die elektronische Datenverarbeitung druckt es aus, wie beispielsweise die Untersuchung über Banküberfälle im Bundesland Baden-Württemberg.

Innerhalb von sieben Jahren hat sich dort die Zahl der Delikte verzehnfacht. Dienstag und Freitag stehen in der Statistik an der Spitze. Der Monat Mai mit nur sechs Überfällen ist auch ein Wonnemonat für anständige Staatsbürger, denn März und April liegen eindeutig in Führung. Ein kriminelles «Frühlingserwachen»? Die Räuber kommen immer kurz nach Kasseneröffnung oder kurz vor Kassenschluss. Kleine Dörfer sind bevorzugte Ziele, hauptsächlich Siedlungen bis zu 5000 Einwohnern. 67 der zu untersuchenden 125 Überfälle wurden in kleinen Ortschaften ausgeführt, aber nur 24 in Grossstädten. Dazu ein leitender Staatsanwalt: «Es gibt dort zumeist keine Sicherheitseinrichtungen, wie Alarmanlagen und schusssichere Schalterscheiben. Oft handelt es sich um Ein-Mann-Betriebe!»

Tatsächlich waren 76 der überfallenen Institute nur mit einem einzigen Angestellten besetzt. Kassen mit zwei Bediensteten wurden 27mal heimgesucht, und in Banken mit mehr als fünf Mann Personal kamen die Gangster nur zweimal. Das Risiko wird genau abgewogen...

Die Bankräuber waren zumeist mit dem Auto angereist «im Rahmen einer mit einem PKW zu bewältigenden Tagestour». Durchschnittliche Entfernung zwischen Tatort und Täterheimatort etwa 30 Kilometer. Von 30 Überfällen mit Schusswaffen missglückte knapp ein Viertel, 16mal operierten die Bankräuber mit Wasserpistolen und ähnlichem Spielzeug. Jede vierte Aktion ging schief. Motiv der Überfälle: Durchwegs Geldschwierigkeiten wegen Ratenschulden. Der Durchschnittsbankräuber ist 24 Jahre alt, hat nur Volksschulbildung und kassiert pro Überfall 12 300 Mark.

Die Chancen, bei einem kriminellen Coup reich zu werden, sind überaus gering. In den zehn Jahren wurde in Baden-Württemberg nur eine Million Mark erbeutet. Mehr als die Hälfte dieser Summe – 516 700 Mark – jagte die Polizei den Tätern ab. Und in 21 Fällen schafften die Kriminalisten sogar die ganze Summe wieder herbei, denn bei jedem fünften Bankraub wurden die Täter gleich am Tatort oder auf der Flucht von Bankangestellten oder von Polizisten gefasst.

Das sind freilich kriminalistische Leckerbissen, die der Computer den Ordnungshütern servieren kann, und aus solchen Angaben kann man sehr viel lernen.

Auch der Strafzettel wird elektronisch bearbeitet. Er entspricht der gebührenpflichtigen Verwarnung. Die Praxis zeigt leider, dass diese computergerecht konzipierten Zahlkarten negiert werden. Wird aber nach einer bestimmten Frist nicht bezahlt, kommt es zu einem Verwaltungsstrafverfahren. Die Maschine druckt dann die Strafverfügung aus. Dadurch ist es gelungen, die Polizisten von der aufwendigen Verwaltungsarbeit zu entlasten. Die Beamten können zielführender eingesetzt werden.

Den Menschen einer schöpferischen Tätigkeit zuführen – das ist die Aufgabe der elektronischen Datenverarbeitung. Man muss einmal einem Kriminalbeamten zugesehen haben, wie er tagelang die Kartei durchforschte, um einen bestimmten Namen ausfindig zu machen. Der Computer hingegen kennt sogar den phonetischen Schlüssel. Er hilft dem Kriminalisten, der in mühsamen Recherchen erfahren hat, dass ein gewisser Josef Bauer zuletzt am Tatort gesehen worden sein soll.

Ist es nun ein Josef Bauer ein Josef Paur, ein Josef Baurr oder gar ein Josef Baura? Vielleicht sogar jener Josef Bauer, der gerne unter dem Namen Josef Maier, Dr. Karl Mayer oder Karl Meyer von Bergerswalde auftritt? Der Computer führt diese langwierige Sucharbeit in Sekundenschnelle durch.

So ist die elektronische Datenverarbeitungsanlage nichts anderes als der fleissige Helfer des Kommissars, keineswegs eine Maschine, in die Menschen gewissermassen oben pauschal eingegeben werden und unten als «Engel» oder «Teu-

In der Zentrale ist ein Notruf eingetroffen: «Bewaffneter Banküberfall. Täter ohne Kopfbedeckung, dunkler Rock, blaugrüne Hose. Täter geflüchtet!» Auf dem Lageplan wird nachgesehen, welche Funkstreifenfahrzeuge sich in der Nähe des Tatortes befinden...

fel» herauskommen. Über allem steht der Polizeibeamte, der mit Ausdauer, Zuversicht, persönlichen Kontakten und einer tüchtigen Portion Geduld – nicht zuletzt gepaart mit der genialen Kombinationsgabe – den Fall klären muss.

Über die Problematik des Computers könnte man stundenlang philosophieren. Diese Frage kann auf einfache Weise beantwortet werden. Das zu Unrecht verteufelte, vielzitierte «Elektronengehirn» in der Hand des verantwortungsbewussten Menschen wird für die Allgemeinheit positiv wirken. Es verhält sich so wie mit der Axt: In der Hand des Zimmermanns ist sie nützlich, sie baut auf, schafft der Familie ein Dach über dem Kopf. In der Faust des Mörders bringt sie das Verderben.

Der Mensch ist die letzte Instanz.

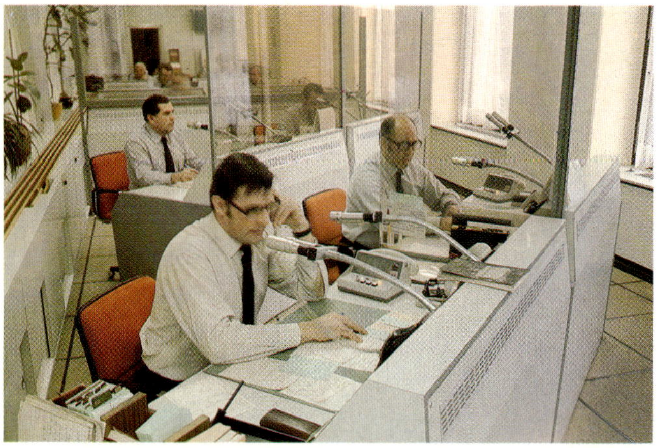

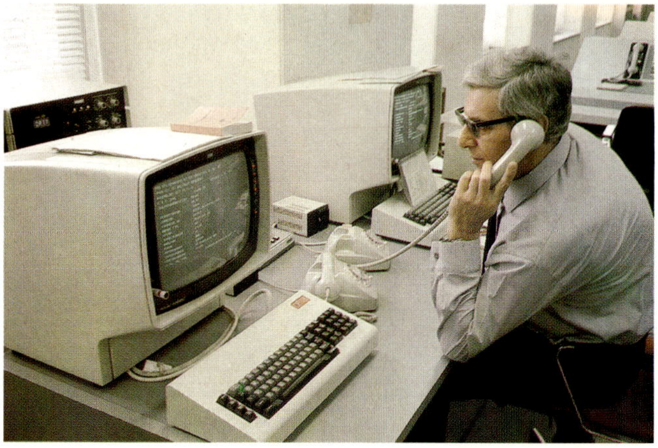

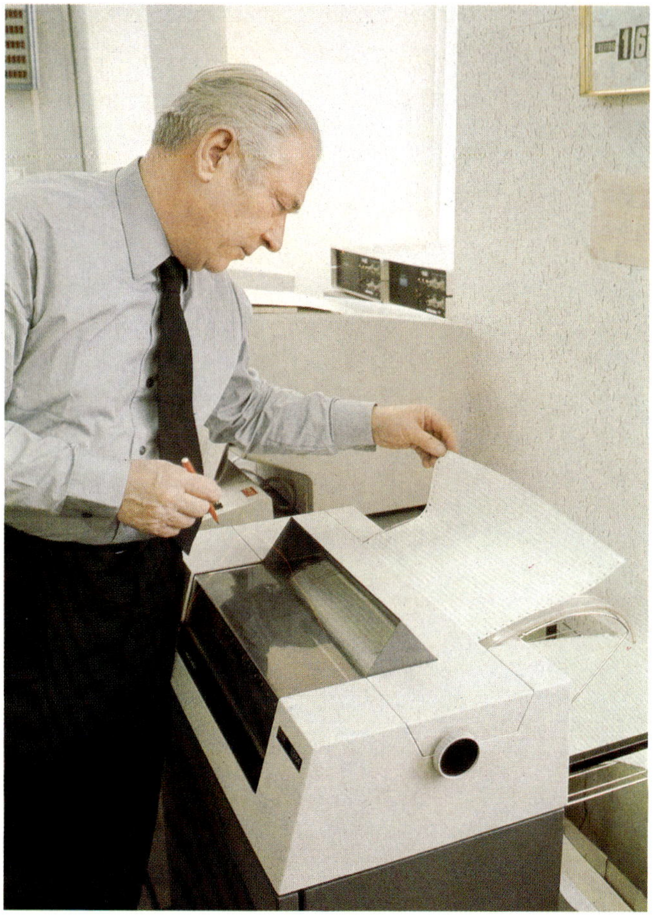

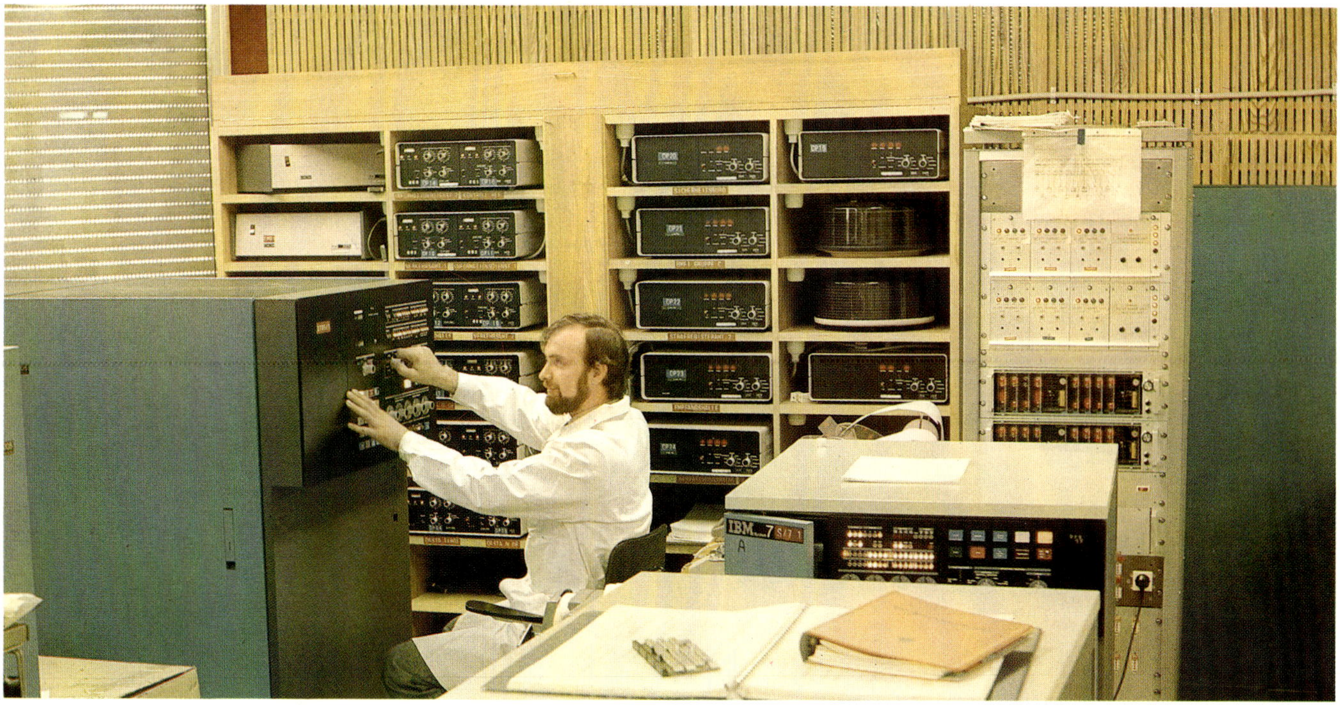
IBM

... Die Funkstreifenbesatzungen werden angesprochen, der Einsatz wird durchgegeben und bestätigt. Das behördliche Kennzeichen des Fluchtwagens ist bekannt und wird über den Notruf der Zentrale durchgegeben. Das Kennzeichen wird im Terminal eingetippt. Sekunden später werden vom Schnelldrucker die Daten ausgegeben. Fehlanzeige: Das Fahrzeug war zwei Tage zuvor gestohlen worden. Der Funkstreifenwagen hat das Einsatzgebiet erreicht, und der Polizist gibt den Standort durch. Die Fahndung nach dem flüchtigen Bankräuber läuft und ist bereits im Gedächtnis des Computers gespeichert. Eine motorisierte Zivilstreife wird zusätzlich angefordert ...

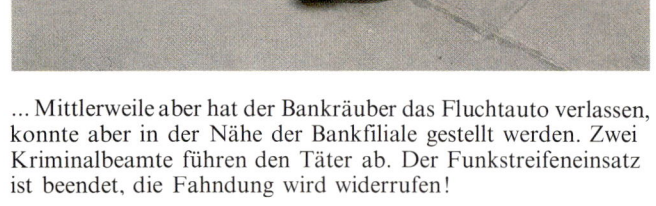

... Mittlerweile aber hat der Bankräuber das Fluchtauto verlassen, konnte aber in der Nähe der Bankfiliale gestellt werden. Zwei Kriminalbeamte führen den Täter ab. Der Funkstreifeneinsatz ist beendet, die Fahndung wird widerrufen!

## Allgemeine Literatur

ARNAU, FRANK:
Das Auge des Gesetzes. Macht und Ohnmacht der Kriminalpolizei, München 1965

MÜLLER, PETER:
Detektive mit dem Skalpell. Berühmte Fälle der Wiener Gerichtsmedizin, Graz und Stuttgart 1967

PITAVAL (Der neue Pitaval):
– Skandale
– Sexualverbrechen
– Betrug
– Indizien
– Raub

(alle München, alle vergriffen)

THORWALD, JÜRGEN:
Das Jahrhundert der Detektive. Weg und Abenteuer der Kriminalistik, München (Knaur-Taschenbuch Bde. 157, 160, 164)

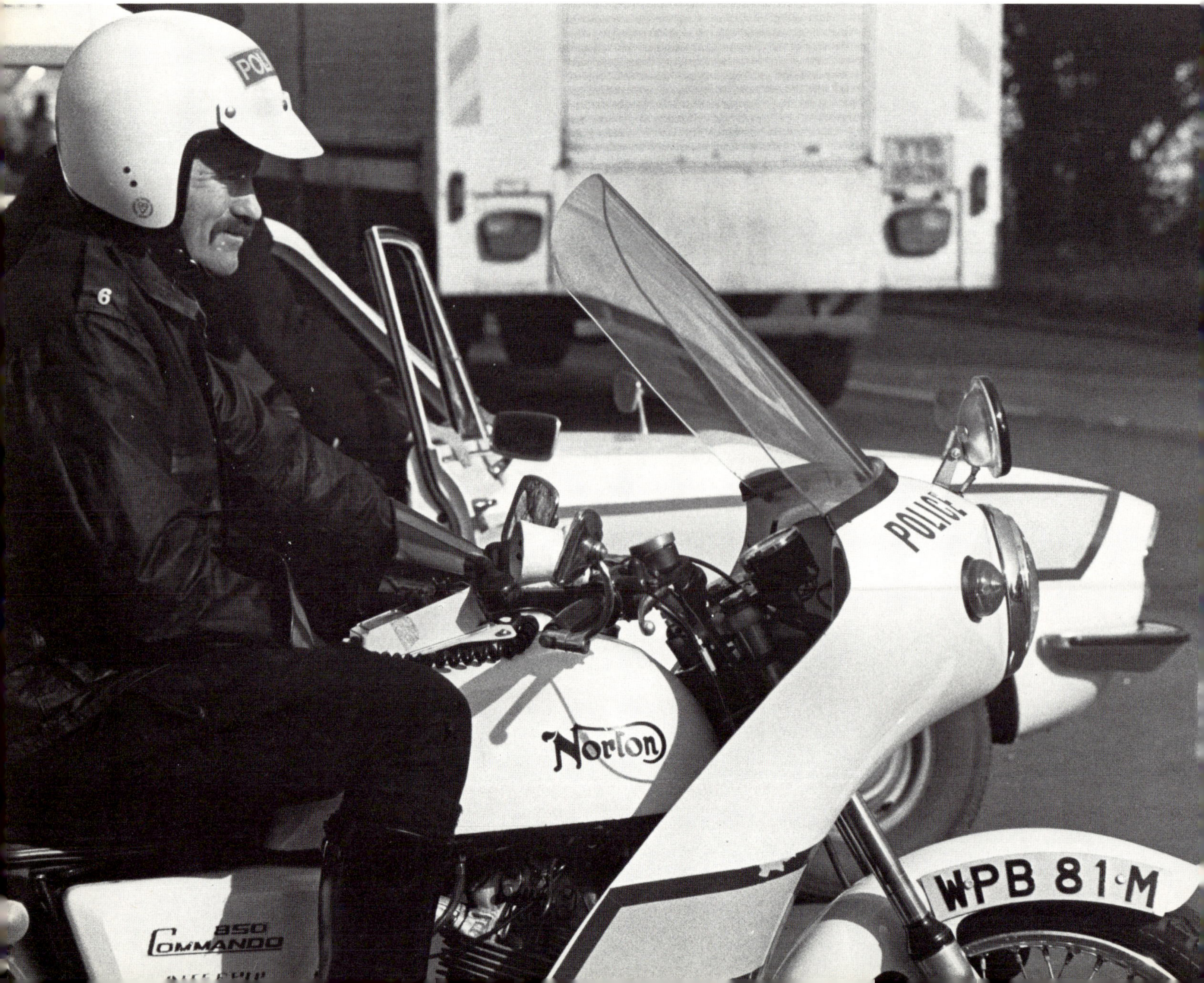
POLICE
Norton
WPB 81·M
850
COMMANDO

Jo Wiedmer

**Organisation der Polizei und deren Abarten**

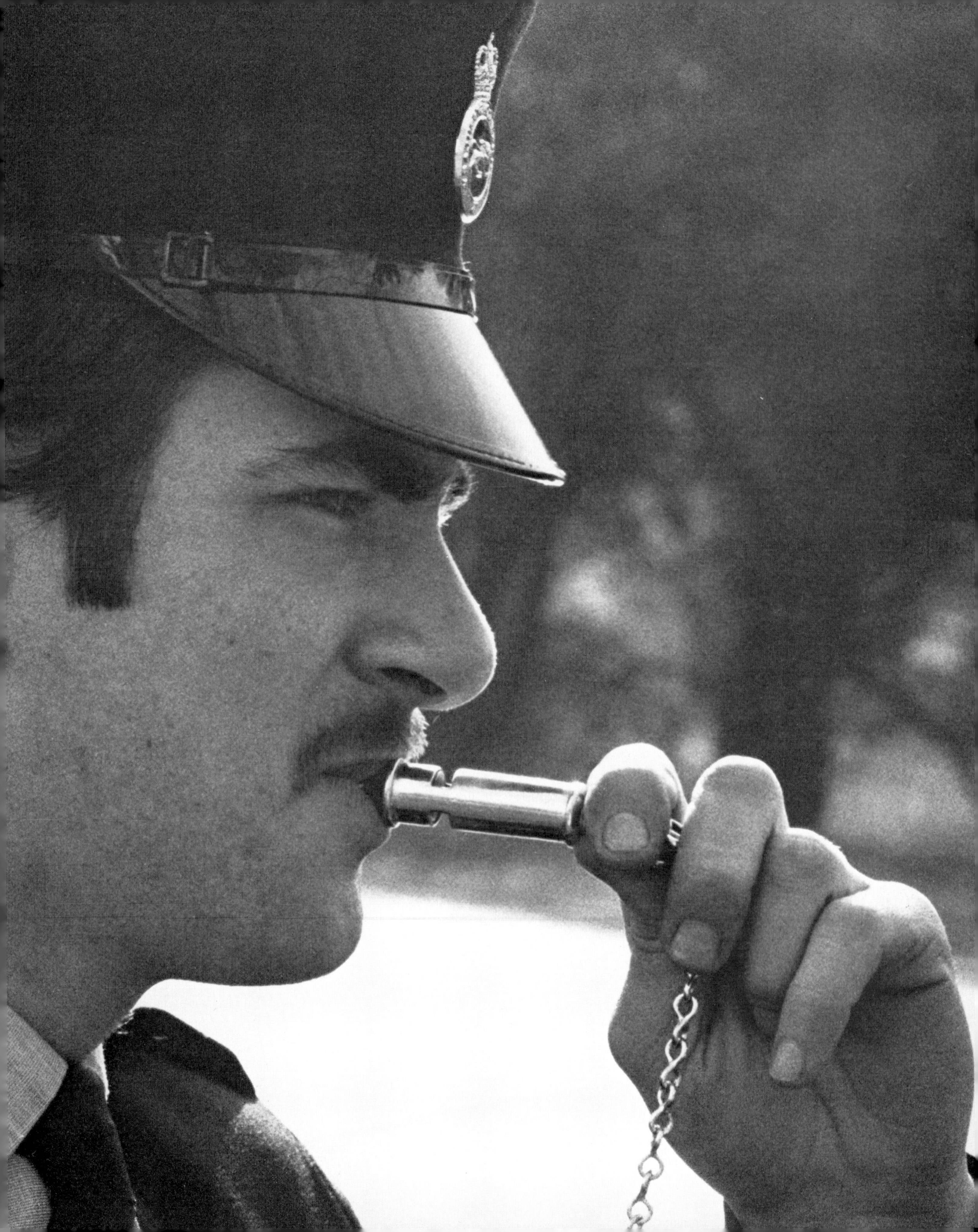

# Einleitung

Primär muss hier von den zum Teil «klassischen» Organisationen der staatlichen Polizeien die Rede sein: «Scotland Yard», «Sûreté» – die Namen sind bekannt, sind zum Begriff geworden. Wie sind sie entstanden, durch welche Entwicklung sind sie zu der Institution des Staats- und Bürgerschutzes geworden, und welche Struktur kennzeichnet sie heute?

Die Polizei erfüllt grundsätzlich überall dieselben Aufgaben: Aufrechterhaltung der öffentlichen Ordnung, Bekämpfung der Kriminalität, Fahndung nach Verbrechern, Vorbeugung. Mittels Technik und Wissenschaft haben sich Polizei, aber auch Geheimpolizei und -dienste in den letzten Jahrzehnten derart vervollkommnet, dass im Polizeialltag zwischen den einzelnen Organisationen im Grunde genommen nur noch quantitative Unterschiede bestehen. Darum wurde darauf geachtet, Staaten mit unterschiedlicher oder gar gegensätzlicher polizeilicher Prägnanz darzustellen.

Die Länder der sogenannten Dritten Welt beispielsweise haben allenfalls vom polizeistaatlichen Blickpunkt aus Eigenarten aufzuweisen; das Modell jedoch entstammt dem, was wir die Zivilisation nennen (Kolonialzeit!), ob aus Ost oder West. Es erübrigt sich deshalb und wäre wenig sinnvoll, wollte diese Darstellung sämtlichen über hundert Nationen «Gastrecht» gewähren. Und dass den Anfängen einer jeden polizeilichen Einrichtung die Korruption Pate gestanden hat, wird an anderer Stelle deutlich aufgezeichnet.

Über Geheimpolizei- und Geheimdienst-Systeme schreibt der grosse Lehrmeister der Polizei- und Gerichtsberichterstattung, Dr. Frank Arnau, in seinem Buch «Das Auge des Gesetzes»: «Gestapo, NKWD ... dienen ihrer Funktion nach nicht der Bekämpfung von Verbrechern, sondern der Sicherung des Staats, eines Regimes und der sklavischen Erhaltung totalitärer Machtansprüche. Sie gehören daher nicht in ein Buch, das die eigentlichen und ursprünglichen Aufgaben der Polizei zum Thema hat...» Wir gehen hier mit Arnau nicht einig, denn alle *parapolizeilichen* Erscheinungsformen, wie Geheimpolizei und -dienste, wie Ku-Klux-Klan und Mafia (die wiederum bei Arnau behandelt werden), haben meist von Struktur und Zweckbestimmung her enge Verwandtschaft mit den konventionellen Polizei-Organisationen. Die «Tscheka» etwa übte trotz ihres aggressiven Charakters anfänglich durchaus polizeiliche Aufgaben aus, ähnlich der geheimen Polizei in Frankreich unter Ludwig XIV. Da es indes nicht Aufgabe dieses Werk sein kann noch soll, eine politische Analyse oder Wertung vorzunehmen, werden die wesentlichsten Geheimpolizei-Systeme und Geheimdienste summarisch vorgestellt, zumal ja über die wahre Arbeit und Effektivität dieser Einrichtungen nur spärlich Material zu finden ist...

# Die staatliche Polizei

*Bundesrepublik Deutschland*

Markantester Punkt in Geschichte und Entwicklung der bundesdeutschen Polizei ist zweifellos die Tatsache, dass über Jahrhunderte hinweg *Berlin* der führende Ort war. Um 1390 richtete sich die Spree-Stadt ständige Berufswachen und ein eigenes Gericht ein. Symbolhaft für diese Garanten der Sicherheit rief ein Nachtwächter die Stunden aus. Bereits 1393 verpflichteten sich Berlin und die benachbarten Lande und Städte, sich gegenseitig verbannte oder gesuchte Täter zu melden.

In der Folge verschob sich die Tätigkeit der immer zahlreicher werdenden Polizeiwachen, wie dies in den andern Ländern ebenfalls geschah, ins Zwielichtige und in die Geheimbereiche. Um 1500 verwendeten die Geheimen oder Schwarzen Kabinette chemische und mechanische Hilfsmittel, um Briefe mit Verklebung, Siegel oder gar Petschaft so meisterlich zu lösen und wieder zu schliessen, dass kein Empfänger es entdecken konnte. Die geheimen und korrupten Machenschaften fanden ihren Grund einerseits darin, dass die Fürsten vorab nur auf die eigene Sicherheit achtgaben, und zum andern in der dürftigen Ausbildung und Entlöhnung der Polizisten. Es half wenig, dass Nürnberg sich 1492 ein Stadtrecht gab, worin der Begriff «gute Polizei» verankert wurde, um ihn dadurch vom schlechten abzuheben. Immerhin brachte die «Constitutio Criminalis Carolina», die 1532 von Karl V. in Kraft gesetzt wurde, zusammen mit dem neuen Reichsgesetz erstmals klare Verhältnisse im Sinne der Kriminalistik: Trennung der polizeilichen Arbeitsbereiche und Festlegung der Strafmasse für die verschiedenen Delikte.

Es dauerte dann bis ins Jahr 1713, ehe König Friedrich Wilhelm I. von Preussen auch Militär und Finanzwesen von demjenigen der Polizei trennte. Er untersagte den Gerichten ausdrücklich, «sich einzumischen in den Gang der politica, militaria und des status oeconomicus». Dreissig Jahre später engte er die Kompetenzen der städtischen Verwaltung ein, weil er sie für «tief verderbt» ansah, und übertrug Kriegs- und Landräten sowie den Regimentskommandeuren eine Mitaufsicht.

Schrieb 1777 Friedrich der Grosse noch über die Probleme der Kriminalität an Voltaire: «Mieux empêcher et prévenir les crimes, que de les punir» – «Besser die Verbrechen verhindern und ihnen zuvorkommen, als sie bestrafen» –, so brachte dieses Prinzip erst 1794 den Fortschritt. Das «Allgemeine Landrecht für die preussischen Staaten» sagte u. a.: «Die nötigen Anstalten zur Erhaltung der öffentlichen Ruhe, Sicherheit und Ordnung, und zur Abwendung der dem Publico oder einzelnen Mitgliedern derselben bevorstehenden Gefahr zu treffen, ist das Amt der Polizei.» Es war die erste klare Umschreibung der Aufgaben der Polizei in Deutschland.

Allmählich zogen auch die anderen deutschen Lande mit ihren Bemühungen um Ordnung im öffentlichen Leben nach. 1811 entstand unter König Friedrich von Württemberg die «Königliche Gendarmerie», die aus dem «Landreuterkorps» hervorging, ein Jahr danach organisierte König Max J. Josef die bayerische Gendarmerie. Aus dem gleichen Jahr datiert das «Berliner Polizeireglement», welches zum erstenmal in Deutschland nicht uniformierte Kriminalbeamte vorsah. Diese Polizisten mussten unter der Weste eine Medaille mit der Aufschrift «Polizei von Berlin» und dem eingravierten preussischen Adler auf sich tragen.

Trotz bemerkenswerter Fortschritte, vor allem in bezug auf eine «Demokratisierung», beherrschten in der ersten Hälfte des 19. Jahrhunderts Denunzianten- und Spitzeltum noch allzuoft das deutsche Polizeigefüge.

Das nun folgende Jahrhundert brachte eine ungeheuer dynamische Entwicklung, hervorgerufen durch die rasanten Fortschritte in Technik und Wissenschaft. Wir orientieren uns hier an den Städten Berlin und München; eine ins letzte gehende Beschreibung und Darstellung, würde den Rahmen dieser Chronik sprengen. Um 1845 übernimmt Berlin das System der Daguerreotypie zur Anfertigung von Steckbriefen und richtet sich ein paar Jahre später das erste Polizeipräsidium nach heutiger Auffassung ein. 1852 teilte die Stadt sodann die 36 Reviere auf (Revierkriminalpolizei) und trennte zwei Jahre darauf die Kriminalpolizei («siebente Abteilung») von der übrigen Sicherheitspolizei. Berlin blieb auch in den folgenden 40 Jahren richtungsbestimmend: 1876 Einführung des sogenannten «Verbrecheralbums», 1896 führte die Spree-Stadt das Bertillonsche Messverfahren ein und übernahm ein Jahr später für eben dieses Erkennungssystem die Zentrale für das Deutsche Reich.

1903 gründete München das Kriminalmuseum, dem eine Lehrmittelsammlung angeschlossen und 1909 auch das Jugendkriminalmuseum angegliedert wurden. Dieses Jahr brachte den Münchnern auch den Aufbau einer Fingerabdruckzentrale; 1910 waren schon über 12000 Abdrücke registriert, 1915, nachdem man von den Fremden Fingerabdrücke nahm, lagen 92 784 Blätter vor. Zwei Jahre danach, wiederum in der bayerischen Metropole, wurden zum erstenmal zwei Dias von gesuchten Verbrechern in Kinos und Kabaretts ausgestrahlt.

Nach den Wirren des Ersten Weltkrieges und des Kriegsendes folgte in den zwanziger Jahren eine Stabilisierung der polizeilichen Institutionen und ihrer Arbeitsweise. Trotz politisch oft unruhiger Verhältnisse trieben Wissenschafter und Techniker ihre Forschung voran und setzten sie in die Praxis um. Alle grösseren Städte richteten sich kriminaltechnische Labors ein, deren Aufgaben anfänglich Werkzeugspurensicherung, Ballistik, Schriftvergleiche und Urkundenüberprüfung waren.

Nach der Machtübernahme durch die Nationalsozialisten 1933 verloren die Länder 1934 ihr polizeiliches Hoheitsrecht. 1936 übernahm Heinrich Himmler das Chefamt für die deutsche Polizei im Reichsministerium des Innern und galt auf dem Höhepunkt der deutschen Erfolge als der erste Mann des mutmasslich grössten Polizeiheeres der Geschichte (einschliesslich Waffen-SS und der getarnten Polizeileute).

Das Bild nach 1945: Paradiesische Zustände für jegliche Art von Verbrechertum. Die gewesene Polizeiordnung war zusammengebrochen, die Alliierten aus England und den USA versuchten, das Organisationsschema ihrer Länder anzuwenden, nämlich dezentralisierte Polizeistellen zu schaffen. Lediglich die Franzosen billigten dem vom Boden aufstehenden Volk eine zentral geführte Polizei zu. Bereits 1946 mussten aber auch die Engländer nachgeben; sie begründeten die «Regional Crime Records Bureaus», denen kriminalpolizeilich Hamburg, Düsseldorf, Kiel und Hannover und der Rest der britischen Zone unterstanden. Letztere Stelle erhielt den Namen «Kriminalpolizeiamt für die britische Zone». Daraus entstand 1951 das Bundeskriminalamt (BKA).

Nachdem Konrad Adenauer 1948 erster Bundeskanzler nach dem Krieg wurde, baute sich die Bundesrepublik Deutschland allmählich wieder straffe polizeiliche Organisationen auf. Zusammen mit dem BKA bilden der Bundesgrenzschutz (BSG) und das Bundesamt für Verfassungsschutz (BfV) in Köln die polizeiliche Bundesbehörde. Dabei ist das BKA in Wiesbaden die Zentralstelle für die Verbrechensbekämpfung in der Bundesrepublik und für den elektronischen Datenverbund zwischen Bund und Ländern zu polizeilichen Zwecken. Es unterhält nachrichten- und erkennungsdienstliche kriminaltechnische Einrichtungen, erstellt Analysen und Statistiken, erforscht und entwickelt Methoden der Verbrechensbekämpfung, unterstützt die Polizei der Länder in der Vorbeugungstätigkeit zur Verbrechensbekämpfung und führt Fortbildungslehrgänge auf kriminalpolizeilichen Spezialgebieten durch. In seinem Aufgaben- und Kompetenzbereich ist das BKA breit gefächert, hat aber originär Ermittlungszuständigkeiten in Fällen des international organisierten Rauschgift-, Waffen-, Munitions- und Sprengstoffhandels sowie der weltweiten Herstellung oder Verbreitung von Falschgeld und der Verhütung oder Aufklärung von politischen Attentaten. Zu den Aufgaben des BKA gehören ferner Sicherungs- und Schutzmassnahmen für die obersten Verfassungsorgane des Bundes und deren Gäste. Die

Ermittlungszuständigkeit in den Bundesländern ist jedoch streng abgegrenzt und kann nur erfolgen, wenn eine zuständige Landesbehörde dies verlangt oder wenn der Bundesminister des Innern oder der Generalbundesanwalt es anordnen, was allerdings selten vorkommt. Schliesslich ist das BKA nationales Zentralbüro der Interpol.

Der zwischen dem Bundesgrenzschutz und den Polizeiorganen der Länder bestehende Sicherheitsbund gewährleistet die Zusammenarbeit des BGS mit andern Sicherheitseinrichtungen der Bundesrepublik. Der BGS wird vornehmlich für den Grenzschutz des Bundesgebietes und bei der Unterstützung der Länderpolizei eingesetzt. Die Grenzüberwachung erfolgt ausser zu Lande auch durch Beobachtung aus der Luft sowie von grenznahen Seen und der Ostsee. Der Grenzschutz-Einzeldienst (GSE) erzielt immer wieder beachtliche Erfolge. So hat er bei Fahndungen im Jahre 1974 nicht weniger als 1229 Rauschgiftdelikte ermittelt und dabei erhebliche Mengen an verschiedenartigen Drogen sichergestellt. Für die Durchführung von Sonderkontrollen an den Grenzen zum Ausland werden motorisierte Fahndungstruppen eingesetzt.

Das Bundesamt für Verfassungsschutz (BfV) bildet die Zentralstelle für die Sammlung von Nachrichten über sicherheitsgefährdende und verfassungsfeindliche Bestrebungen. Ebenso wie die Landesbehörden für Verfassungsschutz stehen diesem Amt keine polizeilichen Befugnisse zu. Um seine Aufgaben gleichwohl wahrnehmen zu können (Beobachtung verdächtiger Personen, Anwerbung und Führung von Vertrauensleuten, Post- und Telefonkontrolle in den Grenzen des Gesetzes zur Beschränkung des Brief-, Post- und Fernmeldegeheimnisses), darf dieses Amt nachrichtendienstliche Mittel anwenden. Das Bundesamt für Verfassungsschutz ist im Sinne von Staatsschutz auch damit beauftragt, rechts- und linksextremistische Strömungen und Aktivitäten von Terroristen im Auge zu behalten. Dasselbe gilt für sicherheitsgefährdende, geheimdienstliche Tätigkeiten für eine fremde Macht, aber auch für Bestrebungen, die durch Anwendung von Gewalt oder darauf gerichtete Vorbereitungshandlungen, auswärtige Belange des Landes zu gefährden. Beamte des Verfassungsschutzes wirken zudem bei der Überprüfung von Personen mit, welche im öffentlichen Interesse mit Vorgängen, die geheim bleiben müssen, beruflich zu tun haben oder die an sicherheitsempfindlichen Stellen arbeiten. Es liegt auf dieser Linie, dass das Amt bei technischen Sicherheitsmassnahmen für den Schutz von geheimhaltungsbedürftigen Dingen, die im öffentlichen Interesse liegen, zuständig ist.

Polizei aber als Hüterin von Sitte und Ordnung ist grundsätzlich Sache der Bundesländer. Diese sind verpflichtet, in ihren Gebieten Landeskriminalämter zu unterhalten. Einzelne Länder treten überdies bestimmte Aufgabenkreise an kommunale Stellen ab (so Baden-Württemberg, Bayern und Hessen). Das Sicherheitsprogramm vom Februar 1974 über die «Innere Sicherheit von Bund und Ländern» schreibt als Ziel den Schutz des einzelnen Bürgers vor verbrecherischen Handlungen und den Schutz der staatlichen Einrichtungen und seiner demokratischen Grundordnung vor. Zuvor schon, im Jahre 1972, wurde von der «Ständigen Konferenz der Innenminister des Bundes und der Länder» eine Konzeption verabschiedet, die sich überwiegend mit den Aufgaben, der Organisation und der Verwendung der Polizei des Bundes und der Länder befasste, aber auch legislative Massnahmen, bundesweit, behandelte. Inzwischen hat dieser Katalog Zuwachs erhalten durch Themen wie «Spezielle polizeiliche Sicherheitsprobleme» (Ereignisse mit politischem Charakter, Grossveranstaltungen, besondere Gewaltkriminalität, Wirtschaftskriminalität und Verfassungsschutz). Zwischen Bund und Ländern besteht schliesslich ein Verwaltungsabkommen zur einheitlichen Ausbildung der Anwärter für den höheren Polizeivollzugsdienst (Schutz- und Kriminalpolizei) an der Polizei-Führungsakademie in Hiltrup, die auch Fortbildungslehrgänge organisiert.

Schliesslich seien auch die weiblichen Polizeikräfte gebührend vorgestellt. Ihre Aufgaben erstrecken sich zwar auch heute noch vorab auf fürsorgerische Tätigkeit sowie auf Einvernahmemithilfe bei Kindern und gefährdeten Frauen. Dennoch, seit 1903, als Stuttgart die erste Polizeimitarbeiterin einstellte, hat sich der Arbeits- und Kompetenzbereich der Frau im Dienste der Polizei stark erweitert. Waren es in den dreissiger und vierziger Jahren ideologisch-politische Gründe, die zu vermehrtem Einsatz der Frau führten, so wurde danach ein gesunder Wiederaufbau (auf dem Erlass von 1937) angestrebt. Nach wie vor üben zwar weibliche Polizisten ihren Dienst vornehmlich in Zivilkleidung aus, doch wird die uniformierte Polizistin, zumal im Strassenverkehr, mehr und mehr das Alltagsbild prägen.

*Frankreich*
Die erste Abart von Polizei rief Heinrich I. ins Leben, als er 1032 die «Vicomteschaft» aufhob und einen Prévôt bestimmte, der für Justiz, Militär, Polizei und Domänen zuständig war. Knapp drei Jahrhunderte später, 1302, ernannte der König die zwölf Polizeibeamten des Chatelets, Sitz des Prévôts, zu «Commisaire-Enqueteur», für jedes der zwölf «quartiers» also einen Leiter. 1534 erweiterte Franz I. die Anzahl der «quartiers» auf 32 und führte nebst dem «Lieutenant criminal» den «Lieutenant civil» und den

Vielen Touristen und Besuchern der französischen Hauptstadt ein Begriff: Ein «agent» in Paris, stets bereit, Auskünfte zu erteilen.

«Lieutenant au robe courte» ein. 15 Jahre danach bildete Paris eine Polizeitruppe für den Landeinsatz, Vorläufer der Gendarmerie.

Das Jahr 1667 wurde zum Angelpunkt, als Ludwig XIV. de la Reynie zum «Lieutenant Général du Prévôt de Paris pour la Police» bestellte. Eine der ersten Amtshandlungen de la Reynies, der bis 1697 Chef blieb, war eine Grossrazzia in jenem «quartier», das von der Unterwelt durch und durch beherrscht wurde. 410 Polizisten zu Fuss, 144 berittene Wachen sowie «Sergeanten», «Exempts» und Hilfspolizisten riegelten das Stadtviertel ab. Um keine blutige Schlacht zu provozieren, sicherte de la Reynie den Kriminellen freien Abzug zu, sofern sie die Stadt auf immer verliessen. De la Reynie erreichte während seiner Amtszeit schliesslich auch, dass der oberste Polizeichef Frankreichs einen Ministersessel bekam. Mit dem Jahr 1789 endete die Amtszeit des letzten «Lieutenant-Général», Thiroux de Crosne, der als Verantwortlicher für die Abschaffung der Folter gilt. Die Polizei von Paris wurde zum Hilfsmittel der Revolution herabgewürdigt. Die bereits erwähnte Gendarmerie etablierte sich 1790 unter dem Namen «Gens d'Armes» endgültig. Ihr Aufgabenkreis war klar umschrieben: Wach-, Gefängnis- und Gerichtsdienst, Gefangenentransporte und den Schutz der Nationalversammlung. Also eine deutliche Ressortteilung gegenüber der Kriminalpolizei.

Nachdem 1796 abermals ein «Ministère de la Police Générale» geschaffen worden war, folgte 1799 die berühmt-berüchtigte Epoche des «Schlächters von Lyon», Joseph Fouché (dessen Gesicht und dessen Methoden bereits dargestellt wurde). Irrtümlicherweise bezeichnen ihn Chroniken oft als den Begründer der heutigen Sûreté. Fouché war in all seinen Ämtern niemals ein Leiter, sondern ein Tribun gewesen. Eigentlicher Initiator jener Struktur des Polizeiapparates, die zu den Anfängen der modernen «Sûreté» führte, war ein ehemaliger Gauner und Sträfling, Francois Vidocq. Er wurde im Herbst 1809 beim damaligen Kriminalkommissar Henry vorstellig, bat diesen um Schutz vor seinesgleichen und – nachdem der Kommissar ihn erkannt hatte – schlug ihm vor, als Denunziant für die Polizei zu arbeiten. Henry willigte ein, aber Vidocq, der Unstete, versagte und landete wieder in gewohnter Umgebung ... und im Zuchthaus «Bicêtre». Neuerlich gelang es ihm, sich als Spitzel schmackhaft anzupreisen, so dass Kommissar Henry 1811 für Vidocq eine Flucht vortäuschte. Nun begann die grosse Zeit des Ex-Gauners, und mit seiner Tätigkeit in der Pariser Unterwelt wurde er in der modernen Geschichte zum ersten «Präventivpolizisten». Bereits ein Jahr später standen ihm sechs Mann zur Verfügung; die Agentenarbeit weitete sich aus. 1818 stellte ihm die Präfektur eine eigene Dienststelle in der Nähe des «Quai des Orfèvres» bereit, aus welcher eben später die «Sûreté» hervorging. Vidocq trat 1828 ab, doch der von ihm geschaffene Apparat blieb, wenngleich er vom aussenseiterischen Spitzeltum zum wohlorganisierten administrativen Überwachungsbüro eine merkliche Wandlung durchmachte.

Die nun folgenden Zeitabschnitte brachten zwar dem Land ein wechselhaftes Geschehen, ohne dass sich die polizeilichen Organisationen wesentlich veränderten. Erst die Jahre nach 1871 setzten wieder Marksteine. Erst musste, nach dem Zusammenbruch des Kaiserreiches, die Polizei wieder auf die alte Funktionsfähigkeit eingestellt werden, was erstaunlich rasch gelang. In den Zeitraum bis zur Jahrhundertwende fielen dann die Errichtung einer Polizeischule, an der u.a. Bertillon mitwirkte, und des kriminalwissenschaftlichen Laboratoriums im Pariser Justizpalast, eines der ersten überhaupt auf dem Kontinent. Ende des 19. Jahrhunderts modernisierte die Präfektur unter Louis Lépines Leitung das gesamte Polizeiwesen und strukturierte es teilweise um. So unterstand nun die «Sûreté» endgültig dem Präfekten von Paris. Lépine leitete dieses Amt, mit einer kurzen Unterbrechung, bis 1913, stabilisierte und erneuerte Zug um Zug die Polizei Frankreichs.

Der Erste Weltkrieg stellte dann die französische

Polizei vor neue Aufgaben: Nebst der Alltagsarbeit hatten sich vor allem Führungskräfte der Abwehr und Sicherung des Landes zu widmen. Die Nachkriegszeit bescherte dem Land wieder eine Phase der Beruhigung und Normalisierung; der kontinuierliche Weiterausbau der polizeilichen Institutionen konnte fortgesetzt werden. 1939: abermals Krieg. Praktisch alle Abteilungen der Polizei mussten der Unterwanderung wichtiger Regierungsposten entgegentreten. Ehe diese Gefahr gebannt und Reformen durchgeführt werden konnten, waren Präfektur und «Sûreté» in den Händen der Gestapo. Am 15. August 1944 schritt die Pariser Polizei zum Generalstreik, der jedoch blutig niedergeschlagen wurde und für 154 französische Polizisten den Tod bedeutete.

Die Lage in Frankreich, und damit auch diejenige der Ordnungshüter und Verbrechensbekämpfer, normalisierte sich erst nach 1945. Vorher beherrschten Untergrund und Kräfte des «Maquis» die Szene. In den fünfziger Jahren sah sich die französische Polizei plötzlich vor neue, von politischer Brisanz gefärbte Probleme gestellt: Die «FLA» und ihre Gegenkraft, geführt von hohen französischen Militärs in Algerien, beanspruchten oft ein immenses Mass an psychologisch geschicktem Vorgehen. Wer war Jäger, wer der Gejagte? – Und der «Sûreté» stand es nicht zu, das Parlament zu korrigieren...

Die Polizei Galliens ist wie zu allen Zeiten zentralistisch geleitet. Die Präfekturen der Departemente haben fast ausschliesslich ausführende Funktionen im Rahmen der zu erfüllenden Ordnungsaufgaben. Für die Verbrechensbekämpfung ist die zur Genüge beschriebene «Sûreté» als Zentralstelle zuständig.

*Grossbritannien*

Die Polizei Albions hat wohl die geradlinigste Entwicklung aller Länder durchlebt. Typisch für das gentlemanlike Verhalten des Engländers: Die «Magna Charta Libertatum» von 1215 verlangte bereits ein gerechtes Verhältnis zwischen Verbrechen und Strafe. Anfangs des 14. Jahrhunderts schuf dann der König den «Secret Service», aus dem der «English Secret Service and Detective Branches» hervorging. Die Aufgaben dieses Sicherheitsdienstes erstreckten sich anfänglich nur auf den Schutz des Monarchen, weiteten sich jedoch im Laufe der Zeit auch auf die königliche Familie, den Adel und die Höflinge aus. Zur allgemeinen Aufrechterhaltung der Ordnung wurde wenig getan, so dass die Bürger zur Selbsthilfe übergingen. Sie gründeten einen Aufsichtsdienst, dem sich alle Einwohner ehrenamtlich zur Verfügung stellen mussten. Der Name für dieses Amt: «Constable» (vom lateinischen «constabularius», Stallgenosse und Kamerad)! Unverändert bis zum heutigen Tag blieb auch der Sinn des Eids, den der Konstabler vor seinem Richter schwören musste.

An der Grundeinstellung des Briten über Wahrung von «law and order» änderte sich mehr als sechs Jahrhunderte nichts! Erst die Amtseinsetzung Henry Fieldings im Jahre 1748 brachte entscheidende Neuerungen. Fielding, zuvor ein bissiger Kritiker der englischen Polizei, packte seine Aufgabe energisch an. Zusammen mit seinem Bruder John, der blind war, gründete er die erste Konstabler-Fahndungstruppe, die aber erst 1790 gesetzlichen Status zuerkannt bekam. Fielding liess jedoch auch erstmals gedruckte Fahndungsblätter verteilen, Vorläufer der späteren «Police Gazette». Die Truppe kämpfte in der Folge – abgesehen vom Verbrecher selber – mit zwei Schwierigkeiten: der Sparsamkeit des Parlaments und der Rivalität zwischen der Londoner City und dem Metropolitan-Gebiet.

Erst ein Gesetz von 1829 vermochte einigermassen Abhilfe zu schaffen; es fasste die unabhängig voneinander wirkenden Polizeien Londons unter eine einheitliche Führung zusammen. Ausnahme blieb allerdings die City-of-London Police, die ihre Selbständigkeit beibehielt und heute noch besitzt. Die Gründe des getrennten Wirkens waren – im Gegensatz zu heute – darin zu finden, dass die ansässigen Geschäftsleute die Polizei finanzierten. Die offiziellen Ordnungshüter nannten sich nun «Metropolitan-Police» und hatten ihren Sitz in White Hall. Die 178 Bezirke, in die man die Stadt eingeteilt hatte, wurden vom Superintendenten geleitet. Die neue Organisation zählte 3314 Polizisten, dazu die bereits existierenden Konstabler, deren Bestand damals rund 3000 Mann betrug. 1835 sorgte die «Municipal-Corporations-Akte» unter dem Druck der vielen ungelösten Verbrechen für die Errichtung von gesonderten Wachkomitees. Dieser Trupp wurde zunächst in einem Gebäudekomplex untergebracht, der den Namen «Scotland» trug. Über die Bezeichnungen «Little Scotland Yard», «Middle Scotland Yard», «Great Scotland Yard» und «New Scotland Yard» gedieh schliesslich jene Organisation, die wir heute unter «Scotland Yard» sattsam kennen.

Inzwischen entwickelten sich die konventionellen Polizeistellen zu einem gutfunktionierenden und scharf geschliffenen Instrument in den Händen ihrer «Commissioners». Straffe Organisation und Kontrolle hielten Einzug, im Gegensatz zu den früheren, schlecht oder überhaupt nicht bezahlten Konstablern, die oft einen Teil ihres Dienstes in liegender Stellung ausübten. Das bis anhin hauptsächlich auf London konzentrierte Verbrechertum begann nun teilweise in die Provinzen abzuwandern. Laut einer Statistik von 1837 kam in London auf 92 Einwohner ein Verbrechen, in Liverpool auf deren 45, in Bristol auf 31, und in Newcastle entfiel auf 29 Einwohner eine kriminelle Tat. Zwei Jahre später registrier-

Das erste Haus des Scotland Yard 1829–1890

ten die Stadtbehörden Londons gar einen merklichen Rückgang der Kriminalität. Die «Times» machte in einer ihrer Ausgaben folgende auf die Hauptstadt bezogenen Angaben:

  217 Einbrecher
   38 Strassenräuber
  773 Taschendiebe
 3657 gewöhnliche Diebe
   11 Pferdediebe
  141 Hundediebe
    3 Fälscher
   28 Münzfälscher
  317 Verbreiter gefälschter Münzen
  323 Betrüger
  343 Hehler
 2768 Friedensbrecher
 1295 Landstreicher
   50 Bettelbriefschreiber
  895 gutangezogene Dirnen, die in Bordellen leben
 1612 gutangezogene Dirnen, die auf die Strasse gehen
 3864 Dirnen niedrigster Art
  470 andere Verbrecher

Die durch Verbrechen verlorengegangenen Werte bezifferten sich 1837 auf 25854 Pfund Sterling. Gegen die vierziger Jahre nahm indessen die Kriminalität wieder zu, was die Behörden 1842 zur Erstellung einer neuen Detektiv-Abteilung mit 15 Mann Besatzung veranlasste. (Diese Truppe wurde 1878 in das «Criminal Investigation Department» umgewandelt.)

1856 beschloss das Parlament, die Leitung der «Metropolitan-Police» einem einzigen verantwortlichen «Commissioner» zu übertragen, der direkt von der Krone ernannt wurde und dem Innenministerium unterstellt war. Zugleich erlebte der Status der Polizisten eine Verbesserung, indem man ihre soziale Stellung verbesserte. 2,5 Prozent der Gehälter und 1 Prozent aller Geldstrafen, die von Betrunkenen oder von Angreifern auf einen Ordnungshüter, einliefen, spiesen nunmehr zusätzlich den Ruhegehaltsfond. Eine Rente erhielt aber nur, wer 60 Jahre alt oder nach mindestens 15 Jahren guter und treuer Leistung dienstunfähig wurde. Eine Statistik von 1857 besagt, dass in London 6640 und in der Provinz rund 12000 Polizisten für Ruhe und Ordnung sorgten. Anders ausgedrückt kam in London auf 446 Einwohner, in der Provinz lediglich auf 1365 Einwohner ein Polizist. Ein Kuriosum stellte die Verfügung des Innenministeriums nach dem Freilassungsakt von 1855 dar: Die so in Freiheit Gesetzten sollten zwar von der Polizei kontrolliert werden, zugleich durften sie, namentlich in Kneipen, in ihrem Kommen und Gehen nicht gestört oder belästigt werden!

Zu dieser Zeit beschritt der Direktor eines Londoner Gefängnisses einen neuen Weg im Kampf gegen das Verbrechertum. Er hatte das neue Verfahren von Niepce und Daguerre (bei ersterem handelte es sich um den Erfinder der Photographie; 1813 schuf er mit Erfolg die ersten Bilder der Camera Obscura und wandte sich dann zwecks Verbesserung und Auswertung der Erfindung an Daguerre) studiert und ausprobiert. Wurde nun ein Verbrecher eingeliefert, stellte er ein Bild von ihm her und ordnete es in seine Sammlung ein. Leicht konnte er künftig feststellen, ob ein Neuer bereits einmal sein «Kunde» gewesen war. Dieses erste Verbrecheralbum wurde bahnbrechend für die Weiterentwicklung der ständigen Auseinandersetzung zwischen Polizei und Verbrecher. Scotland Yard legte sich bald darauf ebenfalls eine «Schurken-Galerie» an.

Die frühen siebziger Jahre des letzten Jahrhunderts zeitigten eine weitere wesentliche Neuerung. Mehrmals täglich erschienen in London gedruckte Polizeinachrichten, die alle Stationen und Reviere erreichte. Die Vorarbeit des bereits beschriebenen Henry Fielding trug nun ihre Früchte. Die Photographie war inzwischen dank der Erfindung des Chlorsilberpapiers (1871) ganz gewaltig verbessert worden und ergab eine derart gute Bildqualität, dass das Ablichten der Rechtsbrecher gesetzlich vorgeschrieben wurde.

Scotland Yard, bis kurz zuvor noch mit 17 Beamten tätig, verfügte nun über 200 gutausgebildete Detektive.

Bis zur Jahrhundertwende stieg die Zahl der Angehörigen von Scotland Yard auf 16000! Im Jahre 1898 schlugen die Polizei-Organisationen Londons die Einführung von Fahrrädern für die polizeiliche Alltagsarbeit vor. Das Home Office, dem man damals nachsagte, es sei erzkonservativ, lehnte ab – 1910 verkehrten auf Londons Strassen 6793 Motordroschken. Die Vorstellungen über Beweglichkeit und Funktionstüchtigkeit waren im Zeitraum einer Dekade zusammengebrochen. Immerhin liess Scotland Yard im selben Jahr in seinen Büros Telefonapparate installieren, sehr zum Nutzen der Verbrechensbekämpfung. Technik und Wissenschaft machten also auch vor dem isolationistischen England nicht halt.

Während des Ersten Weltkrieges entstand die weibliche Polizei, die, vorübergehend eingeschränkt, 1924 50 Beamtinnen zählte. Der Durchbruch der weiblichen Polizeikräfte kam allerdings erst gegen Ende des Zweiten Weltkrieges, als das weibliche Hilfspolizeikorps (WAPC) gegründet wurde, dem 1944/45 4500 vollamtliche Polizistinnen angehörten.

Ein Kuriosum, das wohl auch der britischen

Das wuchtige Eingangsportal des New Scotland Yard 1890–1967

Das heutige Hauptquartier von New Scotland Yard seit 1967 ▷

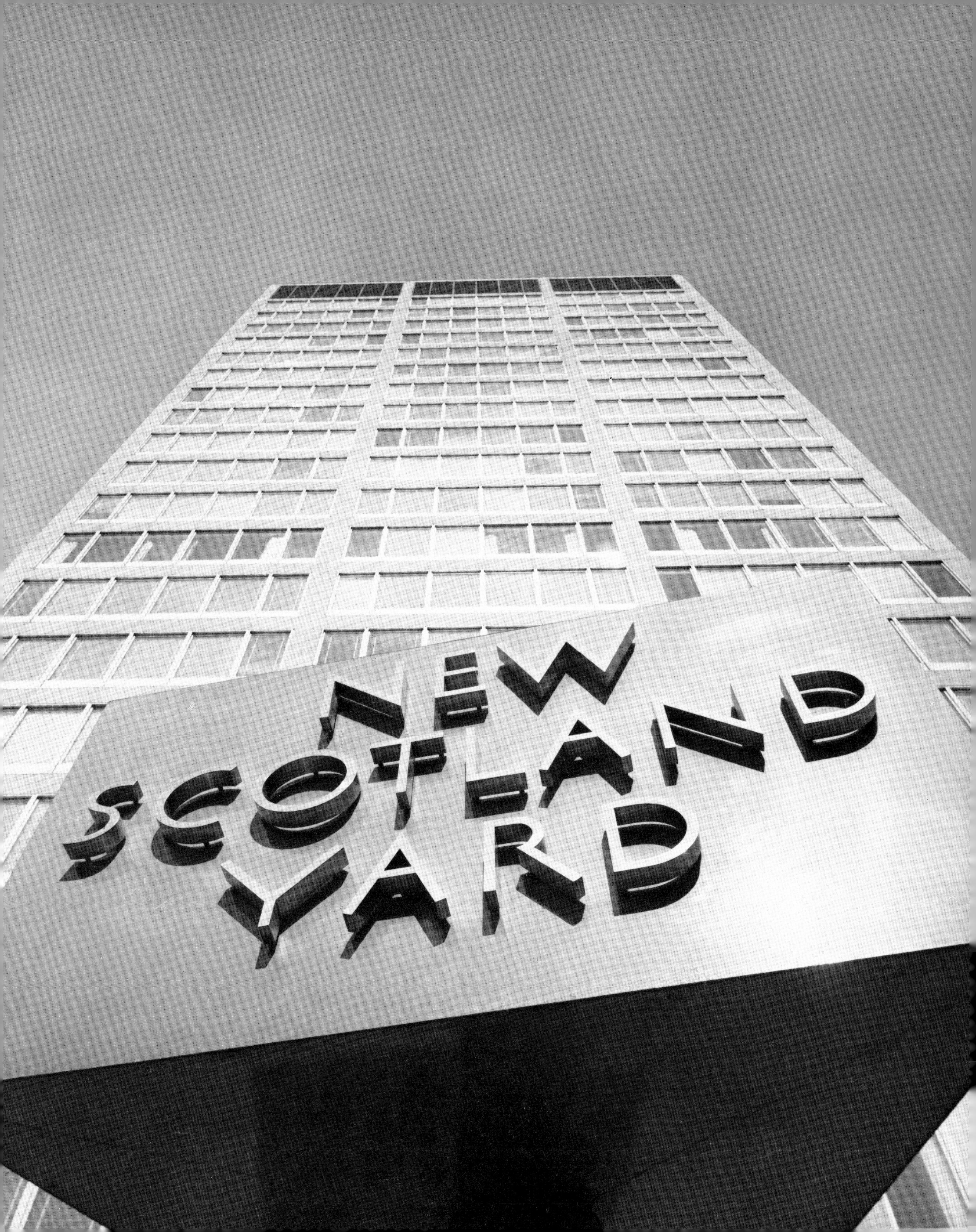
NEW
SCOTLAND
YARD

Eigenwilligkeit zuzuschreiben ist, stellt der Umstand dar, dass auch heute noch Scotland Yard in den Provinzen nur auf Verlangen der örtlichen Dienststellen eingreifen kann und darf. Obwohl Scotland Yard eindeutig über den besten wissenschaftlichen und technischen Dienst des Landes verfügt, machen sich nach wie vor Eifersüchteleien zwischen den grafschaftlichen und lokalen Polizeiämtern und London bemerkbar.

Durchaus kein Kuriosum, zwar auch eine mentalitätsbezogene Erscheinung, ist der «Bobby» Englands im Dienst. Der englische Polizist ist nur mit dem Knüppel ausgerüstet. Der Ausdruck «Bobby» ist übrigens kein geringschätziger Übername; vielmehr geht er auf den Mann zurück, der 1829 das Gesetz durchpeitschte, wonach die «Metropolitan-Police»-Stellen zentral zusammengefasst werden sollten: Staatssekretär des Innern Sir Robert «Bobby» Peel.

Höchster Beamter der Londoner Polizei ist der «Commissioner of Police of the Metropolis», der die übrigen «Commissioners», «Commanders» und Chef-Superintendenten bis hinunter zum Konstabler befehligt.

*Österreich*

Vorab eine grundsätzliche Anmerkung. Wie in aller Herren Ländern stützen sich Geschichte und Entwicklung der Polizei auf das Geschehen in den zentralen Orten. In Deutschland (das ja noch aufgesplittert war) kennen wir die Brennpunkte Berlin, Hamburg, Augsburg, München usw., in Frankreich Paris und in Österreich Wien. Die Donaumetropole kannte bereits 1221 die erste polizeiliche Einrichtung: Leopold VI. schuf das «Leopoldinische Stadtrecht». Gestützt auf diese Verordnung entstand ein Stadtrat, zusammengesetzt aus 24 zuverlässigen Bürgern, die die «Wahrnehmung der Markt-, Strassen-, Reinlichkeits-, Feuer- und Baupolizei» besorgten.

Diese «Elite» wurde 1361 durch die Verpflichtung des gesamten Bürgertums abgelöst; das gleiche Bild demnach wie in fast allen Städten Europas. Durch ein Edikt Ferdinand II., der sich im Dreissigjährigen Krieg schwertat, entstand die Wiener «Stadt Guardia», die nach dem

*Motorradfahrer-Polizist in Guildford (England) wird per Funk zum Einsatzort beordert.*

Tod des Monarchen ausgebaut und 1646 in «Rumorwache» (vom lateinischen rumor = Lärm, Unruhe) umbenannt wurde. Auch im alten Wien war allerdings dem Throninhaber eins höchstes Gebot: sein eigener Schutz.
Erst ein Jahrhundert später, 1749, ergriff Maria Theresia strengere Massnahmen, wenn auch die von ihr ins Leben gerufene «Commission de Chasteté» (Keuschheitskommission!) einen zwiespältigen Eindruck hinterliess. Ab 1754 arbeiteten in Wien die ersten Polizeikommissäre dienstmässig. Es dauerte dann bis ins Jahr 1786, ehe unter Joseph II. regionale Polizeidirektionen in allen Landeshauptstädten aufgebaut wurden. Die Wirren um den Wiener Kongress von 1814 – der Anlass zog viele zweifelhafte Individuen aus ganz Europa an – und der darauffolgenden Jahre beeinträchtigen dann aber den sukzessiven Fortschritt der österreichischen Polizei. Nach einigem Hin und Her, vor allem in der Kompetenzabgrenzung, konsolidierte sich erst 1870 die Struktur sämtlicher polizeilichen Angelegenheiten, indem diese dem Ministerium des Innern unterstellt wurden (ausgenommen davon waren bestimmte Abwehr-Aufgaben).
In der Folgezeit, genauer ausgedrückt bis zum Ende des Ersten Weltkriegs, hemmten Unruhen und politische Querelen den stetigen Weiterausbau der österreichischen Polizeiorgane. Erst die Stabilisierung nach 1918 ermöglichte den zuständigen Behörden eine dynamische Entwicklung. So war es denn 1923 der Wiener Polizeipräsident Schober, der auf dem Internationalen Kriminalpolizei-Kongress in Wien für eine klare, straffe Organisation und Gliederung der «International Criminal Police Commission» eintrat, aus welcher die Interpol hervorging. In den dreissiger Jahren und der anschliessenden Kriegszeit kämpfte die mittlerweile glänzend eingestellte österreichische Polizei vor allem gegen die deutsche Unterwanderung, und nach dem Zweiten Weltkrieg bildete der Viermächte-Status die kaum zu überbrückende Behinderung, wieder zu einer einsatzstarken Polizeiorganisation zurückzufinden. Erst der Staatsvertrag von 1955 löste diesen Knoten; Österreich war frei, der Neuaufbau der Polizei begann.

Heute ist die österreichische Polizei grundsätzlich in drei Stufen eingeteilt, wobei die ersten beiden originär Sicherheitsbehörden darstellen, die dritte hingegen die eigentlichen polizeilichen Funktionen erfüllt. Die 1. Stufe umfasst die Bundespolizeidirektionen und -kommissariate in Landeshauptstädten (ohne Vorarlberg), die Bezirkshauptmannschaften und die Gendarmerie. In der 2. Stufe wirken, auf Landesebene, die Sicherheitsdirektionen. In der 3. Stufe schliesslich, gewissermassen «mit beiden Beinen im Alltagsgeschehen», arbeiten die effektiven polizeilichen Dienststellen in fünf Gruppen.
Wesentlichstes Merkmal in der 1. Stufe ist die Kompetenzabgrenzung. Die erstgenannten Sicherheitsorgane besitzen Strafverordnungsgewalt, während die Gendarmerie dazu keine Berechtigung hat. Den Sicherheitsdirektionen der Stufe 2 obliegen vorwiegend administrativ-exekutive Aufgaben. Unsere Darstellung muss sich jedoch den Untergruppen der 3. Stufe zuwenden; sie sind die eigentlichen Hüter der Ordnung, unter dem Namen «Generaldirektion für die öffentliche Sicherheit» dem Bundesministerium der Innern unterstellt.

*Gruppe A – Bundespolizei*
Ihre Aufgabe ist es, in den Städten für Ruhe und Ordnung zu sorgen. Eine besondere Abteilung in Wien ist für ihre Organisation und Kontrolle zuständig. Derselben unterstehen auch die grenzpolizeilichen Dienststellen. Die Abteilung ist zuständig für Uniformierung, technische Ausrüstung, polizeiliche Nachrichtenmittel, Amtseinrichtungen, kriminaltechnisches Material, Ausrüstung der Strom- und Seepolizei, Inventar und Materialverwaltung. Es gehört dazu das Polizeidiensthundewesen, die Betreuung der Polizeimusik und des Polizeisports.
Der Abteilung obliegen ferner Organisation und Kontrolle der Sicherheitsdirektionen, Bundespolizeibehörden und der grenzpolizeiliche Dienst sowie Bau und Instandsetzung von

Dienstgebäuden, Miet- und Pachtangelegenheiten, Sozialeinrichtungen für Polizeiangehörige.

*Gruppe B – Gendarmeriezentralkommando*
Die Gendarmerie, wie die Bundespolizei zentralistisch geleitet, ist auf dem Lande und in den Dörfern für die öffentliche Sicherheit besorgt. Die zuständige Abteilung in Wien führt Organisation und Dienstvollzug durch, bestimmt die Struktur der Dienststellen, verfügt sicherheitsdienstliche Einsätze und regelt Angelegenheiten der umfassenden Landesverteidigung. Ihr unterstehen das Verkehrswesen, Flugwesen, Alpinwesen, Zivil- und Katastrophenschutz, ferner Amts- und Wohnraumbeschaffung, die materielle Versorgung mit technischen Hilfsmitteln, Uniformierung, Inventar- und Materialverwaltung.

*Gruppe C – Staatspolizeilicher Dienst*
Hier geht es um Informationsdienst, um die Wahrnehmung der staatspolizeilichen Belange bei Vereins- und Versammlungsanlässen, Staatsbürgerschaftswesen, Reise- und Grenzverkehr, um die Kontrolle von Waffen, Munition und Sprengmitteln, aber auch jene von Presse, Film, TV und Funk. Der staatspolizeiliche Dienst wird aktiv bei Grenzzwischenfällen und Flüchtlingsüberprüfungen, ausserdem bei Staatsbesuchen, Grossveranstaltungen und Tagungen internationaler Organisationen. Eine besondere Abteilung befasst sich mit der Wahrnehmung staatsfeindlicher Vorgänge und mit der Koordination und Lenkung der Massnahmen zur Aufrechterhaltung der staatlichen Sicherheit. Es ist der Staatssicherheitsdienst. Ein Büro führt heute noch Untersuchungen über nationalsozialistische Gewaltverbrechen durch und leistet Unterstützung der kriminalpolizeilichen Ermittlungen im In- und Ausland auf diesem Sektor.

*Gruppe D – Kriminalpolizeilicher Dienst*
Das Zentralbüro für Österreich der Interpol bearbeitet allgemeine kriminalpolizeiliche Angelegenheiten und Rechtsfragen, insbesondere des Fahndungs- und Erkennungsdienstes. Es werden eine Kriminalstatistik geführt, Fachliteratur ausgewertet, kriminalpolizeiliche Informationen herausgegeben und Spezialkurse durchgeführt.
Eine spezielle Abteilung koordiniert und unterstützt die kriminalpolizeiliche Tätigkeit im Inland und leistet internationale kriminalpolizeiliche Amtshilfe im Sinne der Interpol-Konvention zur Bekämpfung der Falschmünzerei, unzüchtiger Veröffentlichungen sowie des Frauen- und Kinderhandels.
Die Kriminaltechnische Zentralstelle untersucht Spuren und andere Beweisgegenstände von Verbrechen und führt die Aufsicht über die Kriminaltechnischen Untersuchungsstellen; sie führt Schulungen auf dem Gebiet der Kriminaltechnik durch und betreibt wissenschaftliche Forschung, insbesondere die Entwicklung neuer kriminaltechnischer Arbeitsmethoden.
Die Zentralstelle für die Bekämpfung der Suchtgiftkriminalität leitet die Arbeit der Polizeidienste auf diesem Gebiet und bildet Beamte speziell für die Bekämpfung von Drogen aus. Dank internationaler Zusammenarbeit werden gerade bei Rauschgiftdelikten immer wieder namhafte Erfolge erzielt.

*Gruppe E – Administrativpolizei*
Ihr untersteht die Ein- und Ausfuhr von Kriegsmaterial, sie kontrolliert das Schiesswesen sowie den Sektor Sprengstoffe. Ihr ist das Melde- und Strafregisterwesen unterstellt sowie die zusammenfassende Behandlung allgemeiner polizeirechtlicher Angelegenheiten und die Wahrnehmung der sicherheitspolizeilichen Belange bei der Begutachtung von Gesetzes- und Verordnungsentwürfen. Ausserdem ist sie für Gasthausverbote zuständig.
Eine spezielle Abteilung beschäftigt sich mit Reisepassfragen und ihrer rechtlichen Kontrolle, sodann mit der Ausstellung von Dienstpässen; zu ihrem Zuständigkeitsbereich gehört der fremdenpolizeiliche Dienst einschliesslich

der Einwanderung, Niederlassung, Durch- und Abschiebung missliebiger Personen, Kontrolle der ausländischen Arbeiter in Österreich. Die Rechtsangelegenheiten der Flüchtlinge einschliesslich der Klärung grundsätzlicher Rechtsfragen, die sich aus der Anwendung der Flüchtlingskonvention ergeben, gehört ebenfalls in ihren Aufgabenkreis.

Es mag verwirrend erscheinen, dass sowohl in der 1. als auch in der 3. Stufe die Gendarmerie und die Bundespolizei auftauchen. Die einfache Erklärung dafür liegt im bereits beschriebenen Organigramm: Der Beamte der Gruppierungen in Stufe 3 ist der fahndende und verhütende Polizeimann, derjenige der 1. Stufe arbeitet administrativ, registrierend und vollstreckend. Diese Querverbindungen und teils auch Verästelungen finden ihre Begründung weitgehend im föderalistischen Gepräge des Landes. Dennoch ist dieses Gefüge nicht etwa dem «administrativen Umweg» unterworfen, wie ein Fall es zeigen möge.

Zwei Wochen lang stand in Kitzbühel ein Auto mit bundesdeutschem Kennzeichen in einer Verbotszone. Zunächst schien es, als ob die Nachlässigkeit der Ortspolizei die Aufklärung eines Mordfalles verunmöglichen würde; denn als man den Wagen endlich untersuchte, fand man im Kofferraum die Leiche eines deutschen Kaufmanns, der durch Genickschuss getötet worden war. Die vorbildliche Zusammenarbeit jedoch und der eingespielte Informationsfluss zwischen den kommunalen, Bundes- und Staatsstellen der Polizei führten bald auf eine heisse Spur in Wien. Im Wiener Vorort Stadlau entdeckte die Polizei eine Brille mit Blutspuren; die ermittelte Blutgruppe war dieselbe wie jene des ermordeten Kaufmanns. Die sofort eingeleitete Grossfahndung in der Nachbarschaft des Fundortes brachte innert zwei Tagen die Aufklärung: Ein Neunzehnjähriger hatte die Tat aus Geldnot begangen. Trotz eines Vorsprungs von vierzehn Tagen war er an der vorbildlichen und exakten Zusammenarbeit der verschiedenen Amtsstellen gescheitert.

*Ostblock*

Wenn hier der Ostblock summarisch dargestellt wird, so liegt der Grund ganz einfach darin, dass sämtliche polizeilichen Organisationen des Warschauer Paktes nach sowjetischem Muster aufgebaut bzw. reorganisiert worden sind.

Die sowjetische Polizei entstand 1917 zunächst unter Lenin als Truppe unter dem Namen «Tscheka». Während und in den Jahren nach der Revolution brachten die Tschekisten über 200000 Menschen um, und nochmals so viele Opfer dürfte es bei der Niederschlagung lokaler Aufstände sowie in den «Tscheka»-Lagern gegeben haben. Nachdem die neuen Machthaber etabliert waren, wäre nunmehr die «Tscheka» überflüssig geworden. Sie wurde jedoch als Spezialabteilung neben der normalen Polizei beibehalten.

Was die konventionellen polizeilichen Dienststellen im Ostblock anbelangt, unterscheiden sie sich lediglich in Einzelheiten von denjenigen des Westens. Auch die Aufgabenkataloge gleichen sich grundsätzlich: Hüben wie drüben machen sich in den letzten Jahren Verkehrsprobleme, zunehmende Vergehen gegen die Betäubungsmittelgesetze und Jugendkriminalität breit und gehören zu den vordringlichsten Problemen, mit denen sich die Polizei herumzuschlagen hat.

Es ist klar, dass die Polizei in den Ostblockländern daneben aber in allererster Linie als Wahrerin der Ideologie eingesetzt wird. So wurde die «Tscheka», wie erwähnt, nicht etwa aufgelöst, sondern als Reaktion auf die immer stärker werdende Opposition seitens der Bevölkerung 1922 in die GPU (Staatliche Politische Verwaltung) umgewandelt und dem Volkskommissariat für Innere Angelegenheiten (NKWD) unterstellt. Das «Tscheka»-Personal wurde in die neue Organisation übernommen. Ebenfalls keine brüderliche Geste bedeutet der Umstand, dass zumindest die höheren Polizeibeamten der Ostblockstaaten (mit Ausnahme Jugoslawiens und Albaniens) in der Sowjetunion geschult werden; sie kriegen nebenbei die erforderliche Ration ideeller Schulung mit.

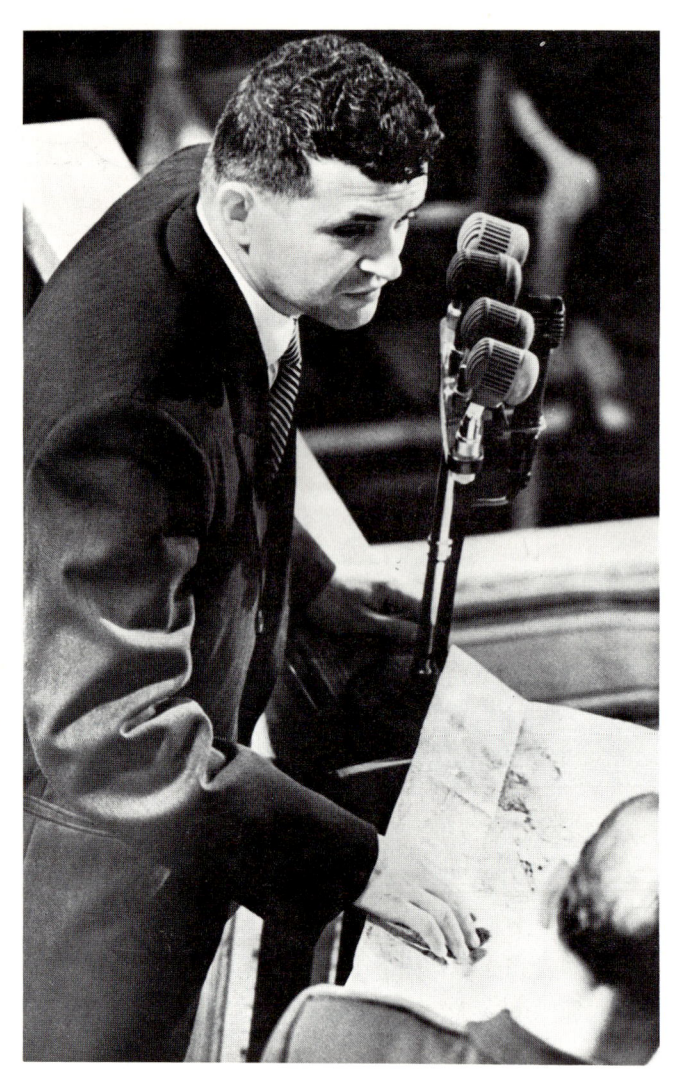

Der amerikanische Pilot Hauptmann F.G. Powers wurde 1960 während eines Erkundungsfluges über sowjetischem Territorium unter mysteriösen Umständen abgeschossen und geriet in Gefangenschaft. Unser Bild zeigt ihn während des gegen ihn angestrengten Prozesses in Moskau. Das Gericht verurteilte ihn zu zehn Jahren Freiheitsentzug. Nach einigen Jahren wurde er gegen den in den USA gefangen gehaltenen sowjetischen Meisterspion Rudolf Abel (siehe Seite 178) ausgetauscht.

Der polizeiliche Alltag ist vor allem an den Westgrenzen gespickt mit gegenseitigem Misstrauen. Geht bei uns eine Patrouille aus sachlichen Erwägungen und Schutzgründen zu zweit, so ist im Ostblock das Moment der Überwachung der Polizisten erstes Gebot. Zudem bestimmt ein ausgeklügelter Plan, dass die Wachequipen ständigem Wechsel unterliegen, so dass auch die Möglichkeiten faktisch ausgeschlossen sind, dass zwei Polizisten konspirieren könnten.

Jeder Polizeiaspirant wird vor der Ausbildung nach strengen Massstäben auf Herz und Nieren, vorab natürlich auf die ideologische Linie hin, untersucht. Andere Kriterien, wie körperliche Tüchtigkeit, sind natürlich gleich wie im Westen Voraussetzung für künftige Schulung und Einsatz, wobei als Gegensatz auch hier die gesellschaftskämpferischen Elemente erwähnt werden müssen, die in jedem Fall in die polizeiliche Ausbildung eingeflochten sind.

Schliesslich sei erwähnt, dass die fähigeren Polizeibeamten im Laufe ihrer Karriere automatisch beim Geheimdienst landen, sei es in militärischer Position oder in der Diplomatie.

*Schweiz*

Es ist bereits beschrieben worden, und braucht für die Entstehungsweise der modernen Schweizer Polizei nicht wiederholt zu werden, welche Blüten mitunter in diesem lockeren, föderalistischen Gefüge bis zur Gründung des Bundesstaates 1848 sprossen. Dieses schicksalshafte Jahr 1848 krempelte zwar in struktureller Hinsicht nichts um; die neugeschaffene Bundesverfassung konsolidierte vielmehr die bestehenden Verhältnisse der polizeilichen Gewalt und Befugnisse, grenzte die Übergriffskompetenzen ab, indem die Oberhoheit der Kantone verankert wurde, und schuf – als einzige Novität – die erste, für den gesamten Bund zuständige Polizeibehörde: die politische Fremdenpolizei. Im Lauf der Jahre wandelten sich bei dieser Institution die Aufgaben aber derart, dass letztlich eine Aufteilung erfolgte: Für das Politische dieser Polizei war durch Gesetz von 1889 nur mehr die Bundespolizei (ebenfalls 1848 gegründet) massgebend und, dem Bundesrat als oberster Landesbehörde, verantwortlich, während für alle fremdenpolizeilichen Kontrollaufgaben den kantonalen Behörden die Aufsicht übertragen wurde. Die Entwicklung der modernen Polizeiorganisationen in der Schweiz war weitgehend von deut-

Einsatzzentrale der Kantonspolizei Bern in Bern-Wankdorf

schem und vor allem französischem Vorbild geprägt worden, wenn auch Verwirklichung und Handhabung der Hilfsmittel organisatorischer und technischer Natur, hervorgerufen durch die Souveränität der Kantone, ein illustres Bild ergaben. Dass dabei die Ordnungshüter kaum eine Schuld trifft, zeigt ein Beispiel: Politik und Gesetzgebung wollen noch heute (eine belanglose Unterlassungssünde, weil sie niemand stört), dass der Salzhandel zwischen den zwei Nachbarkantonen Bern und Freiburg gesetzlich streng geregelt ist. Aus Verzollungsgründen darf kein Salz unangezeigt von Bern nach Freiburg «ein-

3. August 1973: während kurzer Zeit halten jurassische Separatisten die Belgische Botschaft in Bern besetzt. Gleichzeitig besetzen in Brüssel wallonische Separatisten die Schweizerische Botschaft in Belgien. Mit diesen abgestimmten Aktionen wollen die Minderheitsvertreter beider Länder auf ihre Anliegen aufmerksam machen. Dank geschicktem Vorgehen der Polizei verlief die Aktion ohne Gewaltanwendung, und die Besetzer konnten abgeführt werden.

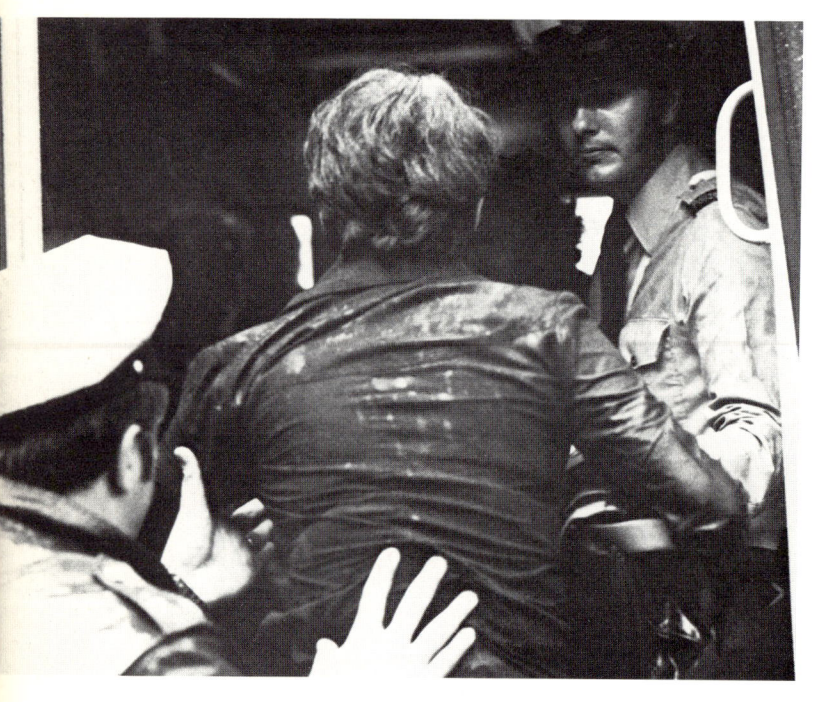

geführt» werden. Nach diesem Überbleibsel schreit längst kein Hahn mehr; keine Hausfrau aus dem Freiburgischen, die im einen Kilometer (!) entfernten bernischen Nachbardorf einkaufen geht, denkt auch nur einen Augenblick daran, dass dieses Gesetz auf dem Papier noch besteht..., und selbst der Dorfpolizist plagt sich nicht mit solchen Gedanken, weil er in seinem Aufgabenkatalog weiss Gott andere Dinge stehen hat.

Wie kontinuierlich sich die Polizeiorgane auf kantonaler und Bundesebene entwickelten, zeigt wohl am deutlichsten, dass bei der Totalrevision der Bundesverfassung von 1874 die polizeilichen Belange kaum berührt oder auch nur angeschnitten wurden. Die Oberhoheit der Kantone blieb unverändert, der Bund erhielt keinerlei zusätzliche Kompetenzen. Sowohl strukturell wie auch in bezug auf technischen und wissenschaftlichen Fortschritt ging die Schweiz, als ein weitgehend von beiden Weltkriegen verschont gebliebenes Land, zwar gemächlich, aber aufgeschlossen ihren Weg, obwohl die Hoheit von 25 kantonalen Direktionen nicht immer nur Wissensaustausch pflegte, sondern gelegentlich auch Rivalität hervorrief.

Bis 1942 änderte sich am geruhsamen und doch produktiven Voranschreiten kaum etwas. Dieses Jahr brachte dann, mitten in den Kriegswirren, ein neues Strafgesetzbuch, welches die 25 zum Teil recht unterschiedlichen Auffassungen der Kantone vereinheitlichte. Dies hatte natürlich massive Auswirkungen auf die Arbeit der kantonalen Polizeistellen, die endlich mehr Klarheit erhielten, wenn sie irgendwo einschreiten sollten, und nicht mehr ständig den Paragraphen konsultieren mussten, ehe eine Aktion durchzuführen war. Auf Bundesebene teilte man schliesslich 1945 durch Verfügung des Justiz- und Polizeidepartements die Bundespolizei in zwei Wirkungskreise: den Innen- und den Aussenpolitischen Dienst, welch letzterer in Ausnahmefällen mit der Heerespolizei (also der militärischen Dienststelle) zusammenarbeitet.

Trotz der ruhigen, ja beinahe bedeutungslosen Geschichte der Eidgenossenschaft seit 1848, weltweit betrachtet und durch die Absenz in den Kriegen hervorgerufen, standen die Uhren keineswegs still. 1950 errichtete die Zürcher Stadtpolizei den Wissenschaftlichen Dienst, scheinbar Jahrzehnte später als andere Städte oder Länder. Vorläufer gab es indessen längst; es war eine Frage der Institutionalisierung bestehender Abteilungen, die sich Techniken und wissenschaftliche Methoden (von der Daguerreotypie bis zu Hochleistungsmikroskopen), zu eigen machten. Inzwischen haben praktisch alle übrigen Kantone nachgezogen, wenngleich der Wissenschaftliche Dienst Zürichs nach wie vor tonangebend ist – und weltweit in heiklen Fällen herangezogen wird. Dr. M. Frei-Sulzer war es, der zu jener Zeit ausser den polizeilich geschulten Kräften auch Akademiker in seinem Amtsbereich eingliederte, sehr zum Nutzen der erfolgreichen Verbrechensbekämpfung.

Im November 1975 kam es zu einem Treffen des amerikanischen Aussenministers Henry Kissinger mit dem Schah von Persien in Zürich. Mit einem Grosseinsatz an Polizei wurde die Begegnung der beiden Staatsmänner überwacht und gesichert.

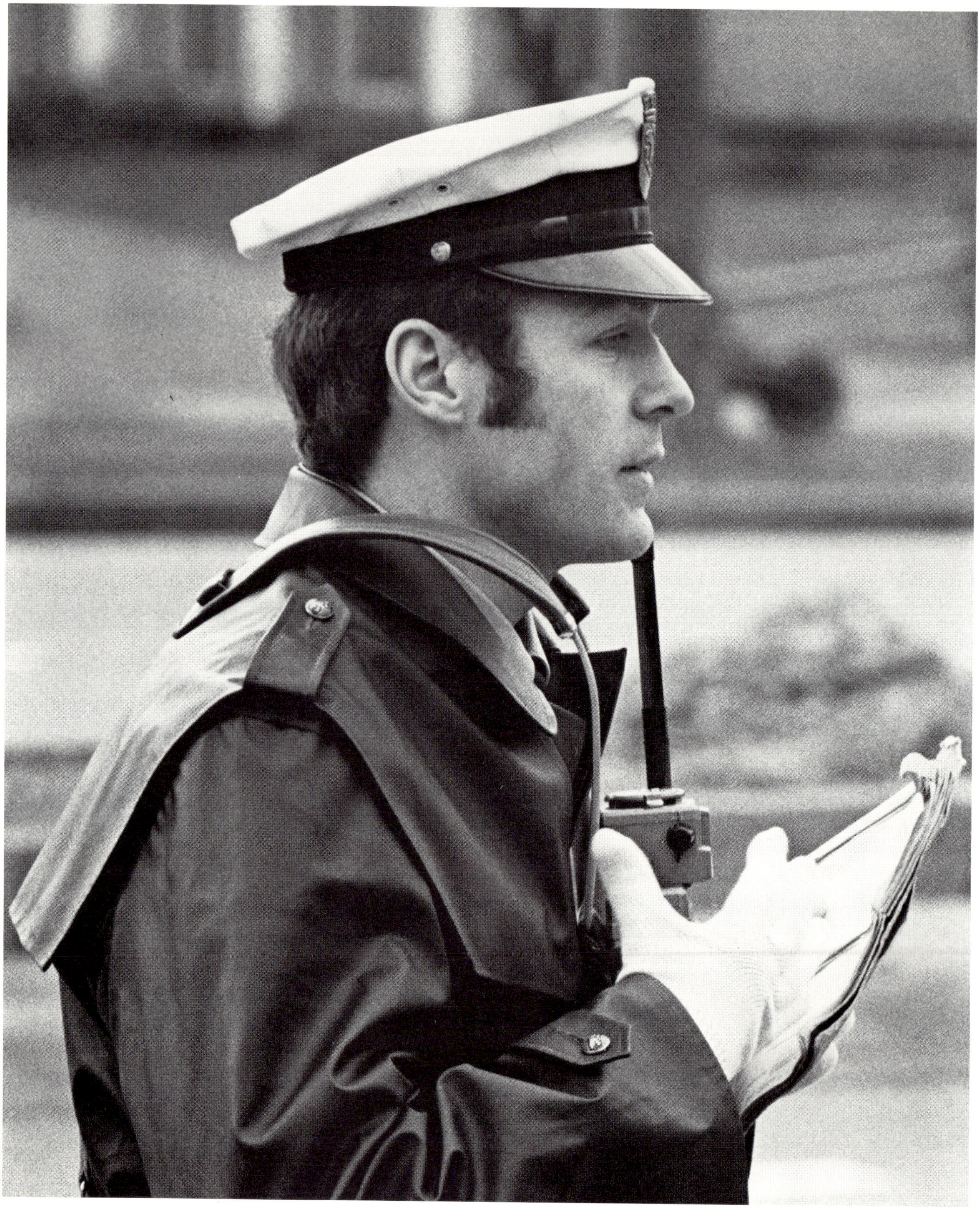

Die heutige Gliederung der Schweizer Polizei ist immer noch föderalistisch bestimmt. Jeder Kanton besitzt ein eigenes Polizeireglement. Diese weichen indessen kaum voneinander ab; der Aufgabenkatalog lautet praktisch überall gleich:

Sorgepflicht auf dem Kantonsgebiet für die öffentliche Sicherheit, Ruhe und Ordnung sowie für den Schutz von Personen und Sachen; strafbare Handlungen nach Möglichkeit verhüten oder verhindern; Aufgaben der Strafverfolgung nach Massgabe des Strafverfahrens erfüllen; Erledigung von Aufträgen der Verwaltungs- und Gerichtsbehörden, soweit die polizeiliche Mithilfe in Gesetzen, Dekreten und Verordnungen vorgesehen oder zu deren Erfüllung erforderlich ist; Hilfeleistung im Rahmen der Möglichkeiten bei Unfällen und Katastrophen.

Das Polizeikorps, dem diese Aufgaben gestellt sind, untersteht als Abteilung der kantonalen Polizeidirektion, ist militärisch organisiert und besteht aus dem Kommandanten (dessen direkter Vorgesetzter der kantonale Polizeidirektor ist), seinem Stellvertreter, den Abteilungschefs, Offizieren, Unteroffizieren, Gefreiten und Kantonspolizisten sowie dem notwendigen administrativen und wissenschaftlichen Personal. Jedes Korps setzt sich aus dem Kommandostab, der Kriminalabteilung, der Verkehrsabteilung und der Bezirksabteilung zusammen. Der Kommandostab beschafft dem Kommandanten die Führungsgrundlagen. Ihm obliegt zudem die Verwaltung des Polizeikorps. Die Kriminalabteilung, gesamtschweizerisch der Kantonspolizei anvertraut, verhütet durch geeignete Massnahmen strafbare Handlungen und untersucht begangene Vergehen und Verbrechen. Die Verkehrsabteilung behandelt sämtliche mit dem Strassenverkehr anfallenden Aufgaben, und die Bezirksabteilung schliesslich besorgt sicherheits- und gerichtspolizeiliche Fragen in den Amtsbezirken.

Der Bestand des Polizeikorps beträgt höchstens 1,3 Prozent der Wohnbevölkerung des Kantons. 4 Prozent sind Offiziere, 46 Prozent Unteroffiziere und 50 Prozent Gefreite, Kantonspolizisten und übriges Personal. Die Aspiranten, die alle über eine abgeschlossene Berufsausbildung verfügen müssen, werden in einer Polizeischule ausgebildet. Für die spätere Beförderung des Polizisten ist der Besuch von Fach- und Kaderschulen Voraussetzung. Wahl, Vereidigung und Beförderung der Offiziere erfolgen durch den kantonalen Regierungsrat. Die Angehörigen der Polizeikorps werden kostenlos uniformiert, bewaffnet und ausgerüstet. Unteroffiziere, Gefreite und Kantonspolizisten haben Anspruch auf eine geeignete Dienstwohnung bzw. eine entsprechende Entschädigung.

Auf Bundesebene verfügt die Bundesanwaltschaft über einen eigenen Polizeidienst. Seine Tätigkeit umfasst nebst der Spionageabwehr die Überwachung missliebiger Personen sowie die gerichtspolizeilichen Ermittlungen bei der Verfolgung strafbarer Handlungen gegen die innere und äussere Sicherheit der Eidgenossenschaft. Die Mitwirkung kantonaler Beamten an diesen Aktionen geschieht aus dem Pflichtverhältnis der Kantone als Glieder des Bundes heraus. Das Zusammenspielen dieser Organisationen hat sich so gut bewährt, dass bislang auf die Schaf-

Schützenpanzer der Zürcher Polizei bei der Überwachung des Flughafens von Kloten. Die Terroranschläge und Flugzeugentführungen der letzten Jahre zwingen viele Staaten, ihre Flugplätze streng zu bewachen und zu kontrollieren.

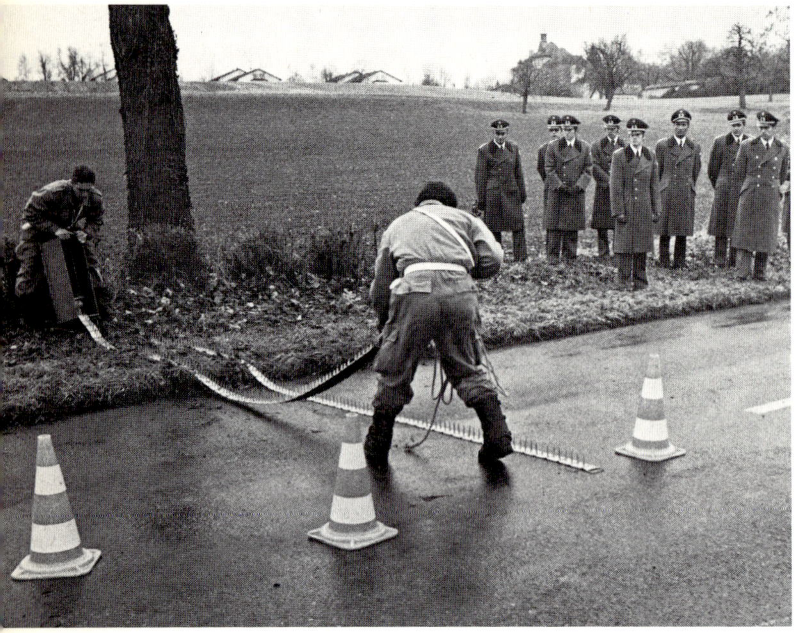

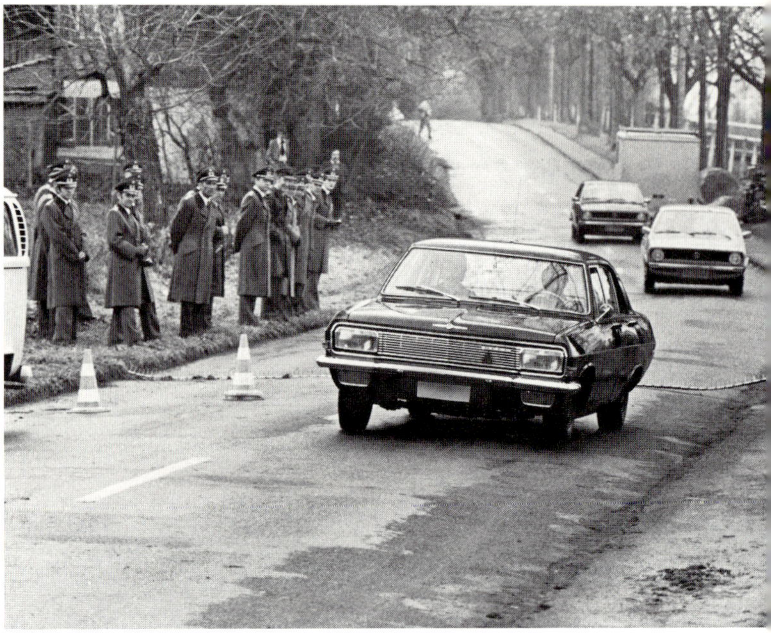

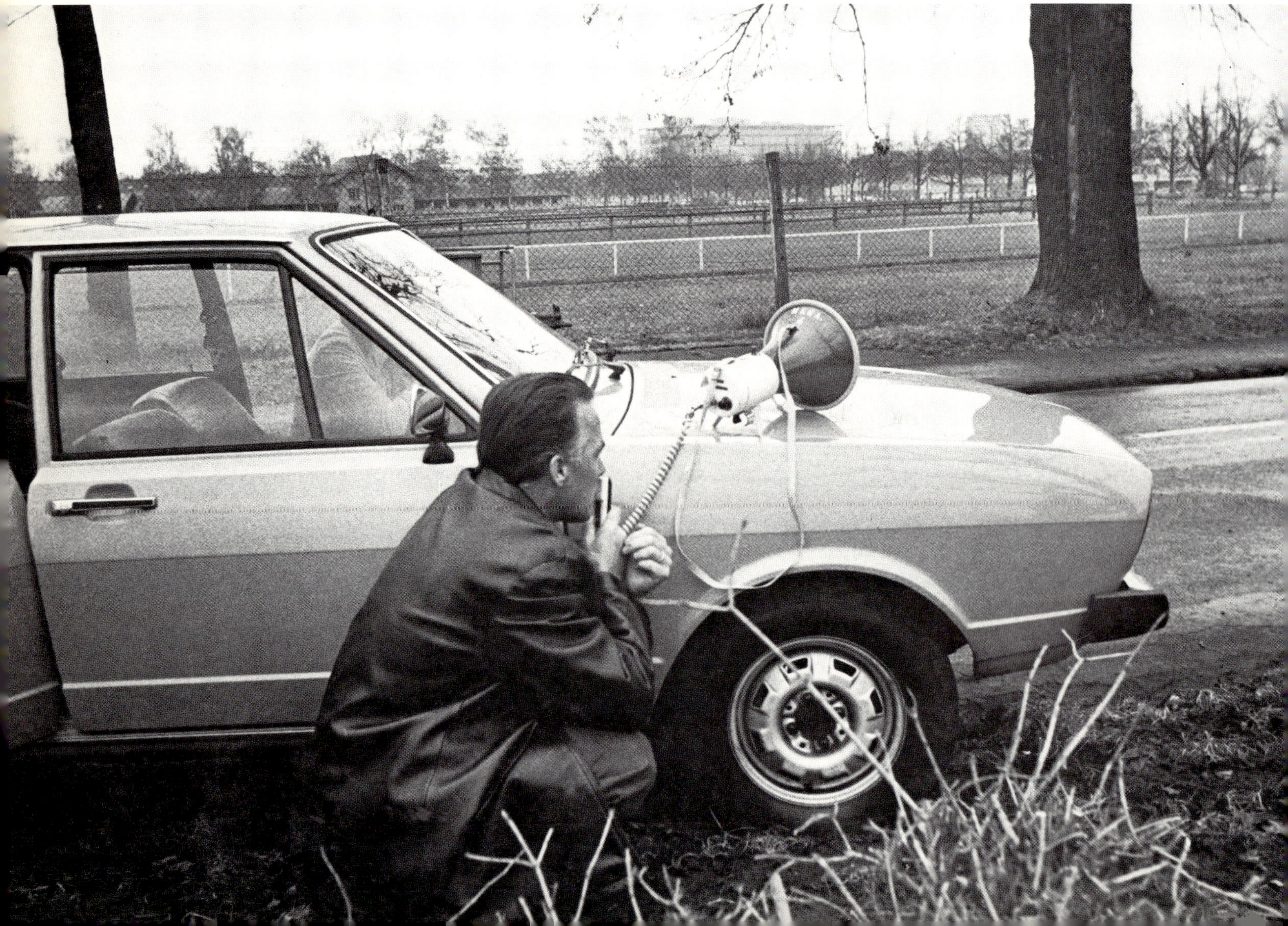

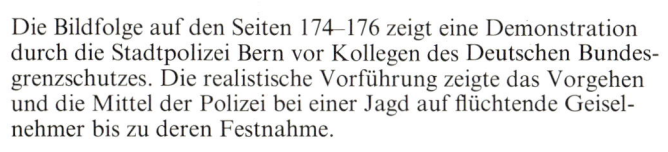

Die Bildfolge auf den Seiten 174–176 zeigt eine Demonstration durch die Stadtpolizei Bern vor Kollegen des Deutschen Bundesgrenzschutzes. Die realistische Vorführung zeigte das Vorgehen und die Mittel der Polizei bei einer Jagd auf flüchtende Geiselnehmer bis zu deren Festnahme.

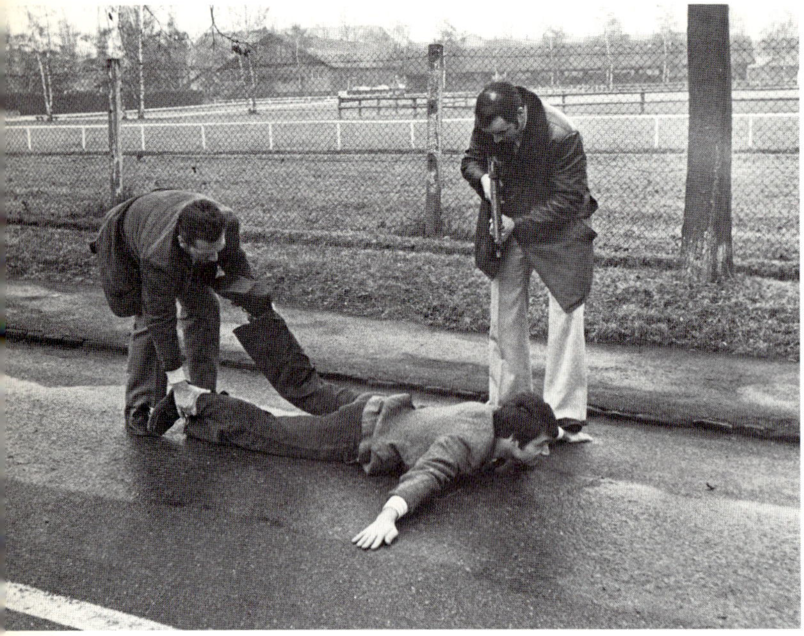

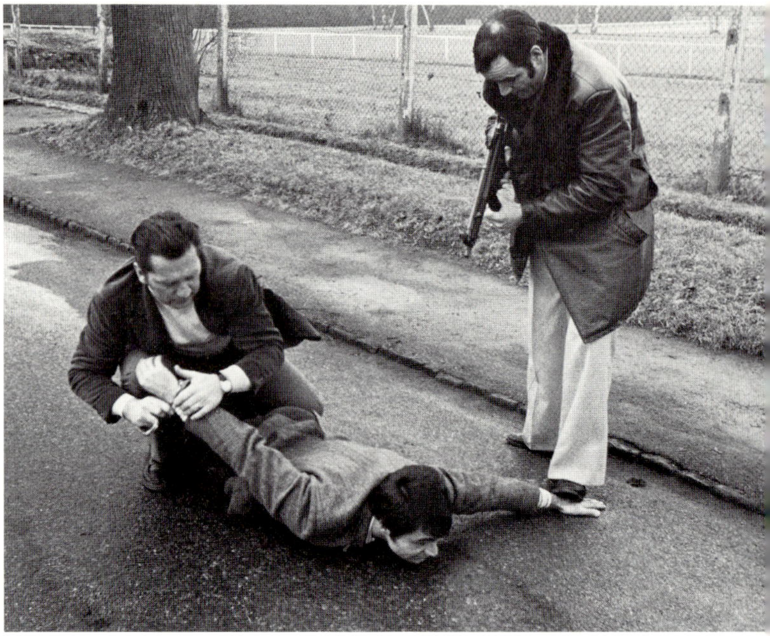

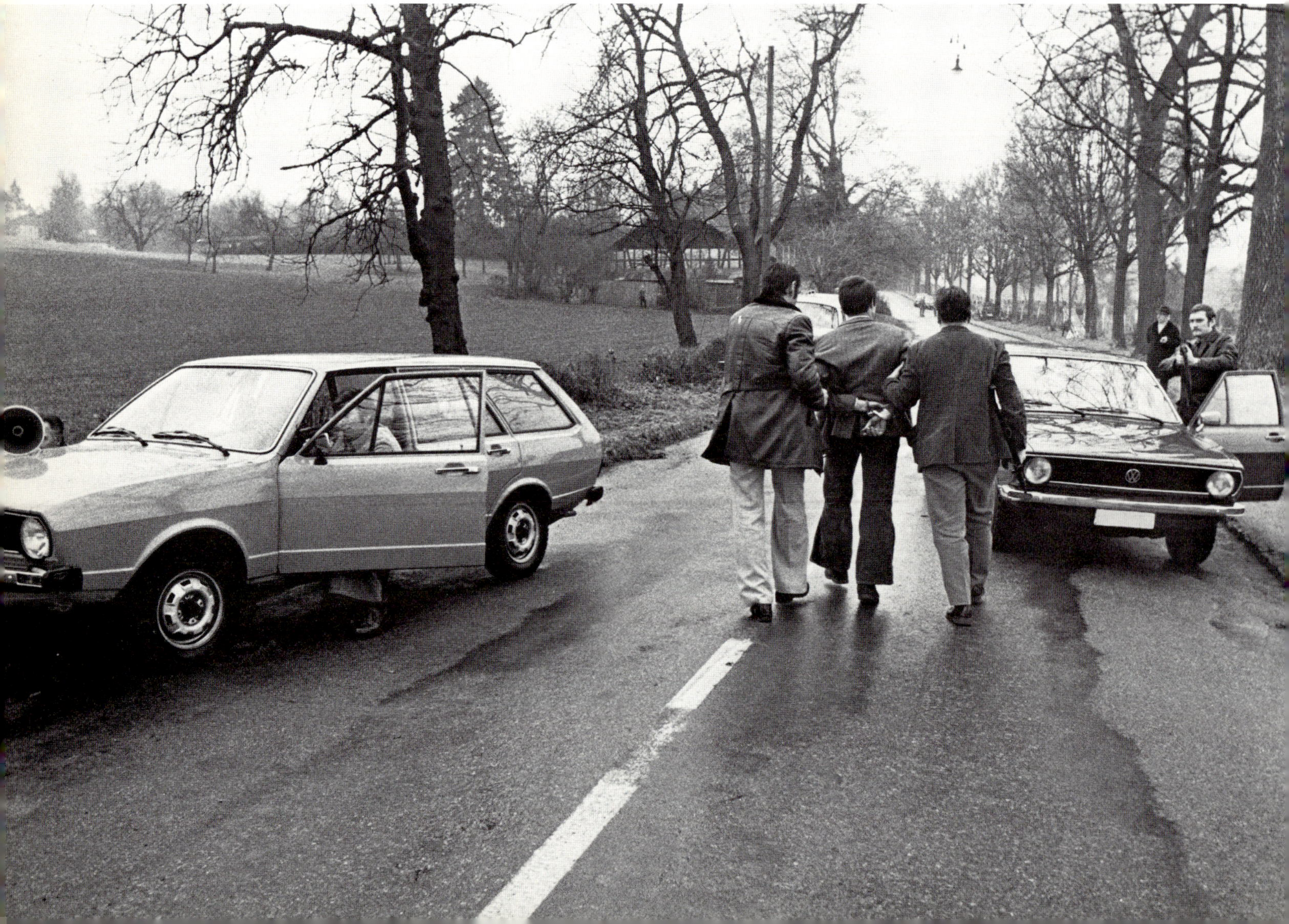

fung einer eigentlichen staatlichen Polizei verzichtet wurde.

Beamte des Rechtsdienstes der Bundesanwaltschaft können ebenfalls gerichtspolizeilich tätig sein. Das betrifft die Beamten der Zentralstellen zur Bekämpfung der Falschmünzerei und des unerlaubten Betäubungsmittelhandels. Diese Fachkräfte arbeiten gleichzeitig für Interpol. Der dem Bundesrat direkt unterstellte Bundesanwalt leitet die Ermittlungen der gerichtspolizeilichen Unternehmungen. Hingegen untersteht der eigentliche Polizeidienst der Bundesanwaltschaft dem Chef der Bundespolizei; nur nach Absprache mit diesem darf der Bundesanwalt den Dienst beanspruchen. Verhaftungen darf die Bundespolizei nur im Beisein von kantonalen Beamten vornehmen. Dies ist als Schutzmassnahme dafür gedacht, dass die kantonale Hoheit gewährleistet bleibt.

*Vereinigte Staaten von Amerika*

So modern und bestausgerüstet sich uns die heutige amerikanische Polizei präsentiert, sie ist doch in nicht viel mehr als einem Jahrhundert aus dem Nichts gewachsen. Galt zuvor noch in vielen Teilen, vornehmlich des Westens, das Recht des Stärkeren, begannen sich die Bürger erst Ende des 18. Jahrhunderts allmählich an die Einrichtung einer Institution Polizei zu machen (sieht man von der Stadt Boston ab, die bereits 1736 eine Constablerwache nach englischem Muster besass). New Yorks Bewohner beispielsweise stellten erst 1844 eine Kommunalpolizei mit Tag- und Nachtdienst auf, Chicago sieben Jahre später. Es dauerte indessen noch bis Ende des 19. Jahrhunderts, ehe es den «Commissioners» gelang, eine straffe Organisation in die eher wilden Horden der Wachmänner zu bringen. Unproblematischer war die Wahrung von Recht und Ordnung auf dem Land, denn in den Dorfschaften wählten die Bürger ihren Sheriff. Ein Brauch, der zumeist auch heute noch Gültigkeit hat.

Angelpunkt für die Wandlung zur modernen Polizeiorganisation in den Staaten war zweifellos das Jahr 1880, als der königlich-italienische Konsul in New Orleans eingestehen musste, dass italienische Einwanderer, unter ihnen viele wegen Verbrechen in ihrer Heimat Geflüchtete, sich bandenmässig organisierten und systematisch Verbrechen begingen. Es waren die Anfänge der Mafia, von der noch die Rede sein wird.

1890 wurde der erste «elektrische Stuhl» in Betrieb genommen, den in den folgenden Jahren zwanzig Bundesstaaten übernahmen.

Unter Theodore Roosevelt nahm 1901 trotz Widerständen seitens der Bundesstaaten eine Bundespolizei ihre Arbeit auf, wenngleich zunächst nur bei Verletzungen der Bundesinteressen. Die föderalistischen Tendenzen trieben und treiben nach wie vor gelegentlich eigenartige Blüten, obwohl sich mittlerweile die Behörden meist um sachbezogenes Vorgehen bemühen. Immerhin, es war noch im letzten Jahrhundert, stritten sich einmal zwei Sheriffs um einen Mordfall, weil der Schütze auf dem einen Gemeindegebiet, das Opfer jedoch auf dem andern stand... 1908 richtete wiederum Roosevelt, auf Betreiben des Bundesgeneralstaatsanwalts, die «Fahndungsstelle des Justizministeriums» ein, aus der später das «Federal Bureau of Investigation», FBI, hervorging. Immer noch war aber die Bekämpfung des Verbrechertums auf Bundesebene äusserst schwierig, denn die rein verwaltungstechnische Gründung dieser Dienststelle entbehrte zu sehr der Effektivität. Im selben Jahr schuf der «Police Commissioner» New Yorks, A. E. Bingham, innerhalb seiner Detektivabteilung eine «Italian Branch», die aber, zumindest in ihrer Anfangszeit, ziemlich wirkungslos blieb. Unter Präsident Taft gelang schliesslich der Durchbruch der Bundes-Spezialpolizei. 1909 nahm sie als «Bureau of Investiga-

Solche Demonstrationen dienen der Zusammenarbeit von Polizeiorganen verschiedener Länder und geben den Beobachtern Gelegenheit, sich über den Ausbildungsstand der Polizei in einem andern Land zu informieren sowie Erfahrungen auszutauschen.

tion» ihre Tätigkeit auf. Ein Jahr danach umfasste diese Organisation 167 Mann, durfte jedoch gegen Verbrechen und gegen Syndikate nur einschreiten, wenn Bundesgesetze verletzt worden war. Es begann ein Seilziehen zwischen den Staaten einerseits, die ihre Eigenständigkeit vehement verteidigten, und dieser Bundespolizei, die oft mit Spitzfindigkeit nach einer Übertretung der Bundesgesetze fahndete. Immerhin, schon 1912 kamen dem FBI (inzwischen war das «F» für «Federal» vorangeschlossen worden) vermehrte Kompetenzen zu, da der «White Slave Traffic Act» die «zu unmoralischen Zwecken vorgenommene Beförderung von Frauen und Mädchen aus dem Gebiet eines Bundesstaates in das eines andern» zum Verbrechen gegen den Bund gewertet wurde.

Wendepunkte für das FBI wurden zuerst 1914 und danach das Jahr 1923. Dass es die Kriegsjahre waren, hat nur insofern einen Zusammenhang mit dem Kriegsgeschehen, als auch die USA sich mit Abwehraufgaben befassen musste, die dem FBI übertragen wurden. Daneben schuf aber auch der «Harrison-Act» eine Aufgabenerweiterung, indem der illegale Handel mit Rauschmitteln zur «Federal Offence» (zur Bundessache) erklärt wurde. Den zweiten Markstein in der Geschichte des FBI setzte 1923 Präsident Calvin Coolidge durch die Ernennung J. Edgar Hoovers zum neuen Leiter. Hoover, der grosse Moralist, der unbeirrbar an seine Lebensaufgabe glaubte, machte aus dem FBI im Lauf seiner über 40 Jahre dauernden Amtszeit eine straffe Organisation, die mitunter als Staat im Staat am Rande ihrer Bestimmung agierte. Aber auch er konnte eine zeitweilige krasse Zunahme der Kriminalität in den USA nicht verhindern. Allein 1926 registrierten die Vereinigten Staaten über 12000 Morde. Dennoch gelang es Hoover, mit akribisch geführter Kleinarbeit einen der Grössten der Unterwelt zu fassen: Al Capone. Er musste dabei mit Durchtriebenheit Capones kleine und kleinste Vergehen vermerken, die von «Missachtung des Gerichts» bis zu «Mitführen einer versteckt getragenen tödlichen Waffe» reichten. 1930 übertrug schliesslich die Regierung dem FBI zusätzlich die Führung der Kriminalstatistik.

Der grösste Fang in seiner Geschichte gelang dem FBI jedoch am 21. Juni 1957. Nach jahrelanger minutiös geführter Fahndung verhafteten Beamte des FBI im Hotel Latham in New York einen Kaufmann namens Emil R. Goldfuss – besser bekannt als Rudolf Iwanowitsch Abel, Oberst der Armee der Sowjetunion, und seit 1948 als «Meisterspion» in den USA tätig.

Das Prinzip des Staatenbundes will es gleichsam, dass Struktur und Organigramm der amerikanischen Polizeistellen vielerlei Systeme aufweisen. Wird im einen Fall der Polizist bis hinauf zum Chef noch vom Bürger gewählt, so werden sie andernorts durch den Bürgermeister ernannt. Barness und Testers kritisieren noch nach dem Zweiten Weltkrieg, dass drei Gründe verantwortlich seien für ein «nicht immer intelligentes,

Der russische Meisterspion Rudolf Iwanowitsch Abel, Oberst des sowjetischen Geheimdienstes. Er war von 1948 bis zu seiner Verhaftung im Juni 1957 als hervorragend getarnter Spion in den USA tätig.

sachverständiges und unbestechlicheres Polizei-Personal...:
1. Unterwürfigkeit gegenüber politischen Machthabern infolge eines Systems, das den amerikanischen Städten eigen ist;
2. mangelndes berufliches Training und mangelnde klare Unterscheidung zwischen Patrolman und Detektiv, Unkenntnis des Gesetzes und der Pflichten;
3. Brutalität, die von der Technik der ins endlose verlängerten Verhöre bis zur Methode des ‹3. Grades› reicht.»

Über den personellen Aufbau gibt uns Frank Arnau in seinem Buch «Das Auge des Gesetzes» wie folgt Auskunft: «Dem ‚Flat Foot' folgt der Sergeant, dem mehrere Patrouillengänger unterstellt sind. Über dem Sergeanten steht der Polizeileutnant, der auch im ‹Precinct› als Stellvertreter des Captains amtiert. Je nach Grösse der Stadt folgen auf der Stufenleiter nach oben die Captains, die Distrikt-Leiter, der Commissioner oder Polizeichef. Alle höheren Beamten haben Stellvertreter.»

Wenn man auch hin und wieder Zweifel an der Schlagkraft und dem Durchsetzungsvermögen der USA-Bundespolizei kriegt (Ermordung der Kennedy-Brüder), so muss doch festgehalten werden, dass das FBI als Bundesbehörde sich bis heute stark entwickelt hat: Über 150 Gesetzesübertretungen fallen mittlerweile in das Aufklärungsgebiet des FBI, und zudem besitzt es die grösste zentrale Fingerabdrucksammlung des ganzen Kontinents, vermutlich sogar der Welt. Seit 1932 arbeitet eine Kriminaltechnische Abteilung innerhalb des FBI, die mit allermodernsten Methoden eine beachtliche Zahl Erfolge erringen konnte. Die Beamten der Spezialabteilung (ausschliesslich Männer) haben amerikanische Bürger mit akademischem Grad zu sein und müssen hochgeschraubte charakterliche und berufliche Fähigkeiten nachweisen. Um dem Stand der Erkenntnisse und der Wissenschaft gerecht zu bleiben, führt das FBI schliesslich jedes Jahr mehrere Konferenzen für die leitenden Beamten durch.

Polizei in kugelsicheren Westen vor einer Bankfiliale in New York, wo ein bewaffneter Gangster sechs Geiseln festhält. Der Geiselnehmer forderte 10 Millionen Dollars in Gold und die Freilassung von mehreren Gefangenen, so auch von Patricia Hearst, der Millionenerbin eines amerikanischen Zeitungsverlegers.

Der amerikanische Präsident Gerald Ford unmittelbar nachdem die junge Lynn Fromme ihre Pistole auf ihn gerichtet hatte, aber vor der Schussabgabe überwältigt werden konnte. Präsident Ford blieb unverletzt, war aber sichtlich mitgenommen und wird hier von Sicherheitsbeamten umringt weggeführt.

Nebst dem FBI unterhalten die US-Bundesbehörden als spezielle Dienststellen die folgenden Ämter:
«United States Secret Service» für geheimdienstliche Belange, als Polizei für den Präsidentenpalast die «White House Police Force», die «Treasury Guard Police» zum Schutz des Schatzamtes, gegen Rauschgift-Verbrechen das «Bureau of Narcotics» und das «Bureau of Customs» als Zollpolizei.

# Interpol

Interpol ist in der Öffentlichkeit längst ein Begriff geworden, den man mit der Verfolgung des internationalen Verbrechertums in Verbindung bringt. Immer wieder erscheinen Publikationen über Interpol. Leider motivieren sich manche dieser Autoren viel zu wenig über den absolut realistischen Hintergrund dieser Institution. So kann es nicht ausbleiben, dass der Mann der Strasse die betreffenden Beamten als Superhelden sieht, die selbst einem James Bond das Fürchten beibringen könnten. Er sieht diese Übermenschen ganze Gangsterbanden über Kontinente hinweg jagen, ganz auf sich allein angewiesen und, allen Gefahren trotzend, die Verfolgten in Handschellen im Gefängnis abliefernd, ein bescheidenes Lächeln um den Mund. Die Tatsachen sind wesentlich anders. Interpol – Internationale Kriminalpolizeiliche Organisation – beschäftigt, abgesehen von den wenigen Beamten in der Pariser Zentrale unter der Leitung des tüchtigen Generalsekretärs Jean Nepote, keine eigenen Polizeikräfte. Es handelt sich vielmehr um eine Sammelstelle polizeilicher Meldungen aus den Mitgliedstaaten. Heute sind Interpol 120 Länder angeschlossen: gewisse Polizeiexperten derselben sind gleichzeitig enge Mitarbeiter dieser Organisation. In der Schweiz sind es beispielsweise die Fachbeamten der Zentralstellen zur Bekämpfung der Falschmünzerei sowie des unerlaubten Betäubungsmittelverkehrs; sie unterstehen der Bundesanwaltschaft. Tauchen in einem dieser Mitgliedstaaten Spuren eines Verbrechens oder Verbrechers auf, übermitteln die betreffenden Beamten alle zur Verfügung stehenden Informationen an die Pariser Zentrale, aber auch an die übrigen Partner. Damit wird ein riesiger Apparat der Fahndung in Bewegung gesetzt, ein emsiges und minutiöses Recherchieren folgt, die uniformierte Polizei wird eingeschaltet. In manchen Fällen führt die Arbeit, die zwar nicht von Helden, wohl aber von pflichtbewussten und bestens geschulten Männern getan wird, zu schnellen Ergebnissen. Interpol-Leute sind bei Erledigung ihrer Tätigkeit auf die Mithilfe der uniformierten Polizei angewiesen. Denn sie selbst dürfen, selbst wenn sie einen Verbrecher der Tat überführen können, keine Verhaftung vornehmen. Ebenso müssen sie etwa bei Hausdurchsuchungen von Beamten der zuständigen Polizei begleitet sein. Diese Handlungsweise mag kompliziert erscheinen, doch hat sie sich in der Praxis gut bewährt. Es zeigt sich immer wieder, dass die überaus stark zunehmende Kriminalität, der die Polizei in allen Ländern gegenübersteht, im Alleingang nicht zu bekämpfen ist.

Die Bemühungen für eine internationale Zusammenarbeit der verschiedenen Polizeien reichen weit zurück. So wurde im April 1914 in Monaco der erste Polizeikongress durchgeführt, an dem Vertreter aus 14 Ländern teilnahmen. «L'Organisation Internationale de Police Criminelle» – L'OIPC – fand erneut 1923 in Wien statt. Es war der damalige Polizeichef von Wien, Dr. Johannes Schober, der die Initiative ergriff und abermals einen Vorstoss in der begonnenen Richtung wagte. In der Folge wurde Wien als Sitz der neuen Organisation erklärt und die «Commission Internationale de Police Criminelle» (CIPC) gegründet. In kurzer Zeit erklärten 34 Länder ihre Mitgliedschaft; es handelte sich fast ausschliesslich um europäische Staaten. Im Jahre 1942, als die Institution bereits nicht mehr funktionsfähig war, wurde der Sitz nach Berlin verlegt, konnte aber keine nützliche Aktivität mehr entwickeln. 1946 kam auf Betreiben von F. E. Louwage, einem belgischen Polizeifunktionär, eine Neuauflage des Kongresses in Brüssel zustande, der vom 6. bis 9. Juni dauerte. Die Teilnehmer waren sich klar darüber, dass die frühere Organisation wieder lebensfähig gemacht werden sollte. 17 Staaten liessen sich vertreten. Nun wurde Paris als Zentralstelle vorgeschlagen und gutgeheissen. Mit der zunehmenden Kriminalität, die sich internationalisierte, wuchs auch die CIPC über den europäischen Kontinent hinaus und wurde allmählich weltweit.

Die wichtigsten Stationen:
- 1950 wird in Lagny-Pomponne eine eigene zentrale Funkstation errichtet.
- 1955 kann der 50. Mitgliedstaat aufgenommen werden.
- 1956 wird die Organisation statutarisch modernisiert, «Organisation International de Police Criminelle – Interpol».
- 1959 Zusammenarbeits-Bestimmung mit dem Europarat.
- 1960 findet die Generalversammlung in Washington und damit erstmals nicht auf dem europäischen Kontinent statt.
- 1963 wird in Monrovia die erste regionalafrikanische Konferenz durchgeführt.
- 1966 Interpol wird im eigenen Bürogebäude in Saint-Cloud installiert.
- 1967 Aufnahme des 100. Mitgliedstaates.
- 1971 Beginn der Zusammenarbeit mit der UNO.
- 1974 Aufnahme des 120. Mitgliedstaates.

Die Tätigkeit von Interpol ist durch ein Statut geregelt, das 50 Artikel enthält, ausserdem durch das Generalreglement, das Finanzreglement sowie ein die Doktrinen des Nationalen Zentralbüros enthaltenden Textes.

In Art. 2 und 3 sind die Aufgaben und Ziele der Organisation dargelegt:

Art. 2: Gegenseitige Hilfeleistung und Unterstützung auf grosszügigste Art im Rahmen der geltenden Gesetze der verschiedenen Mitglieder-Staaten in bezug auf die Kriminalpolizei.

Es werden alle zuständigen Institutionen zur wirksamen Zusammenarbeit hinsichtlich Vorbeugung und Verfolgung von Gesetzesbrechern eingesetzt und stets weiter ausgebaut.

Art. 3: Jegliche Aktivität, die sich auf Politik, Militär, Religion oder Rassen bezieht, ist für Interpol streng tabu.

Geleitet wird die Organisation durch 1. die Generalversammlung, 2. das Exekutivkomitee, 3. das Generalsekretariat, und 4. die nationalen Zentralbüros. Die ohnehin engen Kontakte werden kontinuierlich durch internationale Kongresse vertieft, wobei Fachgespräche geführt und neueste Erkenntnisse auf dem Gebiet der Verbrechensbekämpfung ausgetauscht werden. Dass dabei die Technik eine grosse Rolle spielt, versteht sich. Der möglichst schnellen Informationsübermittlung kommt ja dabei höchste Bedeutung zu. Dank ihr gelingt es immer wieder, zu Erfolgen zu kommen und Verbrecher, die gestern noch in Rom tätig waren, heute in New York dingfest zu machen.

Als ein wesentliches Hilfsmittel gilt dabei die in vier Sprachen erscheinende «Revue Internationale de Police Criminelle». Ein weiteres, spezialisiertes Blatt gibt über Falschmünzerei und Rauschgiftdelikte erschöpfend Auskunft. Französisch und Englisch sind zwar die Hauptsprachen des Dienstverkehrs, doch ist das gesamte System auf Vielsprachigkeit aufgebaut.

Dank seiner Einrichtungen, aber auch seiner weltweiten Erfolge ist Interpol die wichtigste internationale Polizei-Institution der Welt.

# Parapolizeiliche Organisationen

Hier muss gleich zu Anfang ein Wort vorausgeschickt werden, das die Verästelungen und das Kreuz und Quer dieser zum Teil grundverschiedenen polizeiähnlichen Gruppierungen entflechten und erleuchten hilft. Wir unterscheiden drei verschiedene Richtungen: Geheimpolizei/-dienste, die ihrem Wesen nach polizeilich-militärisch straff aufgebaut sind und die wir lediglich summarisch darstellen; halboffizielle Einrichtungen wie die Wach- und Schliessgesellschaften in der Bundesrepublik oder die Securitas als Pendant in der Schweiz und als dritte parapolizeiliche Erscheinung die privaten, meist geheimbündlerischen Organisationen wie Mafia, Ku-Klux-Klan usw., die wir etwas eingehender dargestellt haben.

*Geheimpolizei, Geheimdienste*
Es ist oft kaum unterscheidbar, wo bei den im geheimen wirkenden Einrichtungen der einzelnen Länder das Polizeiliche (z.B. mit Spitzeltätigkeit im Innern) übergeht in die eigentliche Agentenarbeit. Die wohl bestorganisierten Dienststellen besitzt zweifelsohne die Sowjetunion mit ihren Satellitenstaaten, vorab dem tschechischen Staatlichen Sicherheitsdienst STB (Statni Tajna Bespecnost), der, unter sowjetischer KGB-Führung selbstverständlich, besonders auf dem Gebiet der Desinformierung besonders erfolgreich wirkt (Falschpropaganda über die CIA, Einmischung in Wahlkämpfe im Westen usw.).
Stalin war es, der 1934 den Staatssicherheitsapparat in die Hauptverwaltung für Staatssicherheit umfunktionierte (GUGB), sie aber weiterhin dem NKWD unterstellte. Diese vermutlich grösste geheimpolizeiliche Organisation hat unter Stalin ihren Namen mehrfach gewechselt, bis sie, nach seinem Tode 1953 und den nachfolgenden «Titanenkämpfen» im Politbüro zum KGB umbenannt wurde – Komitee für Staatssicherheitsdienst. Das KGB ist mit noch mehr Machtfülle ausgestattet als seine Vorläufer und umfasst alle Polizeitruppen sowie die Geheimdienste mit Ausnahme des GRU, der Hauptabteilung Nachrichtendienste des sowjetischen Generalstabes, die auch auf politische und wirtschaftliche Ziele angesetzt wird. Der oberste Leiter des KGB ist immer zugleich Mitglied des Zentralkomitees, was zum einen oft vor unliebsamen Überraschungen schützt und andererseits einen immensen Spielraum, vor allem diplomatischer Natur, freilässt.

Sein Gegenspieler ist nicht minder berühmt-berüchtigt, wobei hier unmittelbar angemerkt werden muss, dass eine freie Presse mehr Informationen über westliche Einrichtungen ermöglicht, als eine staatlich-gebundene, die, so oft es geht, das Vorhandensein von Geheimpolizei und -dienst verschweigt und vertuscht. Die CIA – Central Intelligence Agency – der Vereinigten Staaten ist indessen jünger. Sie ging nach dem Zweiten Weltkrieg aus dem OSS – Office Strategic Services – hervor, einem Agentennetz, das von William J. Donovans gegründet worden war. Was in den Staaten des Warschauer Paktes kaum denkbar ist, bei den Amerikanern gehört es zur Tagesordnung: CIA und das eigentlich rein polizeilich installierte FBI sowie verschiedene halb- oder ganz private Splittergruppen liefern sich gelegentlich regelrechte Machtkämpfe um Aufträge, Ruhm und Ehre.

Dennoch: Genauso wenig wie Interpol fleischfressende Jäger kennt, genauso wenig gibt es die sagenumwobenen Agenten, die uns Film und Literatur mitunter vorgaukeln. Sicher, den harten, schnellschiessenden Agenten finden wir in beiden Lagern, meist jedoch wickelt sich die Spionage und Gegenspionage banal, alltäglich ab. Oberst Rudolf Abel lebte als Emil R. Goldfuss in einer kleinen Dachstockwohnung und gab sich als Spezialist für Photographie; von Herumballern war bei ihm keine Rede. Die meisten polizeilich-militärisch geschulten, ja gedrillten Agenten treten ebenso selten an der Front auf. Ihre Aufgabe ist es vornehmlich, schwache Stellen im Gefüge des gegnerischen Staates aufzuspüren und rigoros auszunützen, mit Erpressung, mit Einschmuggeln von falschen Papieren ins Gepäck von Touristen, die gemäss den vorher eingeholten Informationen an Schlüsselstellen sitzen oder als schwach erkannt wurden, so dass eine «Behandlung» möglich erscheint. Die wichtigsten Aufgaben, die sich den Geheimpolizei-Organisationen und den Geheimdiensten stellen, sind Propaganda, Verbreitung von Falsch-Informationen, Erpressung, Menschenraub, Provokation und Sabotage, immer natürlich mit dem Ziel der Nachrichtenbeschaffung. Dass darum die Sowjets Eckpfeiler ihrer diplomatischen und konsularischen Vertretungen mit Leuten des KGB und GRU besetzen, erscheint nur logisch – das CIA hält es nicht anders.

Geheimpolizei und -dienste in der Bundesrepublik, in Grossbritannien und der Schweiz sind grundsätzlich nicht von aggressivem Charakter geprägt. Es wird im Gegenteil ziemlich offen von Struktur und Zielen dieser Organisationen gesprochen, wenngleich natürlich kein Staat mit gänzlich geöffnetem Blatt spielt. Immerhin besitzt die Schweizerische Bundesanwaltschaft schon von Gesetzes wegen klar umrissene Aufgaben, halb polizeilicher, halb nachrichtendienstlicher Natur im Sinne von Spionageabwehr. Aber auch bei deutlich umschriebenem Katalog sind Zwischenfälle nicht unvermeidbar: 1956 lieferten Chefbeamte des damaligen Bundesanwalts René Dubois mit dessen Wissen Informationen an die Franzosen und Engländer. Nie sauber geklärt wurde, ob die Meldungen lediglich das Verhältnis Frankreich–Algerien betrafen oder, wie vermutet wurde, weitreichender waren und sich auf den Suezkonflikt bezogen. Als die Affäre jedenfalls ans Tageslicht kam, zog Bundesanwalt Dubois für sich die Konsequenzen und erschoss sich. In der Bundesrepublik ging der heutige Bundesnachrichtendienst, der direkt dem Bundespräsidialamt unterstellt ist, nach 1948, als Adenauer erster Nachkriegskanzler wurde, aus der «Organisation Gehlen» hervor und erhielt ihre definitive Namensbezeichnung 1956. Auch der BND, in München-Pullach beheimatet, widmet sich grundsätzlich reinen Abwehrarbeiten. Natürlich schmunzelt der Kenner der Szene mit einigem Recht, denn keine nachrichtendienstliche Organisation verfällt nicht ab und zu in die Rolle des Vermittlers oder Informanten und versucht sich auch offensiv. In der Bundesrepublik stellt schliesslich der Beauftragte für die Nachrichtendienste insofern eine Schlüsselfigur dar, als er damit betraut ist, die Zusammenarbeit des BND, des Bundesamtes für Verfassungsschutz und des Amtes für die Sicherheit der Bundeswehr sowie des Militärischen Abschirmdienstes (MAD) untereinander zu koordinieren und zu verbessern. Der Erlass für diese Neuorganisation datiert vom 29. Januar 1975, wohl als Reaktion auf den jüngsten schwerwiegenden Fall, denjenigen des Günter Guillaume.

Ein letzter Augenschein muss einer seit Jahren aktueller Szene gelten: derjenigen in Nahost. Es waren die Briten, die in Ägypten nicht nur den ersten gutfunktionierenden Polizeidienst gegründet und aufgebaut hatten, sondern ebenso deren Nachrichtendienst, wobei die Abgrenzungen zwischen der einen und andern staatlichen Organisation ziemlich verschwommen sind. Nach dem Ende des Zweiten Weltkrieges, die Briten besassen inzwischen kaum mehr einen Einfluss am Nildelta, wurde Ägypten zum Auffang- und Durchgangsland für geflüchtete NS-Leute. Nach Faruks Sturz und dem kurzen Gastspiel Naguibs gelang es unter Nasser vielen Gestapoleuten, wichtige Posten in Geheimpolizei und -diensten des Landes zu besetzen. Sie lebten fast ausschliesslich unter arabischen Namen, wurden aber von den Israelis grösstenteils entlarvt, was Nasser keineswegs daran hinderte, diese Männer weiterhin zu beschäftigen. Der Sechstagekrieg von 1967 brachte den meisten dieser Geheimdienstler allerdings das vorzeitige Ende ihrer Karriere in Ägypten, zumal die sich einmischenden Sowjets die Entfernung der ehemaligen Nazis forderten und die wichtigsten Stellen mit KGB-Leuten auffüllten. Im Gegensatz zur konventionellen Polizei, die vor allem aufgrund mangelhafter Besoldung weitgehend korrupt ist, funktionieren heute die Geheimpolizei und -dienste bestens. Der wohl wichtigste der drei Zweige ist der Nachrichtendienst «Mochabarat», der mit der Beschaffung militärischer, politischer und wirtschaftlicher Informationen beauftragt ist. Die militärische Abwehr obliegt der «Harbia'a», während der Suchdienst, «Mabahes», die eigentliche Geheimpolizei darstellt und direkt vom Innenministerium kontrolliert wird.

Die Geheimpolizei und -dienststellen des ägyptischen Kontrahenten, Israels, blicken auf eine grössere Vergangenheit zurück. Sie stammen aus der Epoche der Jahrhundertwende, aus jener Zeit also, da die zionistische Einwanderung das Misstrauen der arabischen Nachbarn weckte und gar zu militanten Auseinandersetzungen führte. «Schai», der israelische Nachrichtendienst von heute, umfasst fünf Abteilungen, von denen drei im Ausland und zwei im Innern aktiv sind. An erster Stelle kommt zweifellos die «Mossad», zuständig für allgemeine Nachrichten- und Dokumentationsbeschaffung. Der Armee unterstellt ist die Dienststelle «Modijn», ein besonderes Amt des Aussenministeriums sichtet das vertrauliche politische Material, «Scheruth Bitachon» bearbeitet die Spionageabwehr im Innern, und schliesslich rundet ein Spezialkorps den Kreis zurück zur regulären Polizei, indem es die aufgespürten fremden Agenten überwacht und die entsprechenden Verhaftungen vornimmt.

Wenn man durch diesen Dschungel an Geheimpolizei und Geheimdienstorganisationen irrt, die sich zumeist verwandten Verhaltensweisen und Methoden vergleicht, drängt sich unwillkürlich die Frage auf: Gibt es hier überhaupt einen Sieger?

*Randorganisationen, Splittergruppen*
Die Schattierungen fördern eine breite Skala zutage. Gemeinsam ist all diesen halbprivaten Organisationen und Aussenseitern indessen ein vordringliches Anliegen: etwas schützen, sich selber oder eine bestimmte Sache.
Wach- und Schliessgesellschaften in der Bundesrepublik oder ihre Schwester in der Schweiz, die Securitas, sind geschäftlich aufgezogene, polizeiähnlich funktionierende Firmen, die, jede Zusammenarbeit mit der regulären Polizei anstrebend, ihre Dienste vorwiegend an Geschäftsleute und Ladeninhaber verkaufen. Oberste Geschäftsdevise: Schutz des Eigentums, vor allem nachts.

Mehr der Not gehorchend als dem eigenen Trieb, dulden die Münchner Behörden ihre «Schwarzen Sheriffs», die als «Ziviler Sicherheitsdienst» (ZSD) als Folge der zunehmenden Gewaltakte in U-Bahn-Stationen und im Olympiagelände von besorgten Geschäftsleuten und Privatpersonen auf die Beine gestellt wurde.

Mitunter trieben eigenmächtige «Polizisten» und selbstjustizierende Leute recht arge Blüten. Besonders Deutschland weist in seiner Geschichte einige derartige parapolizeiliche Typen oder Gruppen auf. Ende des 17. Jahrhunderts führte ein gewisser Reichsgraf Franz Ludwig Schenk von Castell, als «Malefizschenk» in die Chronik eingegangen, ein Terrorregime, indem er Vagabunden, Räuber, Landstreicher, Mörder und sonst allerlei Gesindel nach eigenem Gutdünken einfing und richtete.

In Niederbayern taten sich im letzten Jahrhundert die Bauern in einigen Dorfschaften zusammen, um sich gegen Landverwüstung durch Unbekannte und Belästigung von aussen zur Wehr zu setzen. Sie sind als «Haberer» ein Stück Geschichte geworden.

All diese mehr oder weniger untauglichen Versuche, sich zum vermeintlichen oder tatsächlichen Recht zu verhelfen, verblassen jedoch gegen die zwei wohl grössten Auswüchse, die parapolizeiliche Erscheinungsformen je hervorgebracht haben: Ku-Klux-Klan und Mafia.

*Ku-Klux-Klan*
Während der grossen Emanzipationsbestrebungen der Schwarzen in den USA, als sie sich in den sechziger Jahren in verschiedenen Bundesstaaten namentlich in das Schulwesen zu integrieren versuchten, erlebte der Geheimbund Ku-Klux-

Klan eine kurze und unwürdige Renaissance. Die Geheimbündler, lauter Erzkonservative, versuchten durch Mord und Totschlag die unaufhaltsame Entwicklung aufzuhalten, und obschon auf verlorenem Posten, verbreiteten sie nochmals Schrecken, wie das früher schon der Fall gewesen war.

Im Süden der Vereinigten Staaten von Amerika bildete sich nach dem Bürgerkrieg – wahrscheinlich im Jahre 1867 – ein Geheimbund, «The invisible empire» (Das unsichtbare Reich) oder «The white league» (Die weisse Liga) genannt. Während des Krieges war es den Schwarzen gelungen, eine in politischer und sozialer Hinsicht etwas bessere Stellung zu erringen. Am 22. September 1862 erliess Präsident Lincoln die Emanzipationsproklamation, durch die sämtliche Sklaven in den betroffenen Teilstaaten vom 1. Januar 1863 an für frei erklärt wurden. 1820 hatte man in Amerika 1,5 Millionen Sklaven gezählt, 1860 waren es schon knapp 4 Millionen. Die Proklamation rief in den Südstaaten eine starke Opposition hervor. Die Rassenfanatiker schlossen sich in dem erwähnten Geheimbund zusammen mit dem Ziel, die Schwarzen in ihren Bemühungen um Gleichberechtigung anonym zu bekämpfen. Der Ku-Klux-Klan glich in seiner Organisation jener der Freimaurer.

Die Gesetzlosigkeit, durch die fanatischen Geheimbündler hervorgerufen, führte dazu, dass der Kongress am 20. April 1871 ein Gesetz erliess, das dem Präsidenten das Recht gab, zur Sicherung der öffentlichen Ordnung Militär einzusetzen. Weitere Gewalttaten führten zur Ausrufung des Kriegszustandes, der zahlreiche Verhaftungen zur Folge hatte. Darauf wurde es um den Geheimbund still. Aber während des Ersten Weltkrieges wurde der Ku-Klux-Klan wieder aktiv, wobei diesmal nicht nur die Schwarzen, sondern auch die Katholiken und die Juden verfolgt wurden. Wieder wurde es ruhiger um diese von Hass geleitete Organisation, die nach dem Zweiten Weltkrieg nochmals vehement ihre Ziele zu erreichen versuchte. Seither ist es um die weissen Kapuzenmänner still geworden, und man ist geneigt, sie als nicht mehr existent abzutun. Aber sie bleiben für jenes Volk, das die persönliche Freiheit über alles stellt, ein Schandfleck.

*Mafia («Cosa Nostra»)*
Über die Mafia – in den USA «Cosa Nostra» genannt – gibt es eine Menge von Publikationen. Die Mafia ist für einen grossen Teil der Öffentlichkeit ein von Romantik umwobener Geheimbund, dessen Machtbereich beinahe unendlich, jedenfalls schlechthin unübersichtlich ist.

Die Mafia stammt aus Sizilien und war einst – ihre Anfänge reichen in das 12. Jahrhundert zurück – das Gegenstück der in Süditalien beheimateten Camorra, die indessen längst ausgestorben ist. Die arme Landbevölkerung im Status von Leibeigenen suchte sich gegen die brutale Ausbeutung durch ihre Herren, die Grossgrundbesitzer, zu schützen, indem sie sich in einem Geheimbund vereinigten mit dem Zweck, sich gegenseitig Hilfe zu leisten. Wer den Bund verriet, wurde liquidiert.

Im Laufe der Zeit verlagerte sich die Tätigkeit der Mafiosi auf Diebstahl, Schmuggel, Erpressung. Dadurch wurden sie Gesetzlose, Gejagte, Gefürchtete, kurz Kriminelle. Durch Einschüchterung der Bevölkerung vermochten sie ihre Spuren vor der Polizei zu verwischen. Wurde jedoch einer von ihnen geschnappt, entledigte man sich seiner durch das bequeme Mittel der Deportation nach den USA. Aber dort, in der neuen Heimat, entwickelten diese Leute eine rege Tätigkeit jenseits der Legalität. Die Cosa Nostra wurde zu einer enormen Macht ausgebaut, in den Anfängen ausschliesslich durch Waffengewalt gestützt. Bald einmal fand die Organisation unzählige Helfer in den Reihen der Polizei bis hinauf in die hohen Chargen, die monatliche Geldzuwendungen erhielten, um nicht zu sehen und nicht zu hören.

Während der Prohibitionszeit machte die Cosa Nostra mit gross aufgezogenem Alkoholschmuggel das grosse Geld. Und ihr Einfluss erstreckte sich allmählich auf Spielhöllen, Pferderennen, Prostitution und auf die dollarträchtigen Boxveranstaltungen. Geschäftsinhaber mussten, wollten sie nicht riskieren, eines Tages einen zusammengeschlagenen und ausgeplünderten Laden vorzufinden oder ihr Leben in Gefahr zu bringen, regelmässig Zahlungen leisten. Das ist heute noch mancherorts der Fall. Es gibt nichts auf der langen Liste der Verbrechen, deren sich die Organisation nicht schuldig machte. Eines der einträglichsten Geschäfte ist seit ein paar Jahren der Handel und das Verteilen von Rauschgiften aller Art. Bereits hat die Organisation Ableger in Europa (in den zentral- und südamerikanischen Ländern bestehen sie seit langem), so in Amsterdam, Frankfurt, Hamburg, München usw. In Marseille jedoch, einem der grössten europäischen Umschlagplätze für Drogen, lassen sich die Korsen nicht aus dem Geschäft drängen.

Mafia ist für alle Polizeidienste ein unverdaubarer Brocken. Zwar bucht Interpol immer wieder Erfolge, aber das ist wie ein Tropfen auf einen heissen Stein. Nicht nur in den USA, auch in Europa ist der Konsum an Rauschgiften stark im Steigen begriffen; selbst in den Ostblockstaaten und der Sowjetunion mussten neue Gesetze erlassen werden, denen zufolge auch der Verbraucher überaus hart bestraft wird, nicht selten mit Zuchthaus.

Die Polizei ist in ihrem Kampf gegen die Mafiosi auf legale Mittel angewiesen und kommt deshalb zu oft um «einen Schritt» zu spät. Die Gewissheit, dass in der Regel jeder Verbrecher einmal einen für ihn verhängnisvollen Fehler begeht, hat hier keine Bedeutung, denn eine Organisation wie diese verfügt über genügend Leute, um entstandene Lücken sofort wieder auszufüllen. Sie zu bekämpfen, ist heute schwieriger geworden, da die Bosse, teilweise Söhne der früheren Gangsterkönige, kaum mehr selber von der Schusswaffe Gebrauch machen. Sie haben feine Schulen und namhafte Universitäten besucht, gehören zur sogenannten guten Gesellschaft, jonglieren mit Millionenwerten unerkannt auf krummen Wegen und mehren ihre Macht unter bester bürgerlicher Tarnung. Sie sind Wirtschaftsbarone und beherrschen gleichzeitig die Unterwelt, und ihre Machenschaften sind nicht mehr so transparent, wie das zu Zeiten eines Al Capone der Fall war. Dazu kommt die Korruption, die in amerikanischen Polizeikorps bis weit hinauf in deren Führung wuchert und den Gangstern Schutz bietet. Und jene Mafiosi, die geschnappt und dann oft in ihre italienische Heimat abgeschoben werden, setzen ihre kriminelle Tätigkeit dort gleich fort und bauen das internationale Netz des Verbrechens weiter aus.

## Allgemeine Literatur

BEQUET P.
  La Contrebande. Législation, jurisprudence, usage et pratique de la douane, Paris 1959
CHAPMAN B.
  Der Polizeistaat, München 1972
DÄSTNER/BERGEN
  Kriminalität in der Bundesrepublik. Ausmass und Reaktion, Göttingen 1972
DENNINGER E.
  Polizei in der freiheitlichen Demokratie, Frankfurt (Main) 1968
HUBATKA WALTER
  Junger Mensch und Polizei, Solothurn 1968
POLIZEI, DIE
  Eine Institution öffentlicher Gewalt, Neuwied 1975
ROTH J.
  Ist die BRD ein Polizeistaat?, Darmstadt 1972
STELTER B.
  Die «explosive» Stimmung der Polizei, Lübeck 1973
ULLRICH W.
  Verbrechensbekämpfung. Geschichte, Organisation, Rechtsprechung, Neuwied 1961
WEHNER W.
  Arbeitsmethoden der medizinischen und naturwissenschaftlichen Kriminalistik, hg. v. Wenig E. und Berg St. P., Lübeck 1962 ff.
WEHNER W.
  Schach dem Verbrechen, Köln 1963
WETTERICH P.
  polizei aktuell. – Der Polizeibeamte als Zeuge, Stuttgart 1974

## Benutzte Quellen

ARNAU FRANK
  Das Auge des Gesetzes, München 1965
BARRON JOHN
  KGB, Bern und München 1975
BITTMAN LADISLAV
  Geheimwaffe D – Desinformation, Bern 1973
DIETRICH F.
  Polizei – FBI – Kripo – Sûreté – Scotland Yard, München 1956
EYTON STEVE
  Das Auge Davids, Wien 1971
GEHLEN RICHARD
  Der Dienst, Mainz 1971
HAINKA F.
  Hainkas Polizeilexikon, Lübeck 1966
HEINRICH W.
  Internationale Bekämpfung des Verbrechens, Hamburg 1966
JACKSON K. T.
  The Ku Klux Klan in the city, 1915–1930, New York 1967
KAPELLER L.
  Das Buch der Kriminalistik, Berlin 1962
KLEINSCHMIDT E.
  Lehrbuch für den praktischen Kriminaldienst. Die wichtigsten Kenntnisse für den Dienstgebrauch, Lübeck 1953
LENDER W.
  Bitte öffnen, Kriminalpolizei. Der Kriminalbeamte und sein Arbeitsbereich, Düsseldorf 1967
LEWIS N.
  Die ehrenwerte Gesellschaft. Die Geschichte der Mafia, Düsseldorf 1965
MARCHETTI VIKTOR/MARKS JOHN D.
  CIA, Stuttgart 1974
MEYER K. F.
  Kriminalisten in Uniform, Lübeck 1965
PIEKALKIEWICZ JANUSZ
  Israels langer Arm, Frankfurt (Main) 1975
POLIZEI-FACH-HANDBUCH
  Hamburg 1968 ff.
RANDEL W.
  Ku-Klux-Klan, Bern und München 1965
RIEGE P.
  Kleine Polizeigeschichte, Lübeck 1966
SICOT M.
  Die Wahrheit über Interpol, Bonn 1967
WIEDMER JO
  Interpolfälle, Bern 1969
ZIPPERER F. W.
  Das Haberfeldtreiben. Seine Geschichte und Deutung, Weimar 1938
ZIPPINS W.
  Die Entwicklung der polizeilichen Verbrechensbekämpfung in Deutschland, Hamburg 1955

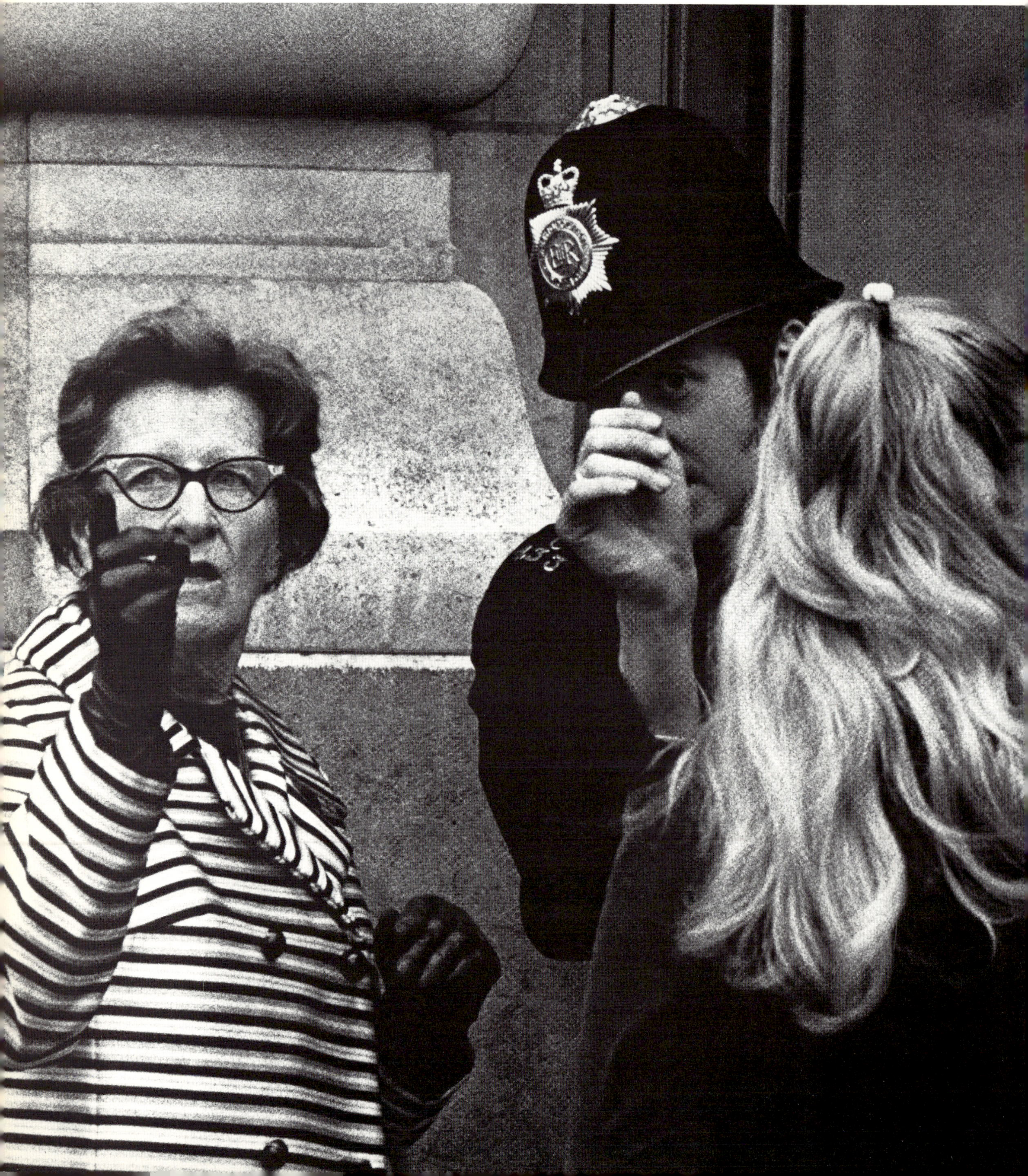

Frank Kaschowski

**Polizei und Gesellschaft**

# Einleitung

Ebensogut könnte der Titel «Polizist und Bürger» lauten, denn immer kommt die Duplizität Person/Institution hervor. Einerseits das Verhältnis zwischen den Komplexen Polizei (als Institution, als «Macht», als «Staat im Staat»...) und der Gesellschaft (als Bürgertum, soziale Kraft, als Ausdruck ideologischer oder doktrinärer oder im weitesten Sinne parteilicher Anschauung). Dieses Verhältnis ist vorwiegend geprägt durch den Auftrag, den an sich die Gesellschaft, die Öffentlichkeit, vertreten durch die entsprechende Staatsgewalt, an die untergeordnete «Kraft» Polizei erteilt – zugleich aber überschattet durch das, was der Volksmund den «Staat im Staat» nennt, nämlich die Möglichkeit der Polizei, sich als selbständige Organisation zu entfalten.

Demgegenüber steht anderseits das Verhältnis zwischen den Individuen Polizist und Bürger. Sie beide haben mehr oder weniger die Kraft irgendwelcher Institutionen im Rücken: Der Polizist sein Korps, seine Vorgesetzten (auch politischer Herkunft), die Polizeiordnung – der Bürger seine Umgebung insgesamt, sein persönliches Engagement (in Parteien usw.) und vor allem sein soziales Prestige, das sich beispielsweise im Volkswort «Den Kleinen hängt man, den Grossen lässt man laufen» zwiespältig ausdrückt. Gerade dieser Zwiespalt in Auffassung und Formulierung der Gedanken über die Polizei und ihre Arbeit beherrscht in fast allen Fällen, welche die Öffentlichkeit im Alltag berühren und bewegen, den Wortschatz des Bürgers wie des beamteten Polizisten.

Ich greife *wahllos*, und darum vielleicht aussagekräftiger, Kernsätze aus Presse und Stammtischrunden heraus:

«Ein Bravo diesem klugen Bankräuber»

«Auch der kleinste Einbrecher gehört niedergeknallt»

«Alle Terroristen an die Wand stellen»

«Diesem Mörder in Uniform gehört lebenslänglich» (gemeint ist ein Polizist, der die Pistole zu früh gebraucht haben soll)

«Hängt diesen Sittenstrolch»

«Was wissen wir, wie die Polizisten die Prostituierten verhören»

Bei den paar Beispielen sind die Interpunktionen absichtlich weggelassen. Jeder aufmerksame Leser merkt selber, welche Zeichen hinter diesen Schlagzeilen stehen könnten und welcher Herkunft die Parolen sind. Eines geht unmissverständlich hervor: Das Verhältnis zwischen Polizist und Bürger ist gestört; es ist schizoid.

Warum? Es ist nicht Aufgabe einer Darstellung der Polizei, Analysen vorzulegen. Dennoch kommt man bei der Porträtierung nicht darum herum, auch psychologische und allenfalls soziologische Hintergründe aufzuzeigen, wie man sie am Beispiel der Auswüchse bei Demonstrationen, zumal der politischen, am deutlichsten erkennen kann. Die Bürgerschaft bestellt die Ordnungskraft Polizei, welche nun einen Teil derselben gegen einen andern beschützen oder zumindest abschirmen muss. Die Polizei erfüllt also lediglich die ihr rechtens gestellte Aufgabe, während die Demonstranten in diesem Akt eine Bewahrung von Unrecht zu erblicken glauben. Erst solche Effekte und ihre Hintergründe erhellen ein Bild, das geprägt ist von Missverständnissen, von Widersprüchen – um es eben psychiatrisch auszudrücken: von Schizophrenie.

Hier muss ein Grundsatz gleich angefügt werden: Jede menschliche Gemeinschaft, die sich ein Minimum an Ordnung auferlegt oder jemals gegeben hat, schuf *in irgendeiner Form* eine Ordnungskraft. Also kann von der Voraussetzung ausgegangen werden, dass noch nie ein vernünftiger Mensch die Existenznotwendigkeit der Polizei grundsätzlich in Frage gestellt hat. Dies mit einer kleinen, vereinfachten terminologischen Anmerkung, wonach ein vernünftiger Mensch Ordnung, ein unvernünftiger dagegen Anarchie sucht.

# Respekt – Ängstlichkeit – Angst

Die Natur des Menschen scheint dahin zu neigen, jedem uniformierten *Mit*menschen zunächst mit Respekt zu begegnen. Nun kennt diese «Ehrerbietung» viele Nuancen, viele Unterscheidungen. Dem Feuerwehrmann oder dem Postboten, aber auch dem Arzt beispielsweise – der durch seinen weissen Kittel ja auch uniformiert entgegentritt – zeigen wir eine Art verhaltenen Respekt; wir würdigen primär den Fachmann, dem wir uns in einer bestimmten Situation unterzuordnen haben – was wir auch widerspruchslos tun. Zum Soldaten und zumal zum Offizier wird die Beziehung schon problematischer, je nachdem wie stark wir dabei persönlich eingespannt sind.

Das Verhältnis aber zwischen Polizist und Bürger, in dem Vergleich gesehen, ist von grösster Komplexität, weil für den Bürger faktisch *und* von Fall zu Fall verschieden gelagert *nur* die Möglichkeit dasteht, sich für oder gegen den Polizisten zu stellen. «Neutral» oder gleichgültig bleiben kann er in der Konfrontation nicht. Diese Tatsache ist beherrschend für alle Begegnungen zwischen Bürger und Polizist (mit oder ohne Uniform).

Egal wie ein einfacher, harmloser Kontakt zustande kommt, bringt der Mann von der Strasse dem Polizisten erst einmal Respekt entgegen; er weiss mithin noch nicht, worum es geht. Entpuppt sich der uniformierte Besuch oder das Zusammentreffen als unwichtig, wird sich der «Normalverbraucher» dem Polizisten gegenüber positiv, erleichtert und meist freundlich verhalten. Der Respekt bleibt zwar, weil der Bürger *einsieht*, dass der Ordnungshüter lediglich eine Auskunft erhalten will. In vielen, alltäglichen Fällen allerdings birgt bereits eine unwichtige Begegnung Explosivstoff in sich:

Wolfgang, ein 18jähriger Automobilist, will spätabends das Verdeck seines Wagens zumachen, um nach Hause zu fahren. Er hat nichts verbrochen, kein Vergehen liegt vor. Ob er Alkoholpromille im Blut hat, ist in diesem Fall unwichtig. Die Polizeistreife befragt ihn (etwas barsch), ob dies sein Auto sei und ob er Papiere vorweisen könne. Es kommt zu einem ebenso unerfreulichen wie unnötigen Disput. Letztlich erweist sich, dass Wolfgangs Papiere in Ordnung sind, der Wagen nicht gestohlen ist. Der langhaarige junge Mann kann unbehelligt nach Hause fahren.

Dieser Einzelfall, aber die Einzelfälle können sich summieren, weist einen «Durchbruch» auf: Der Mann – es muss weder ein Automobilist noch ein junger Mann noch ein Langhaariger sein – hatte den Respekt verloren. Was bei ihm ursprünglich an Respekt vorhanden war, schlug im Laufe der Zeit, und nicht anlässlich dieser einen Begegnung, in Ängstlichkeit um, die er dann aggressiv zu überdecken versucht. Diese Folgerung liesse auch den falschen Schluss zu, die Polizei bzw. der einzelne Polizist sei daran schuld. Die eingleisige Konklusion *muss* unrichtig sein: Eine barsche Frage ruft nicht zwangsläufig einer barschen Antwort; einer freundlichen Frage eines Polizisten folgt oft ein freches Echo.

Und wenn hier vom Wechselspiel die Rede ist, so müssen gewissermassen «beide Seiten» das Wort erhalten. Zur Frage, ob die Polizei einem Straffälligen Strafmilderung oder gar Straffreiheit anbieten soll, wenn er gegen seine «Berufskollegen» hauptsächlich aussage, urteilt der Tübinger Rechtsgelehrte Jürgen Baumann: «Der Staat verbündet sich hier mit einem Kriminellen gegen andere Kriminelle.» Der Münchner Polizeipräsident Manfred Schreiber kontert und ergänzt diese These durch seinen Anhang: «... und zum Schutz des Bürgers und zur Aufklärung und zur Verhinderung von Polizistenmorden.»

Dies alles zeigt nicht nur die Verunsicherung in der Beziehung Gesellschaft/Polizei, sondern auch die schon erwähnte und immer wieder auftauchende «Schizoidisierung». Gewiss würden sich in einem Podiumsgespräch die Meinungen von Soziologen, Psychologen, Politikern usw. mit denjenigen von hohen Polizisten in staatlichen Diensten in *Grundsatzfragen* nicht wesentlich teilen. Nur: Sie sind gezwungen, ge-

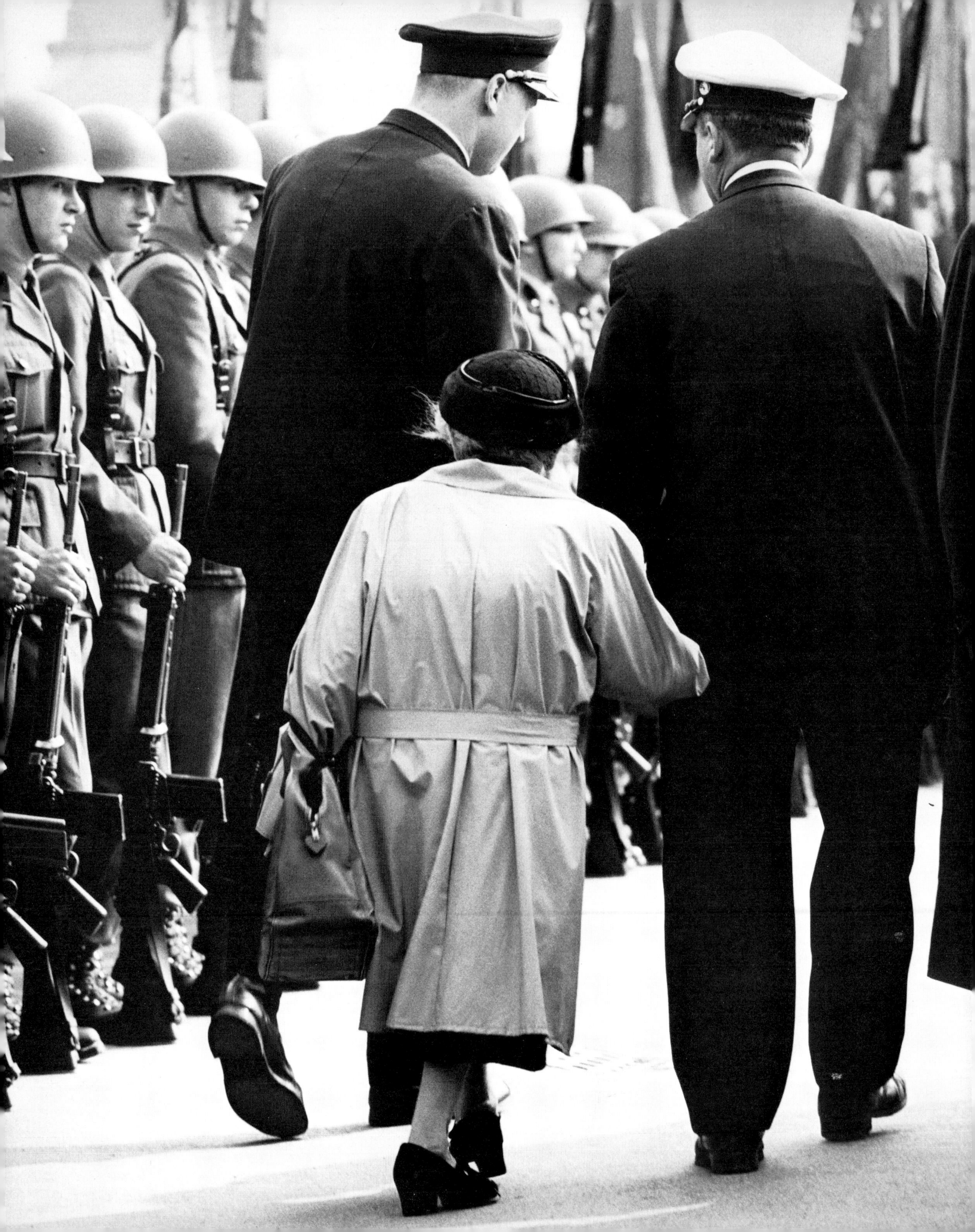

gensätzliche Lager aufzuschlagen – weil die Gesellschaft, und durch sie das kleinste Mitglied, der einzelne Bürger, zur gleichen Zeit zwei kontrahente Aufträge erteilt: schützen lassen, dies primär, und geschützt bleiben. Das scheint sich auf Anhieb nicht zu widersprechen. An einem Fall (eigentlich müsste ich sagen, an mehreren Fällen in einem Paket) sei dargetan, warum dem doch so ist:

Anton K. exhibiert, d. h. er zeigt am falschen Ort den falschen Leuten seinen Penis. Anton K. ist jung, neurotisch gestört. Alfred G., ein älterer Mann aus dem gleichen Stadtviertel, gehört zu den Leuten, die Anton K. stellen und der Polizei übergeben. Alfred G., zwar von seiner Frau beschwichtigend zurückgehalten, tituliert den Delinquenten: «Schweinehund, wir werden sorgen, dass du hinter Gitter verschwindest».

Die Animosität des Rechtschaffenen spielt hierbei keine Rolle; es sind andere Rollen verteilt! Alfred G. hat diejenige des Wächters, der Polizei eingenommen. Also ist die Polizei, die Hüterin von Recht und Ordnung, auf seiner Seite – und er fühlt es auch so. Anton K. hingegen ist der «Gejagte». Er muss eigentlich die Polizei, auch durch Alfred G. vertreten, als Gegner empfinden.

Jahre später überkommt Alfred G. der Trieb (warum immer), sich vor Frauen zu entblössen. Er tut dies ausgerechnet vor Anton K.s Schwester, die ihrerseits die Polizei informiert.

Die Rollenverteilung kehrt ins Gegenteil um! Nun ist Alfred G. plötzlich der «Gejagte», Anton K., als der Bruder der Belästigten, kann sich als Verbündeter der Polizei fühlen. Es sei hier nebenbei erwähnt, dass zwar die Namen verändert wurden, die Fälle jedoch authentisch sind. Bei beiden Delikten standen beide Täter je einmal vor der Tatsache, dass die Polizei sie zugleich arretieren *und* schützen muss: festhalten als Übeltäter und bewahren vor unliebsamen, der Selbstjustiz verwandten Übergriffen der Öffentlichkeit.

Das ist wohl die Hauptursache für die *Ängstlichkeit*, die den Bürger oft beim Anblick des uniformierten, aber auch bei der Begegnung mit dem zivilen Polizisten befällt.

*Ängstlichkeit*

Ein kluger deutscher Theologe und Psychologe sprach dies Wort spontan aus, als er über eine Kurzcharakterisierung des Verhältnisses Polizei/Gesellschaft befragt wurde. Darauf angesprochen, warum er zu eben diesem Ausdruck kommt, war seine Begründung, der Bürger überschreite jene Grenze, die blossen Respekt gebiete, der Polizist seinerseits werde innerhalb seines Kompetenzbereiches durch die Reaktion des Bürgers sehr oft völlig verunsichert.

Ja, wer war zuerst da: das Huhn oder das Ei? Übrig bleibt das Fazit, dass im «Normalfall» das Verhältnis zwischen Polizist und Bürger in demokratischen Staaten auf Ängstlichkeit und gegenseitiger Verunsicherung beruht. Zwei Fallbeispiele mögen dies illustrieren:

Jedermann denkt spontan an etwas Unerfreuliches, wenn ein Polizeibeamter vor der Haustüre steht. Busse, Einbruch in der Nachbarschaft, ein Familienangehöriger hat etwas angestellt, Todesfall... Nun steht ein Polizist vor der Wohnung der Familie Weber und muss der Frau, vierfache Mutter, mitteilen, ihr Ehemann sei beim Arbeitseinsatz fürs Rote Kreuz tödlich verunglückt.

Ein Polizist erfüllt eine undankbare Aufgabe – und erntet dafür «psychologischen» Undank. Er und alle seine Berufskollegen sind fortan von Webers gescheut, ungeliebt, mitunter sogar gehasst.

Zwei Polizisten «schieben» Streife. Sie erhalten die Meldung, in ihrem Bezirk sei ein Überfall geschehen. Wagen der Täter: roter VW, vermutliches Kennzeichen «F-MD...», Nummer unbekannt. Die beiden Beamten halten Ausschau nach roten VWs und dem mutmass-

Diese alte Frau verirrte sich in eine Militärparade und wird von freundlichen Wiener Polizeibeamten zur Seite geleitet.

lichen Kennzeichen. Insgesamt stellen sie sieben Wagen und fordern Ausweispapiere sowie Auskunft nach dem Woher und Wohin. Die Polizisten wissen in allen Fällen nie, ob ihnen die Verbrecher oder harmlose Leute entgegentreten. Zu mehreren Malen werden sie von Unschuldigen, die sie aber im Interesse der öffentlichen Sicherheit kontrollieren müssen, schnoddrig und frech behandelt. Ihr Auftrag war klar! Im Innersten verspüren sie jedesmal eine Ungewissheit, eine Unsicherheit – eben auch eine Ängstlichkeit.

Der Polizist lebt ständig mit der Psychose, nie zu wissen, ob und wie viele Teile der Bevölkerung bei seiner Alltagsarbeit hinter ihm stehen, ihn unterstützen. Ist es da verwunderlich, dass auch oder gerade in demokratischen Staatsgefügen die Kluft zwischen den beiden «Lagern» öfters grösser wird, als dies eigentlich der Zielsetzung der Institution Polizei und ihrer Aufgabe entspricht, dass aber auch Bürger unter sich oft uneinig sind, ob bei einem polizeilichen Einsatz die Verhältnismässigkeit zwischen Anlass und gewählten Mitteln gewahrt wurde! Der Münchner Starverteidiger Rolf Bossi forderte einmal, dass jeder Polizist, der im Dienst möglicherweise eine Schusswaffe gebrauchen müsse, sich zuvor einem psychologischen Test zu unterziehen habe. Das war unter anderem für Polizeipräsident Schreiber ein Stichwort, zu replizieren, er habe Angst vor den Folgen einer möglichen «Psychologisierung der Polizei».

Das Gefühl, die Ahnung, allein die Möglichkeit, es könnte so herauskommen, sind zumindest als Diskussionsargumente berechtigt. Was trennt womöglich alles Indoktrinierte unter dem Schlagwort Psychologie von irgendwelcher Ideologie? Was trennt womöglich eine auch noch so freiheitlich gemeinte vertiefte Schulung von Totalitarismus versteckter Prägung? Dann wäre plötzlich der Volksmund mit seinem Wort vom «Staat im Staat» im Recht. Immerhin ist auch der bis 1975 aktiv gewesene Münchner Polizeipsychologe Wolfgang Salewski der Auffassung, dass man um eine intensivere psychologische (und nicht psychologisierende) Schulung der angehenden Polizeibeamten nicht herumkomme. Dies ist doch wohl so aufzufassen, dass man im Sinne eines besseren gegenseitigen Verstehens zunächst «bei sich selber anfängt». Welche Tatsache natürlich nicht ausschliesst, dass der Informationsfluss in allen Kanälen auch an den Bürger intensiver herangetragen werden müsste.

Und noch eine Idee, die in ähnlicher Form von mehreren Polizeikoryphäen vorgetragen wurde, scheint sich zumindest in demokratischen Staaten in absehbarer Zeit durchzusetzen: Eine «Neutralisierung» der polizeilichen Aufgabenbereiche. Wie auch renommierte Juristen erklären, ist es ungenügend, die Polizei, wie beispielsweise in der Schweiz, als «dein Freund und Helfer» anzupreisen. Die Öffentlichkeitsarbeit muss seitens des Staates einerseits vertiefter und dauerhafter sein; anderseits liessen sich durch eine Rollenverschiebung und -erweiterung der polizeilichen Tätigkeiten und Funktionen auch auf halb- oder ausserpolizeiliche, aber den Aufgabenheften durchaus verwandte Gebiete mildernde Akzente setzen. Dann hätte Frau Weber auch nicht von vornherein Angst, wenn ein Polizist vor der Türe steht...

*Angst*
Der Schritt von der Ängstlichkeit zur Angst ist meist sehr kurz. Von allen demokratischen Staatsgefügen darf man behaupten, dass straff und soweit möglich knapp gehaltene Grundgesetze und Polizeiverordnungen die Aufgaben der Polizei umschreiben. Der diktatorische oder totalitäre Staat indessen will nicht nur Hab und Gut, Leib und Leben *schützen*, sondern überdies das Denken, die Ideologie im weitesten Sinne *steuern und durchsetzen*. Kann in unseren westlichen Breitengraden allenfalls eine Frau ungewollt Angst vor dem uniformierten Mann kriegen, weil er ihr den Tod ihres Gatten berichten

Die Polizei – dein Freund und Helfer.

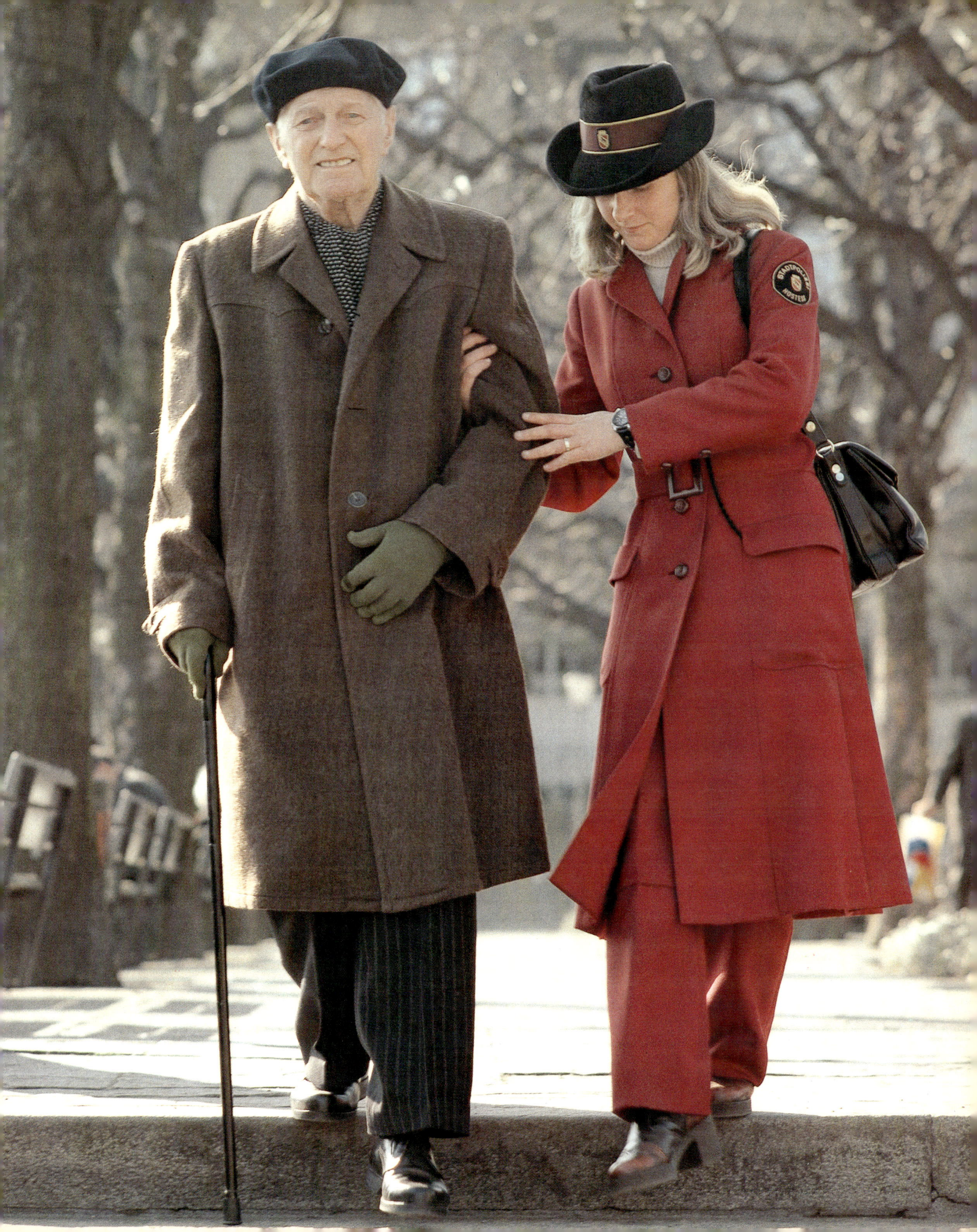

Parkzeit überschritten: Bussszettel! Oft Anlass zu unerfreulichen Auseinandersetzungen, die auch nicht gerade zu einem guten Klima zwischen Bürger und Polizei beitragen.

Umringt von Jugendlichen: ein «Bobby». Eine respektgeniessende, aber bei der Bevölkerung nicht unbeliebte Persönlichkeit aus dem Londoner Stadtbild.

muss, so wird in totalitären Ländern die Angst bewusst erzeugt, hochgehalten; es wird mit der Angst politisch spekuliert.

Dennoch bestehen auch hier Möglichkeiten der gesunden Veränderung. In seiner berühmten Rede «Die Bedingungen des Friedens» anlässlich der Verleihung des Friedenspreises des Deutschen Buchhandels 1965 sagte Carl Friedrich von Weizsäcker unter anderem, es sei nötig, bestimmte Machtmonopole der Staaten an übernationale Institutionen zu übertragen. In diesem Zusammenhang erwähnte er auch, dass er beispielsweise das Polizeimonopol an solche internationale Institutionen übertragen wissen möchte. Aus seiner Rede ging klar hervor, dass er damit nicht nur die Kripo (Interpol) meinte, sondern durchaus auch andere polizeiliche Sparten, wie etwa die Verkehrspolizei. Weizsäcker glaubt, es sei denkbar, dass es zur «Demokratisierung» bzw. zur «Internationalisierung» des – persönlichen wie institutionellen – polizeilichen Bewusstseins beitragen würde, wenn bestimmte nationaltypische Eigenheiten bei objektiven Gegebenheiten und subjektiven Verhaltensweisen bei polizeilichen Aufgaben aller Art «eingeschliffen» werden würden, zugunsten einer einheitlicheren und zuverlässigeren Art des Umgangs zwischen Polizei und Öffentlichkeit.

Drohend stehen sich Polizeigrenadiere und Demonstranten gegenüber. Jederzeit kann ein kleiner Funke das Pulverfass zum Explodieren bringen. Als Kuriosum erkennen wir im Hintergrund einen Brunnen mit dem Bildnis der Justitia, der römischen Göttin der Gerechtigkeit.

# Bürger als Polizist

Die Eigen- und manchmal Abartigkeit der Beziehung Polizei/Bürgertum zeigt sich in den verschiedenen Varianten von «Bürgerwehren». Sie reichen vom Ku-Klux-Klan bis zu den sogenannten «Schwarzen Sheriffs» von München, gegründet als der Zivile Sicherheitsdienst (ZSD), und arten nicht selten in militante Organisationen aus. Der Steuerzahler ist oft nicht bereit, einen höheren Etat für polizeiliche Belange zu entrichten. Hingegen gebärdet er sich dann jedoch unzufrieden, wenn die Mittel nicht ausreichen, um ein notwendig gewordenes Polizeikorps zu stellen. Auch darin äussert sich das schizoide Verhältnis zwischen Polizei und Öffentlichkeit. Nur muss hier klar festgehalten werden, dass der Bürger meist die Einsicht nicht aufbringt. Er handelt dann nach dem Motto: Solange nichts geschieht, bin ich im Recht, wenn ich nicht mehr Geld für die eigene Sicherheit ausgebe; häufen sich die Verbrechen, so helfe ich mir selber. Diese Einstellung birgt anarchische Züge in sich. Daher trägt auch jede Art von polizeiähnlicher Selbsthilfe Anstriche des Aussergewöhnlichen. Im Falle des Ku-Klux-Klans zum Beispiel waren es ursprünglich rassistische Gründe – weil die gesetzliche Grundlage entzogen worden war, rechtlich gegen die Schwarzen vorzugehen. Zur Gründung der ebenfalls erwähnten «Schwarzen Sheriffs» führte das angebliche Unvermögen der Polizei, in Münchens neugeschaffenem Olympiagelände und dem U-Bahn-Netz (Olympische Spiele 1972) die vorwiegend von Rockern verübten Überfälle und Tätlichkeiten zu kontrollieren, zu stoppen und zu klären, vor allem aber zu verhindern. Dies führte allerdings auch zu grotesken Situationen:

> So wollte ein 23jähriger Student abends nach Hause fahren. Waren es seine langen Haare, war es sein Habitus überhaupt – er wurde jedenfalls von einem *ausländischen* «Schwarzen Sheriff» (also einem Privatpolizisten) angehalten. Ohne Grund. Folge: Heftiger Wortwechsel, Schlägerei, jeder klagt gegen den andern. Zeuge des Vorfalls: ein ordentlicher Polizist in Uniform, der nicht eingreift.

Hier ist doch wohl die Bemerkung angebracht, ob es nicht sinnvoller ist, wenn die Bürger *irgendeiner* Stadt der eigenen Behörde einen höheren Etat zur Verfügung stellen würden ... dann erübrigten sich «Bürgerwehren» solcher Art – zumal mit der halb oder ganz offiziellen Schaffung solcher Privatpolizeien, denen Waffentragen und -gebrauch nicht verboten werden, die Gefahr von Affekthandlungen vergrössert wird.

Andere Fälle von privat- oder parapolizeilichen Eingriffen oder Institutionen geschehen täglich in allen Lebensbereichen:

– Vorwiegend ältere Leute und im besonderen Frauen in Extremsituationen beantragen den Waffenschein, wobei je nach Land noch Unterscheidungen hinzukommen zwischen Waffenerwerbs- und -tragschein.

Dies ist sicher in vielen Fällen als *Schutz*massnahme gedacht. Aber sehr oft erwies sich das Besitzenwollen einer Pistole als eine Ersatzhandlung. Man will für etwas als Schützender verantwortlich sein. Nebenbei sei aus der Statistik erwähnt, dass es nirgends so leicht sein soll, Waffen zu erhalten, wie in den USA und in der Schweiz.

– Ebenfalls an vorderster Stelle stehen ältere, aber auch alleinstehende Leute, die «scharfe Hunde» halten, um sich gegen irgendwelche Angriffe zu verteidigen.
– Alle Wach- und Schliessgesellschaften – oder wie immer sie heissen mögen – zählen zu diesen Rand- oder Ausnahmeorganisationen. Sie besitzen zumeist eine behördliche Genehmigung und arbeiten mit der offiziellen Polizei zusammen, der sie sich unterordnen.
– Detektive schliesslich dürfen wohl als Inbegriff des «Bürgers als Polizist» gelten. Von den literarischen Figuren wird noch die Rede sein.

Ausbildung von Polizeianwärtern der Stadtpolizei Bern:
– Praktische Ausbildung
– Übungsbesprechung
– Übungsabbruch

199

Hier soll nur festgehalten sein, dass sie, weil nicht an eine Polizeiordnung gebunden, oft grössere Freiheiten geniessen (z. B. Wiesenthal und der Fall Eichmann) als der uniformierte Polizeibeamte oder der zivile Kriminale, wobei natürlich im erwähnten Fall (und in vielen anderen) auch die Geheimdienste mit hineinspielen. Trotzdem sind selbstverständlich auch den Detektiven durch die *Straf*gesetzgebung Grenzen gesetzt.

– Letztlich müssen «Detektive» im weitesten Sinn erwähnt werden. Als Beispiel diene die Wirtschafts- oder Betriebskriminalität, am häufigsten durch die Ladendiebstähle in Erscheinung tretend.

«Detektive» sind im letzteren Fall – den ich als Musterbeispiel anführen will – kaum mehr die Menschen, sondern vor allem Videorecordergeräte, die denn auch als beweiskräftig gelten. Hierbei spielen die Menschen nur mehr die Rolle des Bürgers als Überführer, eigentlich aber diejenige des Richters.

«Der Spiegel» titelte in seiner Nummer vom 15. September 1975 «Gar nichts zu machen» und meinte damit, dass (dies im Untertitel) «mit Rausschmiss und einem abgestuften Strafsystem» dem Problem der Ladendieb-

Angehörige der Strassenpolizei der Schweizer Armee bei der Einsatzablösung

stähle nicht beizukommen sei. Wenn beispielsweise in Baden-Württembergs Ladengeschäften von etwa 20 000 registrierten Straftaten nur jede sechste der Polizei gemeldet wird, so erhebt sich hier abermals die Frage, ob sich der Bürger nicht allzuoft als Polizist (und Richter) fühlt und aufspielt.

Die Frage muss hier offenbleiben, weil es sicherlich nicht Aufgabe einer Darstellung der Polizei sein kann und darf, dies zu untersuchen und schlüssig zu beantworten.

Nicht minder fragwürdig sind selbstjustizierende Massnahmen wie jene, die 1975 in Burgsteinfurt (Münsterland/BRD) ein Autofahrer versuchte:

Ein 25jähriger Polizeibeamter ertappte einen Verkehrssünder beim Falschparkieren. Entgegen dem Ordnungsbuch «bestrafte» er den Automobilisten nicht mit einer saftigen Geldbusse (und der möglichen Folge eines Eintrags im Kraftfahrzeugbundesamt, genannt «Flensburger Register»), sondern mit einer freundlichen Ermahnung – worauf der straffrei entlassene Sünder beim Düsseldorfer Innenminister ein Disziplinarverfahren gegen den Polizisten anstrengen wollte. Das anhängige Verfahren wurde mit Hilfe des Rechtsbeistandes der Polizeigewerkschaft zu Recht niedergeschlagen weil nach Auffassung der Disziplinarbehörde der Beamte lediglich seinen Ermessensspielraum ausgenutzt hatte.

An der Stelle könnte man ebensogut vom *Polizisten als Bürger* reden. Denn wie oft wird ein Polizist auch *privat insultiert*, weil er «nur ein Blauer» sei. Darum möge abschliessend das Fallbeispiel stehen, dass ein Polizist nicht nur auch ein Bürger ist, sondern sich durchaus als beides geben darf und soll:

«Wer unter euch so saufen will wie die alten Germanen oder so trinkfest ist wie einst Bismarck, der sollte auch so konsequent sein wie die Vorfahren. Er sollte zu Fuss nach Hause gehen oder sich in einer Kutsche fahren lassen.» So hallten an einem Sonntag im Herbst 1975 die Worte eines Predigers durch das neugotische Schiff der Peter-und-Paul-Kirche in Cappeln im niedersächsischen Kreis Cloppenburg (BRD). Der dies sagte, war nicht ein Pfarrer im Messgewand, sondern ... ein Polizeibeamter in Uniform. Er appellierte an Vernunft und Nächstenliebe – er sprach zum fünften Gebot «Du sollst nicht töten», das gewiss auch im Strassenverkehr seine Gültigkeit haben kann.

# Polizei und Berichterstattung

Die Überschrift könnte auch lauten: Polizei im (Zwie-)Licht der Berichterstattung. Denn auch hier zeigt sich oft ein zerrissenes Verhältnis, wobei gewiss mehrheitlich die Presse «schuld» an einer gelegentlichen Zerrüttung trägt. Wenn Schuld dabei in Anführungsstrichen steht, so ist dies wohl mit der Natürlichkeit der Sache bzw. des Menschen zu begründen. Läuft alles glatt ab, so erübrigt sich eine Kritik – Lob verteilt der Mensch bekanntlich selten.

Nun, diese kurze, kritische «Lagebesprechung» diene durchaus nicht einer Hetze, sondern im Gegenteil der Ermunterung, auch hier vermehrt zur Sachlichkeit zu finden. Einer Sachbezogenheit, deren sich beispielsweise Eduard Zimmermanns Sendung «Aktenzeichen XY ungelöst» in optimaler Weise befleissigt. War der Vorläufer aus den Vereinigten Staaten noch sehr oft polemisch und zu emotionell geladen, so hat es Zimmermann recht bald verstanden, Nüchternheit in seine publikumswirksame Sendung zu bringen, klare Akzente zu setzen und dadurch eine Überbewertung der «Schandtaten» zu vermeiden. Er spielt nicht selber Polizei; er ermöglicht auf populäre Art der regulären Polizei, Suchinformationen und Warnungen an breite Bevölkerungskreise heranzutragen. Es ist hier nicht der Ort, auf mögliche und vorkommende «Fehlleistungen» näher einzugehen, denn hysterische Erscheinungen, dass Zuschauer den Darsteller eines Mörders verhaften lassen wollen, dürfen mittlerweile doch zu den Ausnahmen gezählt werden. Was letztlich zählt, ist die blanke Ziffer über Wert oder Unwert dieser Art von Berichterstattung.

Fragwürdig ist hingegen oft die Darstellungsweise und «Mithilfe» der Presse bei der Aufklärung von Verbrechen, zumal bei grausamen Morden und bei jener Art von Untaten, die am meisten dazu angetan, «geeignet» sind, beim Bürger Emotionen zu wecken, den Sittlichkeitsdelikten. Sosehr sich gerade die sogenannte Boulevardpresse immer wieder bemüht durch Artikelserien dem Durchschnittsbürger eine abgeklärtere Auffassung gegenüber der Sexualität zu vermitteln, so sehr «heizen» sie über Seiten hinweg den Leser an, seinen Emotionen bei der Lektüre all dieses «Schlechten» freien Lauf zu lassen, «heizen» sie ihn an, dass es eigentlich leicht sei, an Hab und Gut heranzukommen.

Hier zeigt die Berichterstattung öfters ein zersplittertes Dreiecksverhältnis: Tatgeschehen (Polizei) – Presse – Leser (Bürger). Hier sei die Frage aufgeworfen, ob es, für die Boulevardpresse, zweckvoll ist, auf der einen Seite emotionsträchtige Themata wie Sexualität, aber auch Sachfragen wie Verkehr, Tourismus aufklärerisch zu behandeln, anderseits aber Titel- oder Schlussseiten mit aufmüpfiger Kurz-«Information» zu füllen, um der Sensationsgier des Lesers zu genügen.

Gemässigter, ruhiger und sachlicher ist die forensische Berichterstattung, von der hier nicht näher die Rede sein muss, weil sie sich lediglich am Rande mit der polizeilichen *Vor*arbeit befasst. Hingegen sei ein Bericht des Bundeskriminalamtes (BKA) in Wiesbaden erwähnt, wonach in fast allen Fällen, in denen die Bevölkerung zur Aufklärung einer Straftat beigetragen hat, die Hinweise auf seriöse Berichterstattung (minutiös gezeichnete Phantombilder, streng wissenschaftlich erarbeitete Tathinweise usw.) eingegangen waren; die «Mutmassungen» und «Zeugenaussagen» gemäss oberflächlichem Journalismus also kaum je zur Findung des oder der Täter geführt hatten.

Dazu, im weitesten Sinn, mögen zwei Fallbeispiele das Bild abrunden:

Im einen Fall, dem berühmt-berüchtigten Prozess «Meier 19» vor dem Geschworenengericht des Kantons Zürich, geht es um die Vorgeschichte. Ohne in irgendeiner Form die Beurteilung zu berücksichtigen oder zu kommentieren, muss festgehalten werden, dass ein Faktum feststeht: Der Polizeibeamte Kurt Meier, 19 Jahre im Dienst der Stadtpolizei, wurde von Presseleuten ermuntert, «seine Geschichte auszupacken». In der letzten Phase der dornenvollen Geschichte war er es leid, dies getan zu haben. Seine Anstellung war aufgekündigt, die Pensionsberechtigung dahin, der angegriffene Polizeichef der Stadt Zürich längst rehabilitiert – zu wessen Nutzen das Ganze?

Die Boulevardpresse brauchte ihren Aufhänger. Um wieviel anders jene Journalisten, Kolumnisten und Redakteure, die in aller Sachlichkeit ein Problem aufgreifen, Ursachen und mögliche Folgen recherchieren und darüber einen Bericht abgeben!

In der Ausgabe vom 3. Dezember 1975 brachte «Die Weltwoche» (Zürich) einen Beitrag unter dem Titel «Wildwestpraktiken oder totaler Polizeistaat?», der kontroverse Darstellungen enthielt:

... Zürichs Vizekommissar Holliger hingegen glaubt an einen Präventiveffekt: «Wer nicht immer eine Waffe tragen darf, ist wenigstens vor Affekthandlungen geschützt.»

«Als wahre Demokraten», so Wortführer Erich Pappe, Zahnarzt und Hobbyschütze, «lehnen wir jede Waffengesetzgebung ab, die ihren Ursprung in der leninistisch-stalinistischen Doktrin der vollständigen Entwaffnung der Bürger hat.»

Der zweifach zitierte Artikel enthielt aber auch Kastenhinweise, ebenso grundsätzlicher Natur, über private Arbeiten gegen und Konkordatsgesetze für die Waffenkontrolle.

Diese letztere Gegenüberstellung zeigt auf, dass es wohl in erster Linie an der Presse, dem Bindeglied zwischen Staat und Bürger, liegen muss, das Bemühen um sachliche Arbeit und Darstellung voranzutreiben.

In der Schule gelernt – in der Praxis angewandt: Schülerverkehrspatrouillen im Einsatz. Die Verkehrserziehung in der Schule hat nicht nur erzieherische und praktische Ziele – sie trägt dazu bei, das Verhältnis zwischen Polizei und Öffentlichkeit zu fördern.

# Polizei in Showgeschäft und Literatur

Das Wort Showgeschäft deutet es an: Es ist das Geschäft mit der Unterhaltung, der Ablenkung des Menschen vom grauen Alltag. Dabei steht nicht die Institution Polizei zentral, sondern der Tatbestand, das Verbrechen, meist der Mord. Er erzeugt Spannung, er entwickelt den Vorgang von Motiv bis zum Endeffekt. Die Polizei ist lediglich der unumgängliche Mittler zwischen Geschehen und Auflösung. Sie erscheint in Literatur, Kunst und in den Massenmedien grundsätzlich nur kontrovers: aktiv, der Held der Aktion, oder passiv, als die Gegenperson zum Gangster oder zum Detektiv. Auch hier abermals eine schizoide Einfügung des Polizisten in die Gesellschaft. Alle Klassiker der Kriminal- oder Detektivliteratur benützen den Polizisten *nur* auf der einen oder andern Seite.

Wenn Helmut Heissenbüttel schreibt: «Bezeichnenderweise macht ihn [den Polizisten Maigret] das jedoch nicht zum Repräsentanten staatlicher Gewalt, er befindet sich in einem ständigen Kleinkrieg gegen deren Vertreter», so trifft die Charakterisierung nur auf einen Teil der in der Kunst verwendeten Figuren zu: auf Maigret (Autor Georges Simenon) eben oder auch auf Wachtmeister Studer (Autor Friedrich Glauser). Es existieren aber längst genügend Beispiele, dass ein «normaler» Inspektor oder Kommissar den Titelhelden abgeben kann («Der Kommissar», «Tatort», auch der lutschende «Kojak»), ohne dass dieser Person der Anstrich des Aussenseitertums oder der Exzentrik angehängt werden muss.

Im gleichen Atemzug muss aber auch festgehalten werden, dass es den «Superman» wie James Bond in Wirklichkeit nicht gibt, den zugleich liebenden, zuschlagenden, aufklärenden und immer überlebenden Agenten, der der Polizei, der biederen, stets eine oder mehrere Nasenlängen voraus ist.

Das mag mit ein Grund sein, warum die Film- und Fernsehindustrie in den letzten Jahren vermehrt «realistische» Produktionen, oft mit Antihelden hergestellt und gebracht hat.

«Der Kommissar», «Kojak», trotz allem auch die überdrehten «Columbo» und «Inspektor Wanninger» sind Zeuge für den Trend zur Sachlichkeit, zur Nüchternheit, zum wirklichen oder mindestens vorstellbaren Geschehen. Diese Neigung zur Realitätsbezogenheit ist nicht zuletzt darauf zurückzuführen, dass trotz der Erlebnissucht des Konsumenten der legendenumwobene Detektiv oder Agent seine Daseinsberechtigung nicht mehr haben kann, in der Darstellung durch Roman oder Film seine Glaubwürdigkeit verloren hat, und dass die Arbeit der Polizei, dem heutigen Stand entsprechend, keine Aussenstehenden mehr benötigt. Der Privatdetektiv, dem schon einmal der ganze wissenschaftliche Stab fehlt, bleibt gewissermassen nur mehr für Ehe-«Delikte» übrig. Dies mag auf den ersten Blick dem Vorhergeschriebenen, wonach Privatpolizeien wie die «Schwarzen Sheriffs» ins Leben gerufen werden, widersprechen, findet aber seine logische Begründung darin, dass diese Organisationen polizeiähnlich aufgezogen sind und nicht im dunkeln arbeiten.

In der klassischen Literatur entdecken wir jedoch meist den Detektiv, der den Polizisten überspielt. Bei Edgar Allen Poe, dem eigentlichen Begründer der «Kriminalliteratur», tritt die Polizei nur am Rande in Erscheinung. Sir Arthur Conan Doyle lässt «seinen» Helden, Sherlock Holmes, bereits im Gegenspiel zur Polizei auftreten. Je älter die «Krimi»-Literatur (um den vereinfachenden Ausdruck zu gebrauchen) wird, um so mehr ist zu beobachten, dass der exzentrische Detektiv gegenüber dem sachlichen, eher blass wirkenden Inspektor oder Kommissar in den Hintergrund tritt. Dass man diese Welle, zwar vorab in Film und kaum in Buchform, auch über die Spitze hinaustreiben kann, bewiesen die Macher der «Columbo»-Serie, eines zwar gekonnt gezeichneten und dargestellten, aber durch und durch irrealen, unvorstellbaren Polizeibeamten. Die Schlussfolgerung kann darum nur lauten:

Auch im «Showgeschäft», der Darstellung des Polizisten in Literatur, Kunst und in den Massenmedien, ist weitgehend ein gestörtes Verhält-

nis zwischen der Institution Polizei und dem Bürgertum bzw. dem einzelnen Menschen latent oder offen vorhanden. Und hier muss nochmals ein Wort für die Polizei angefügt werden: Der Polizist, beispielsweise auch der im Fernsehen dargestellte, erfüllt eine ihm vom Staat aufgetragene Pflicht – mehr oder weniger gut, das ist eine andere Frage.
Aber: Wer hat wen erfunden? Der Polizist den Bürger – oder der Bürger den Hüter der Ordnung!

Zu Besuch bei Polizeipräsident Dr. Manfred Schreiber (Mitte) in München: Filmstar Blacky Fuchsberger (links) und der von den erfolgreichen Fernsehserien her bekannte «Chef» Raymond Burr.

## Allgemeine Literatur

BOSSI ROLF
 Ich fordere Recht, München 1975
CECCALDI
 Hinter den Kulissen der Kriminalität, München 1966
DIETRICH F.
 Polizei, 1956
KLEINES KRIMINALISTISCHES WÖRTERBUCH
 Freiburg i. Br. 1971
ROTH J.
 Ist die BRD ein Polizeistaat?, Darmstadt 1972
ULE C. H.
 Streik und Polizei, Berlin 1974
WETTERICH P.
 Polizei aktuell. – Der Polizeibeamte als Zeuge, Stuttgart 1974

## Benutzte Quellen

ARNDT H. u. a.
 Neue Beiträge zur Psychologie im Dienste der Polizei, Berlin 1965
BETRIEBSKRIMINALITÄT
 aus «Der Spiegel» vom 15. September 1975
BUNGHARDT W.
 Perspektiven moderner Menschenführung in der Polizei, Hilden 1974
CHAPMAN BRIAN
 Der Polizeistaat, München 1972
DRONKE E.
 Polizei-Geschichten, Göttingen 1968
HAFERKAMP H.
 Kriminalität ist normal, Stuttgart 1972
HALLORAN/BROWN/CHANEY
 Fernsehen und Kriminalität, Berlin 1967
HARTMANN I.
 Achtung, hier spricht die Polizei, Hannover 1974
JENSEN J.
 Presse und politische Polizei, Hamburgs Zeitungen und die Sozialistengesellschaft, Berlin 1967
KIRSCHBAUM E.
 Bürger – Unruhen – Polizei, Stuttgart 1971
KUHLMANN W.
 Moderne Gesellschaft – moderne Polizei, Hilden 1972
LEHNE H. K.
 Der Rechtsstaat und seine Verteidiger, aus «Frankfurter Allgemeine Zeitung» vom 8. August 1975
MÜLLER FRED
 Wildwestpraktiken oder totaler Polizeistaat, aus «Die Weltwoche» vom 3. Dezember 1975
PASCHNER G.
 Was ist, was soll, was kann, was darf die Polizei, Boppard 1970
PODIUMSGESPRÄCH ÜBER INNERE SICHERHEIT
 beim Tag der Polizei, München 1975
POLIZEI, DIE
 Eine Institution öffentlicher Gewalt, Neuwied 1975
POLIZIST PREDIGT IN KIRCHE GEGEN ALKOHOLMISSBRAUCH
 dpa-Meldung vom 9. November 1975
ROLAND JÜRGEN
 Chicago ist weit, Essay über die deutsche Kriminalliteratur, aus «Börsenblatt» Nr. 90/1975
STELTER B.
 Die «explosive» Stimmung der Polizei, Lübeck 1973
VOGT JOCHEN (Hrsg.)
 Der Kriminalroman, 2 Bände, München 1971
WEIZSÄCKER CARL FRIEDRICH VON
 Die Bedingungen des Friedens, Rede aus Anlass der Verleihung des Friedenspreises des Börsenvereins des Deutschen Buchhandels, Frankfurt 1965

# Bildnachweis

*Farbbilder*

| | |
|---|---|
| Boehn, Polizei und Mode (Berlin 1926) | Seite 19 |
| Archiv Peter Müller, Wien | Seiten 145/148 |
| Foto Eduard Rieben, Bern | Seiten 54, 64/65, 100, 195 |

*Schwarzweisse Abbildungen*

Zu Peter Sommer, Kleine Polizeigeschichte:

| | |
|---|---|
| Boehn, Polizei und Mode (Berlin 1926) | Seite 14 |
| Das Buch für Alle, 27. Jahrgang (Stuttgart 1892) | Seite 33 |
| Fliegende Blätter, Band 120 (München 1904) | Seiten 20, 42 |
| Les Français peints par eux-mêmes. Encyclopédie morale du dix-neuvième siècle (Paris 1842) | Seite 22 |
| Die Gartenlaube 1876 (Leipzig 1876) | Seite 40 |
| Die Gartenlaube 1891 (Leipzig 1891) | Seiten 12, 35, 37, 38 |
| «Gross-Berlin» (zur Berliner Gewerbe-Ausstellung 1896) | Seite 23 |
| Das Hausbuch der Mendelschen Zwölfbrüderstiftung zu Nürnberg (München 1965)* | Seite 16 |
| Hellwag, Die Polizei in der Karikatur (Berlin 1926) | Seiten 21, 29, 30 |
| The Illustrated London News, 76. Jahrgang (London 1880) | Seite 25 |
| Illustrirte Welt, 30. Jahrgang (Stuttgart und Leipzig 1882) | Seite 27 |
| Über Land und Meer, 70. Jahrgang (Stuttgart, Leipzig, Berlin, Wien 1893) | Seite 43 |

Zu den Beiträgen von Peter Müller, Jo Wiedmer und Frank Kaschowski:

| | |
|---|---|
| Bundespolizeidirektion Wien | Seiten 83, 113, 134, 135 |
| Illustrations- und Photopress AG, Zürich | Seiten 168, 171, 173, 178, 179 |
| Foto Friedrich Mikula, Wien | Seiten 8, 192 |
| Archiv Peter Müller, Wien | Seiten 4, 48/52, 57, 60, 62, 63, 66, 67, 70, 73, 74, 76, 77, 79, 80, 81, 85, 87, 90, 91, 92, 95, 97, 99, 101, 103, 104/106, 109, 113, 114, 116/117, 119, 120, 123, 125, 126, 127, 128, 130, 132, 133, 135, 136, 137, 138, 139, 142, 205 |
| Polizeipräsidium München | Seite 119 |
| Foto Eduard Rieben, Bern | Seiten 2, 10, 53, 68/69, 72, 101, 111, 116, 118, 121, 127, 149, 150, 152, 157, 164, 169, 170, 172, 174/176, 188, 196, 197, 199, 200, 201, 203 |
| New Scotland Yard, Commissioner of Police of the Metropolis Publicity Branch (P2), London S.W.1 | Seiten 47, 73, 120, 140, 160, 162, 163 |

* Mit freundlicher Genehmigung des Verlages F. Bruckmann KG in München.